アマルティア・セン
―― 経済学と倫理学 ――

一橋大学教授　経済学博士　鈴村興太郎

国立社会保障・
人口問題研究所室長　経済学博士　後藤玲子

実教出版株式会社

まえがき

　アマルティア・センの経済学に対する関心は，ノーベル経済学賞が授与されたことを契機として，日本でも飛躍的に高まった。だが，『日本経済新聞』（2000年10月12日号）が過去の受賞者を振り返って「開発経済学の観点から途上国の貧困問題に取り組んだセン」と紹介したことに象徴されているように，センの貢献の実質的な内容とその意義に対する理解が依然として非常に偏った現状にあることは，否定しがたい事実である。実際には，センに対する授賞は厚生経済学と社会的選択の理論への顕著な貢献を対象としたものである。だからこそ，この授賞を発表したスウェーデン王立科学アカデミーは「経済学の倫理的側面」を復権させたセンの貢献を特筆・強調したのである。貧困・飢餓・飢饉の経済学に対する彼の業績も，厚生経済学と社会的選択の理論における革新的な貢献を背景として，はじめてその正当な評価が可能になる性格のものである。この事情を念頭に置いて，センの経済学と倫理学に対するバランスのとれた解説と評価を読者に提供すること，また経済学のこの重要分野に対する一般の理解と認識の深化に寄与することを目的として，われわれは本書を執筆したのである。

　本書の内容の俯瞰図は第1章に詳しく述べておいた。この《まえがき》では，正統派の厚生経済学と社会的選択の理論に対するセンの貢献を簡潔に述べた第2章と，彼の業績を踏まえて厚生経済学と社会的選択の理論の今後のひとつの発展方向を論じた第8章について，いくつかの注意を与えておくことにしたい。

　一瞥して明らかなように，第2章は他の章と比較してかなりテクニカルなスタイルで書かれている。内容との関連でこのスタイルはある程度避けられない選択なのだが，本書ではじめてセンの経済学と倫理学に触れる読者が，記述のスタイルの厳めしさのために，第2章で挫折することがないことを期待したい。初読の際には，第2章のテクニカルな細部は無視してセンの貢献の輪郭を理解することに努め，概念の厳密な定義などは必要に応じて後に立ち返って理解を

確認するというのもひとつの読み方である。

　第2章と比較して，第8章はノン・テクニカルなスタイルで書かれている。だが，第3章から第7章までに解説・評価したセンの正統派理論に対する批判とその止揚の試みを踏まえて，今後の厚生経済学と社会的選択の理論が取り組むべき課題とその理論的フレームワークを論じているという意味では，第8章の内容的な専門性はかなり高くなっている。われわれの考察がセン自身の到達点を幾分踏み越えて，現在新たな建設作業が進行中の研究に触れたのも，この意味の専門性を反映した措置である。ここで述べた展望は明らかにわれわれ自身の研究関心を反映したものであって，これがセンの厚生経済学と社会的選択の理論を継承する唯一の方向だと主張するつもりは全くないが，正統派理論に対する貢献（第2章）と新たな理論的展望に対する方向付け（第8章）の間にセンの学問的営為を位置付けることが，厚生経済学の歴史に占める彼の特異な重要性を浮かび上がらせる有効な方法であるとわれわれは信じている。

　本書を執筆する際に，多くの方々との長期にわたる緊密な研究上の交流から学ぶことができたことは，著者たちにとって稀有な幸運であった。われわれの最大の謝意がセン教授自身に捧げられることは当然である。長く親密な研究上の交流と友誼を通して，セン教授からわれわれが学んだことは枚挙に暇ない程に数多い。本書のいくつかの箇所でわれわれはセン教授に対して批判的なスタンスをとっているが，このような展望にわれわれが到達できたのも，セン教授の巨大な肩越しに前方を見たからに過ぎないのである。また，社会的選択の理論の創始者ケネス・アロー教授を始めとして，プラサンタ・パタナイック，エリック・マスキン，ピーター・ハモンド，カウシック・バスー，エルベ・ムーラン，サルバドール・バーベラの諸教授にも，長年にわたる友誼と啓発に対して厚く感謝申し上げたい。さらに，いくつかの共同研究プロジェクトにおいて頻繁にご教示を賜っている塩野谷祐一，須賀晃一，蓼沼宏一，長谷川晃，マーク・フローベイ，ウォルター・ボッサール，イーブ・スプリモン，堀元，吉原直毅の諸教授にも，心からの謝意を表明したい。

　これらの方々から受けたご教示・ご叱正にも関わらず，本書になお残された誤りや欠陥があるとすれば，その責任が全て著者たちのみに帰属することは当然である。

目　次

第1章　プロローグ：センのプロフィールと本書の概要　　1
1. はじめに 1
2. センのプロフィール 3
3. 厚生経済学とはなにか 9
4. 社会的選択の理論とはなにか 15
5. センの経済学と倫理学：最初のスケッチ 20

第2章　厚生経済学と社会的選択の理論：正統派理論への貢献　　27
1. はじめに 27
2. 単純多数決ルールの理論的性能 28
3. アローの一般不可能性定理 39
4. 社会的評価と社会的選択：社会的《合理性》条件の緩和 47
5. 基数性と個人間比較可能性 55
6. 部分的な比較可能性：不完備性の容認 59
7. おわりに 62
   補論 A　単純多数決ルールの整合性の必要十分条件 64
   補論 B　バーグソン＝サミュエルソン社会的厚生関数の構成可能性 ... 68

第3章　不平等の経済学と倫理学　　71
1. はじめに 71
2. 不平等測度における記述性と規範性 73
3. センの共通部分アプローチ 76
4. 社会的厚生関数アプローチ 80
5. ローレンツ部分順序と不平等の完備測度の構造 87
6. 道徳判断の基礎と構造 93

	7 おわりに	100

第4章　厚生主義・権利・自由：正統派理論への批判　　103

1	はじめに	103
2	帰結的観点と非帰結的観点	106
3	厚生主義的帰結主義のなにが問題か	108
4	リベラル・パラドックス：センの第一批判	112
5	代替的な自由主義的権利論	118
6	合理的な愚か者：センの第二批判	126
7	非帰結主義的アプローチの必要性と可能性	130
8	おわりに	138

第5章　厚生経済学の新構想：方法論的枠組み　　141

1	はじめに	141
2	序数主義・集計主義を超えて：個人の多様性	145
3	厚生主義を超えて：価値の多元性	148
4	整序的な目標=権利システム	151
5	個人の選好と権利の私的交換	154
6	権利の社会的選択	157
7	事実的選好と倫理的な社会的選択ルール	159
8	価値の整序化システムとその決定手続き	161
9	自己利益最大化の仮定を超えて：行為の動機の重層性 ..	164
10	おわりに	169

第6章　潜在能力アプローチ：善と必要の理論　　173

1	はじめに	173
2	《善》の理論と《潜在能力》アプローチ	175
3	《効用》とロールズの《社会的基本財》	180
4	財の《特性》とひとの《機能》	185
5	《福祉的自由》と《潜在能力》	187
6	市場と《潜在能力》：効率性概念の再検討	190

   7　《潜在能力》の平等：《達成》の平等と《不足》の平等 193

   8　不平等の再検討：《機能空間》における絶対性と《所得空間》に
      おける相対性 195

   9　おわりに 198

第7章　自由と発展のパースペクティブ　　　　　　　　　　　201

   1　はじめに 201

   2　《権原》アプローチ 203

   3　貧困研究の枠組み 207

   4　所得の貧困：《識別》と《集計》 209

   5　相対的不平等と貧困の測度 214

   6　市民的・政治的権利と貧困 218

   7　二つの《自由》概念の再検討 219

   8　福祉的自由と行為主体的自由 222

   9　自由の拡大プロセスとしての発展アプローチ 225

  10　市民的・政治的自由の権利 228

  11　経済的ニーズの概念化 229

  12　おわりに：文化と普遍性 232

第8章　社会的選択理論の再構成　　　　　　　　　　　　　　235

   1　はじめに 235

   2　社会的選択理論の枠組み 236

   3　評価と客観性：民主主義の基礎 239

   4　合理主義的アプローチと進化論的アプローチ 242

   5　理性と社会的自我同一性 246

   6　権利の再定式化 251

   7　《福祉的自由》の権利の定式化：予備的考察 254

   8　福祉的自由の権利の社会的決定手続き 255

   9　潜在能力理論の再定式化 258

  10　おわりに 263

第 9 章　エピローグ　265
　1　はじめに 265
　2　自由と責任 267
　3　《潜在能力》の観念と個人の主体形成 272
　4　民主主義と個人の主体形成 274
　5　民主主義と不正義 276
　6　おわりに 279

参考文献　283

事項索引　303

人名索引　309

第1章 プロローグ
センのプロフィールと本書の概要

1 はじめに

　20世紀最後となるアメリカ経済学会 (American Economic Association) の年次大会が，2000年1月7日から9日にかけて，ボストンで開催された。エコノメトリック・ソサエティを始めとして50を越える社会科学の関連学会と，開催時期および開催地を連携して開催されている大規模な学会である。大会2日目には，新会長に就任したデール・ジョルゲンソン（ハーヴァード大学）の主催で1998年にノーベル経済学賞を受賞したアマルティア・センを祝賀する盛大な昼食会が開催された。正面雛壇のメイン・テーブルにはセン夫妻とジョルゲンソンを囲んで，センと長い親交をもつロバート・ソロー（マサチューセッツ工科大学），ケネス・アロー（スタンフォード大学），アンソニー・アトキンソン（オックスフォード大学），トーマス・スキャンロン（ハーヴァード大学），ジェームズ・フォスター（ヴァンダービルト大学），アンガス・ディートン（プリンストン大学），スディール・アナンド（オックスフォード大学），鈴村興太郎（一橋大学）などが陪席して，会場は数百名におよぶ参加者によって埋めつくされた昼食会だった。会食の後には，ノーベル経済学賞の授賞理由となった厚生経済学と社会的選択の理論に対するセンの重要な学術的貢献と，貧困・飢餓・飢饉の経済学と公共政策の在り方に彼が与えた革新的なインパクトを讃えて，ソロー，アロー，アトキンソンの3教授が暖かいスピーチを行った[1]。彼らが異口同音に強調した点は，センのアカデミックな業績を通底する問題関心と方法論の首尾一貫性，ひとの福祉の改善のために経済学の分析道具を徹底的に駆使するセンの改革者的な情熱だった。このスピーチを受けてセンがウイットと含蓄に富んだ謝辞を述べて着席した途端に，全列席者が期せずして一斉に起立して，大きな拍手が数分間にわたって鳴り止まなかった。センがハーヴァード大学のラモント特任教授ならびに経済学・哲学両学部の併任教授を務めてい

---

[1] アローおよびアトキンソンのスピーチの詳細な内容は，それぞれ巻末の参考文献リストに挙げた論文 Arrow (1999) および Atkinson (1999) として公刊されている。

た1994年の大会で，彼がアメリカ経済学会の会長講演を行った同じボストンの地において，現在はケンブリッジ大学トリニティ・カレッジのマスターを務めているセンは，異例な程に感動的な歓迎と最高級の讃辞を受けたのである[2]。

だが，アカデミックな業績に対するひとの評価はしばしば微妙であり，思いの他に複雑でもある。ノーベル賞のように，世界的な権威が確立された賞の場合でさえ，決してその例外ではない。ひとの行動や利害に大いに影響する社会的な意思決定や政策勧告に関わる経済学の場合には，アカデミックな業績に対するひとの評価は殊更に微妙であって，感動的な賞賛と並行して激越な批判が噴出することさえ稀ではないのである。発表当時は異論と批判が最も少ないノーベル賞といわれたセンの場合でも，厚生経済学と社会的選択の理論に対する彼の画期的な貢献を賞賛する積極的・肯定的な評価と並んで，彼の業績の意義を意識的に矮小化・戯画化する消極的・否定的なコメントも，欧米のいくつかのメディアには登場している。日本では，貧困・飢餓・飢饉の解決に真摯に取り組むセンに脚光を浴びせて彼の業績の骨格を成す緻密な理論的業績を等閑に付した紹介や，センの福祉と自由の哲学への貢献を専ら強調して自由と民主主義の倫理学者・哲学者としてセンを解説した文献はあっても，センの経済学に関するバランスのとれた紹介・解説はほとんど皆無に近い状況にある。

こうした状況を意識して，本書はセンの経済学と倫理学に興味をもってはいるが彼の貢献の詳細に通じてはいない読者を想定して，センの経済学と倫理学をできる限り平易に解説したものである。本書を読まれるためには多くの予備知識を必要としないように特に配慮したが，新聞やポピュラーな雑誌の記事を読み飛ばす感覚で速読するには固すぎる話題も本書は敢えて避けず，平易なスタイルを維持しつつ正面から取り扱った。初心者にはやや負担が重いと考えられる技術的な詳細は脚注や章末の補論に移して，その部分を省略して本文のみを読み進んでも議論の全体的な流れを理解する大きな妨げにはならないように工夫した。したがって，技術的な脚注や補論をひとまず無視して読む短絡路を辿れば，本書は大学の学部生にも一般社会人にも十分アクセスできる内容の解説になっているはずである。また，補論と詳細な参照文献を活用して精読され

[2) センが1994年のアメリカ経済学会で行った会長講演は，その後 Sen (1995a) として公刊されている。

る場合には，専門的・学術的な関心をもつ研究者と大学院生にとっても，本書は簡潔な研究ガイドとして役立つ内容を含んでいるはずである。

　平易な解説を主眼にしているとはいえ，本書はセンの経済学と倫理学の限界とそれに対する批判に対しても目を閉ざしてはいない。センが開拓の最初の鍬を入れたフロンティアで現在進行中の新たな研究や，伝統的な厚生経済学に対する批判的なスタンスでは彼と軌を同じくしつつ，センとは異なる方向を模索する重要な研究にも，スペースが許す限り本書は簡潔に触れている。こうした執筆方針がわれわれの意図通りに実現されていれば，センが厚生経済学の歴史に占める特異な位置とはなにか，センの経済学と倫理学を巡って賞賛と批判が混在するのはなぜかという二つの自然な疑問に対して，本書を読了された読者には自らの解答を与える準備が整っているはずである。

2　センのプロフィール

　本書で初めてセンの経済学と倫理学に触れられるひとのために，最初に彼のプロフィールを簡潔に紹介しておくことにしたい[3]。

　アマルティア・センは1933年，母方の祖父が住むベンガル地方のシャンティニケタンに生まれた。ボールプル近郊のこの小さな町は，インドの国民的詩人ラビンドラナート・タゴール（1861–1941年（以下略））が1901年に寄宿学校を設立し，東洋と西洋の思想と教育制度を融合させて，インドの社会的・政治的・文化的運動に多大な影響を及ぼした地として知られている[4]。セン一家は

---

3) 以下の記載は，鈴村がカウシック・バスー，プラサンタ・パタナイックの両氏と共同でセンの還暦を記念して編集した論文集 [Basu, Pattanaik and Suzumura (1994)] に収録した事項に，その後確認された若干の事項を追加したものに基づいている。なお，自らの生い立ちと経済学者としての軌跡をセンが自ら詳しく語った興味深いインタビュー記録として，Gaertner and Pattanaik (1988), Khan (March 1993), Klamer (Winter 1989) を紹介しておきたい。以下の記述の一部はこれらのインタビュー記録に依拠している。

4) タゴールとセンの母方の祖父との間には親交があって，アマルティアという名も，タゴールによって与えられたものだという。この名前には，「不滅・不朽なるもの」という意味があるとのことである。ちなみに，プラナブ・バーダン [Bardhan (1998)] によれば，センのノーベル賞受賞が公表されてから数週間の間にカルカッタの産院で誕生した数百人の男児がアマルティアと命名されたという。祖父を通じる個人的機縁や，シャンティニケタンの学校で自ら学んだ経緯もあって，タゴールのひとと思想に関して，センは美しい感動的なエッセイ [Sen (1997d)] を執筆している。

アマルティアの生後しばらくはダッカ（現在はバングラデシュの首都）に居住していたが，アマルティアが3歳から6歳の間，父親の教職の関係で一家の住居はビルマ（現在のミャンマー）のマンダレーにあった。アマルティアが受けた最初の教育はダッカのセント・グレゴリー・スクールにおいてだったが，日本軍がビルマに侵攻して戦禍がダッカに到ることを懸念した父親は，アマルティアを生地シャンティニケタンに移して，彼の教育をタゴールの寄宿学校に委ねたのである。

タゴールの学校における教育について，センは次のような回想を認めている：

> タゴールの学校は，多くの面で異例なものだった。例えば，実験室が必要な場合を除き，そして天候が許す限りにおいて，われわれの授業は奇妙にも全て屋外で行われた。……大部分の生徒にとって，野外学習は非常に魅力的で快適なものだった。アカデミックな規律という点では，われわれの学校は特に厳格というわけではなく，しばしば全く試験が行われないことさえあった。通常のアカデミックな基準に照らせば，われわれが受けた教育は，カルカッタの学校のうちで優れたものとはとても比肩すべくもないレベルにあった。とはいえ，クラス討論がインドの伝統文学から西欧の現代思想や古典思想へ，そしてさらに中国や日本などの文化へと，いとも容易に飛翔する有り様は，まことに瞠目すべきものだった。さらに，多様性を賞賛するわれわれの学校の教育姿勢は，インドをしばしば席巻する文化的な保守主義や分離主義とは，非常に対照的なものだった [Sen (1997d, p.62)]。

シャンティニケタンのカレッジで最初の2年間は数学と物理学を学んだ後，センは経済学に転じる決心をして1951年にカルカッタ大学のプレジデンシー・カレッジに進み，1953年に学士号を取得した。同じ年にセンはケンブリッジ大学のトリニティ・カレッジに留学して，1959年には博士学位を取得した。センの学位請求論文は開発途上国における技術選択の問題を論じた研究であって，この論文は後に彼の最初の著書 [Sen (1962)] として出版されている。セン自身は，この博士論文は1955年から1956年の間に拙速に書かれたものであって，大きな誇りをもてる成果ではないと謙遜しているが，経済開発，経済計画およ

び経済成長の分野における基本文献として，本書に対する国際的な評価は高い。センにとっても，この博士論文は経済成長論，費用–便益分析，開発経済学など，多くの分野におけるその後の多彩な研究の端緒となったものである。

センが経済学に転じた理由として，彼自身が繰り返して語った有名なエピソードがある[5]。後の調査で死者300万人にものぼることが判明したベンガル大飢饉を目撃した体験である。ある朝，当時9歳のセンが通っていた学校に痩せこけた男が姿を現わして，発狂したような素振り——長期にわたって飢餓に苦しんでいることの通常の徴候だという——を示した。遠くの村から食物を求めてきたこの男は，救いの手を待ち望んで辺りを彷徨った。その後暫くして，数十人，数百人，最後には数えきれない程の飢えたひとびとの行列が，アマルティア少年の住む村を通り過ぎていく。彼らは衰弱して頬はこけ，虚ろな眼をしており，そのうちの少なからぬひとびとは骨と皮ばかりになった子供を腕に抱いていた。声も絶え絶えに物乞いを続け，苛酷な苦しみを背負いつつ，静かに死んでゆく——そうした何千何万という無力なひとびとの姿を，アマルティア少年は忘れることができなかった。あるときセンは「インドに生を受け，9歳の時に飢饉を目撃してこの世界を変えるためになにかできることがあるはずだと信じたものにとって，経済学に興味を抱くようになるのは当然のことだった」と語っているが，このように鮮烈な意識をもって真摯にアプローチする研究者を得た経済学は，まさに幸運であったというべきではあるまいか。

ケンブリッジ時代のセンに強い影響を及ぼした経済学者として，彼自身はモーリス・ドッブ（1900–76），デニス・ロバートソン（1890–1963），ピエロ・スラッファ（1898–1983）を挙げている。センはまたジョーン・ロビンソン（1903–83）の指導のもとでもエッセイを書いているが，教師・経済学者としてのロビンソンに対して，センはやや辛辣な回顧談を残している。彼によれば，ロビンソンはなにに関しても好悪の感情が強烈であって，彼女が価値を認める経済学の分野は資本理論，成長理論，分配理論などに限定されていた。これらの分野に関する限りではロビンソンは卓越した理論家であり，よき討論相手でもあったが，彼女にとって厚生経済学は全くのナンセンスであって，社会的選択の理論に対するセンの興味に，彼女は一顧だに与えようとはしなかった。それのみか，ロビ

---

5) Sen (1990a), Khan (March 1993) などを参照せよ。

ンソンにとっては福祉，社会的判断，規範的評価などの問題はおしなべて「倫理的な与太話」に他ならず，彼女は道を踏み外した優等生センが時間の無駄をおかさぬよう熱心に矯正（！）しようとしたのである．この点においてはマルクス経済学者ドッブははるかに寛容であって，アローの一般不可能性定理のように当時のケンブリッジ大学ではほとんど知られていなかった新奇な研究に関しても，ドッブはセンを激励してエッセイの執筆に向かわせている．社会的選択の理論に関する後の主著『集団的選択と社会的厚生』[Sen (1970a)] に記載された謝辞の冒頭に，センはトリニティ・カレッジの学部生時代にドッブがテューター（カレッジの指導教師）として，またその後も引き続いて彼に与えた刺激に満ちた討論に対して，深甚な感謝を捧げている．

センと社会的選択の理論との最初の遭遇は，プレジデンシー・カレッジにおける優れたクラスメイト，シュカモイ・チャックラヴァルティ(1934–90) を介してのことだった[6]．1952 年ないし 1953 年初頭の頃，チャックラヴァルティはケネス・アロー（1921–　）の革新的な著書『社会的選択と個人的評価』[Arrow (1951)] を読み始めたとセンに告げて，アローの定理がどのような内容のものかを，彼に説明したのである．経済学への興味が芽生えた当初から厚生経済学に関心を抱いていたセンではあるが，彼が興味をもつタイプの厚生経済学の問題——貧困・失業・搾取——とアローの定理との関連を，当時のセンは明確に見抜くことができなかった．センがアローの著書と初めて直接に対決したのは，その後トリニティ・カレッジに移って 2 年目の 1954 年のことだった．この読書からそれまで経験したことがない程の知的興奮を覚えたセンは，それに引き続く数週間は精神的な「酩酊」状態にあった．彼にとって中心的な厚生経済学の問題に対するアローの定理の意義は，いまや彼には明白になった．そのとき彼が

---

6) シュカモイ・チャックラヴァルティは，国際的に活躍するインド人経済学者の間でも飛び抜けて広く深い尊敬を集めた重要な経済学者である．センが在職した当時のデリー・スクール・オブ・エコノミックスには，彼以外にも国際経済学のジャグディッシュ・バグワッティ，計量経済学の A. L. ナガールがいたが，チャックラヴァルティも，またマサチューセッツ工科大学から帰国して教授職に就任していた．世界の経済学界において，当時のデリー・スクール・オブ・エコノミックスは最も充実した教授陣を擁する研究機関のひとつであったといっても過言ではない．センはチャックラヴァルティに捧げられた追悼論文集 [Basu, Majumdar and Mitra (1993)] に，深い個人的な敬愛と未完成に終わった類い稀な才能に対する哀惜の念に満ちた追悼論文を寄稿している．

発見した一条の光明は，センの研究経路をその後一貫して照らす輝かしい道標となったのである。

博士学位取得後のセンは，カルカッタのジャダプール大学の経済学教授および——弱冠23歳（！）の——経済学部長（1956-58），ケンブリッジ大学トリニティ・カレッジのフェロー（1957-63），デリー・スクール・オブ・エコノミックスの経済学教授（1963-71）を経て，1971年から77年にかけてはロンドン・スクール・オブ・エコノミックス（LSE）の経済学教授を務めている。

社会的選択の理論に対するセンの研究が纏まった姿を取り出したのは，デリー・スクール・オブ・エコノミックス時代のことだった。先にも言及した主著『集団的選択と社会的厚生』はこの時期に執筆が開始され，1968年から69年にかけてセンがこの研究分野の創始者アローおよび哲学者ジョン・ロールズ（1921- ）とハーヴァード大学で開催した共同セミナーを通じて，最終的に洗練・完成されている。この主著が構築した分析的な枠組みを縦横に活用して，センが社会的選択の理論に対する革新的な業績を枚挙に暇ない程に挙げたのは，LSE時代のことだった。そのうちの顕著な例に限っても，合理的選択の公理的・哲学的基礎の探究，経済的不平等に関する体系的・理論的・思想的な整理と問題提起，自由主義的な権利の概念に対するパイオニアリングな理論的研究，社会的選択の情報的基礎に関する透徹した再検討と新たな理論的枠組みの開発，貧困の計測方法に関する公理主義的な検討と新しい測度の提唱など，その後の厚生経済学と社会的選択の理論の発展経路を指し示した輝かしい里程標として決定的な意義をもつ業績を列挙することができる。彼が正統派経済学の基礎に対する深刻な倫理学的批判を開始したのも，このLSE時代の後半のことであった。

正統派経済学批判を通じて次第に強まる倫理学，哲学への関心の傾斜も重要な一因となって，その後センはオックスフォード大学に転任することになった。最初ナッフィールド・カレッジのフェローおよび経済学教授を2年間務めた後に，オール・ソールズ・カレッジのフェローおよびドラモンド政治経済学教授（1980-88）に転任したオックスフォード大学時代のセンは，貧困・飢餓・飢饉の経済学の基礎研究，福祉の経済学の哲学的基礎の探究など，極めて実り多い

成果を挙げている[7]。この時期のセンの研究を代表する業績のサンプルとしては，『貧困と飢饉』[Sen (1981a)] および『福祉の経済学――財と潜在能力』[Sen (1985a)] を挙げることができる。前者はその後に現れた――国連や世界銀行など国際機関における大規模な共同研究を含む――貧困・飢餓・飢饉に関する膨大な研究の出発点を形成した記念碑的な著作である。後者は正統派の厚生経済学の理論的・情報的基礎を完膚なきまでに批判したうえで，《機能》と《潜在能力》という新鮮な分析概念を導入して福祉の経済学の基礎を構築した影響力の大きな講義録である。このように，アカデミックな面では生産的なオックスフォード大学時代のセンではあるが，1985年には愛妻エヴァ・コローニの悲劇的な早逝に遭遇して，個人的には深い苦悩の日々もあった[8]。彼がハーヴァード大学のラモント特任教授ならびに経済学部・哲学部の併任教授として招聘されて1988-97年をアメリカのケンブリッジで過ごした背景には，個人的な悲劇からの転機を求める思いもあったことは確かである。ハーヴァード大学時代のセンは，経済学部ではエリック・マスキンと共同で厚生経済学と社会的選択の理論を講じ，哲学部ではジョン・ロールズ，ロバート・ノージック，デレク・パーフィットらと合理的選択の理論を講じている。

　1997年にセンはトリニティ・カレッジのマスターに推挙されて，母校ケンブリッジ大学に帰還した。同じケンブリッジ大学のキングス・カレッジには，センの新たな伴侶であるエマ・ロスチャイルド教授の研究所もある。自らも卓越した経済学説史，思想史の研究者であるエマは，伝統あるカレッジのマスターとして，またノーベル経済学賞受賞者として，さまざまな社会的活動を期待されるセンの多忙極まる生活のなかに，静かな潤いをもたらしている。

　経済学者としてのセンに対する国際的な評価は，当然のことながら非常に高い。1998年10月に，厚生経済学と社会的選択の理論への顕著な貢献に対して

---

[7] ドラモンド政治経済学教授のポストは経済学の教授職のなかでも最も世界的な威信の高い地位のひとつである。センの前任者のなかにはフランシス・イシドロ・エッジワース (1845-1926)，ジョン・リチャード・ヒックス (1904-89) など，経済学史に不滅の地位を占める経済学者が多い。また，センの後継者も，ジョセフ・スティグリッツ，ジョン・ヴィッカーズという当代一流の経済学者である。

[8] エヴァ・コローニ (1941-85) に対しては，セン自身も寄稿した追悼論文集 [Barker (1996)] が捧げられている。

センにノーベル経済学賞が授与されたことは彼の経歴のひとつのハイライトであることは確かだが，それ以前にも彼はエコノメトリック・ソサエティの会長，アメリカ経済学会の会長，国際経済学会の会長など，世界の主要学会の会長職に推挙されて，世界の経済学界において指導的な役割を果たしてきている。また，彼の専門的な研究分野は，経済学方法論，社会的選択の理論，厚生経済学，経済計測の理論，公理主義的選択理論，食糧・飢饉・飢餓，家族の経済学と性的差別，資本・成長・分配，経済開発論，教育とマンパワー計画，労働と雇用，インドの経済，倫理学および道徳哲学など，まことに多岐にわたって充実している[9]。それにも拘わらず，正統派経済学の主流を自認する多くのひとびとの間では，センは依然として異端の経済学者だという認識と反撥が広く抱かれていることも事実である。

ノーベル賞受賞以降のセンには世界各国から無数の栄誉と招待講演の依頼が押し寄せているが，最近著『自由と経済開発』[Sen (1999b)] および近刊が予定されている *Freedom, Rationality and Social Choice: Arrow Lectures and Other Essays*, Oxford: Clarendon Press を始めとして，彼の創造的な知的生産活動には衰えの兆しは見られない。

3　厚生経済学とはなにか

前節で列挙したように，センの研究分野は非常に広範囲にわたり，必ずしも狭義の経済学に限定されてはいない。また，標準的な経済学の守備範囲に属する問題を考察する際にも，センの研究はしばしば正統派の分析方法に対する創造的な破壊を伴っている。だが，センの研究分野の核心を簡潔に纏めて表現するためには，厚生経済学と社会的選択の理論の深化・革新・適用に関する研究であると言い切って全く差し支えない。この表現は，倫理学，道徳哲学，開発経済学に対するセンの貢献を含めて妥当する。本節と次節では，厚生経済学および社会的選択の理論とはいかなる学問分野であるかということを，予備的に説明しておくことにしたい。

経済学の重要な一翼をになうミクロ経済学は，経済の資源配分に関わる諸問

---

[9]　ここに列挙したセンの専門的な研究分野は，彼の還暦記念論文集 [Basu , Pattanaik and Suzumura (1994)] を編集する際に利用したセン自らによる研究分野の分類である。

題——現実の経済ではどのような資源配分が行われているか，いかなる資源配分が社会的に望ましい性質を備えているか，また社会的に望ましい資源配分を実現するためには，経済の制度的仕組み（メカニズム）はどのようなものであるべきか——を，主として理論的に研究する学問分野である[10]。異なる社会は，異なる経済制度を手段として，資源配分の問題に対処している。また，資源配分の問題の適切な解決に失敗した社会は，暗黙裡であるにせよ現存の制度的枠組みを相対化して，一層適切な制度的枠組みを理論的に設計する試みに誘われるものである。したがって，資源配分の問題の理論的な研究を課題とするミクロ経済学は，自然に二つのパートから構成されることになる。

　第一に，ある経済メカニズム——競争的な市場価格メカニズムや中央集権的な物動計画メカニズムなど——が，さまざまな資源配分の問題を解決するうえで事実の問題としていかなる性能を示すかを理論的に解明するパートは，ミクロ経済学の《事実解明的アプローチ (positive approach)》と呼ばれている。第二に，ある資源配分の問題はいかなる方法を用いて解かれるべきか，ある資源配分の問題を適切に解くためには，経済の制度的仕組みはいかにあるべきかという類いの問題を取り扱うパートは，ミクロ経済学の《規範的アプローチ (normative approach)》と呼ばれている。この後者の研究に際して，経済のあるべき制度的仕組みのメニューを，現存する——あるいは歴史上に実在する——経済メカニズムに限定すべき格別の理由はない。そこでミクロ経済学の規範的アプローチが担う課題は，経済のあるべき制度的仕組みを理論的——公理主義的——に特徴付けるという壮大な課題と，自然なインターフェイスをもつことになる。一般に，ミクロ経済学の規範的アプローチを推進する経済学の分野を《厚生経済学 (welfare economics)》と称しているが，そのうち特にあるべき経済の制度的仕組みを公理主義的に特徴付けるという課題と密接に関連する研究分野は，《社会的選択の理論 (social choice theory)》と呼ばれている。

　明らかに，厚生経済学は経済政策のあるべき姿を理論的に設計する課題と密接な関わりをもっている。それだけに，厚生経済学の歴史的起源が非常に古い

---

10) ミクロ経済学および厚生経済学の基本的性格に関する以下の説明を一層詳しく理解するためには，奥野・鈴村 (1985/1988) の第 I 巻第 1–3 章および第 II 巻第 15, 31 章を参照して戴きたい。

ことだけは間違いない[11]。とはいえ，ジョン・リチャード・ヒックス (1904–89) [Hicks (1975)] が的確に指摘したように，「もし厚生経済学がピグー以前に存在したとすれば，それは別の名で呼ばれていたに違いない」のであって，アーサー・セシル・ピグー (1877–1959) の記念碑的な著作 [Pigou (1920)] こそ，この研究分野に固有の名称を与えて，標準的な厚生経済学の歴史の出発点を画した里程標であるといって差し支えないのである。

　ケンブリッジ大学におけるアルフレッド・マーシャル (1842–1924) の後継者であったピグーは，当時の多くの経済学者と同様に功利主義者だった。その彼が創始した厚生経済学であるだけに，ピグーの厚生経済学において経済メカニズムの性能を比較・評価する基準が功利主義哲学に基づいて構想されたことは，まことに当然のことだった。ひとびとがある経済メカニズムの帰結から受ける主観的満足（効用あるいは厚生）は，単に基数的な可測性をもつのみならず，異なる個人間で大小比較することさえ可能であると仮定されて，個人的効用の社会的総和の大小が経済メカニズムの性能の是非を判定する基準とされた。《最大多数の最大幸福》がこの立場を象徴するスローガンなのである。

　ピグーが創始した厚生経済学は現在では《旧》厚生経済学と呼ばれている。これに対して，効用の基数性と個人間比較可能性という理論的前提の《非科学性》を正面攻撃したライオネル・ロビンズ (1898–1984) による痛烈な批判 [Robbins (1932; 1938; 1981)] に触発されて，ピグーの《旧》厚生経済学の功利主義的基礎を放棄してヴィルフレド・パレート (1848–1923) [Pareto (1909)] がつとに開拓した序数的効用理論に帰依する《新》厚生経済学が誕生したのは，1930年代後半のことだった[12]。《新》厚生経済学と呼ばれてはいても既に半世紀を越える歴史をもつ考え方なのである。

　《新》厚生経済学の開拓者のひとりであるヒックス [Hicks (1930)] は，当初は

---

11) この点に興味をもたれる読者は，例えば Schumpeter (1954, p.1069) を参照されたい。
12) 序数的効用理論においては，ある個人が選択肢 x から受け取る効用 $u(x)$ が，彼が別の選択肢 y から受け取る効用 $u(y)$ よりも高いということは，彼が x を y よりも選好するということ以上の情報を全く含んではいない。そうである以上，序数的効用理論における効用を異なる個人の間で比較することには，全くなんの意味もないことになる。序数的効用概念に関する一層詳しい解説を必要とされる読者は，例えば奥野・鈴村 (1985, 第 10 章) を参照されたい。

ひとびとの間に異論の余地がない社会的な改善——すなわち，社会を構成するひとびとが全員一致して是認する政策的な措置——に関心を絞り，ロビンズが批判した《旧》厚生経済学の功利主義的基礎に依拠しない厚生経済学の新たな理論的枠組みを構築しようとした。全員一致して改善と認める措置を全て実行し尽くして，それ以上は全員一致して支持される改善の余地がもはや残されていない場合には，資源の制約が変わらない限り，社会厚生の極大状態が到達されたと考えることができる。この意味における極大厚生の状態は《パレート最適 (Pareto optimal)》ないし《パレート効率的 (Pareto efficient)》な状態と呼ばれている[13]。パレート最適性ないしパレート効率性の概念は，現代のミクロ経済学の規範的アプローチにおいても依然として主役の座を占めている。事実，正統派の厚生経済学の標準的な命題のほとんど全ては，完全競争的な市場価格メカニズムがこの評価基準に照らしていかなる性能を示すかという点を巡って展開されているといっても，決して過言ではないのである[14]。完全競争的な市場価格メカニズムが理想的な条件のもとで実現できる資源配分と，パレート効率的な資源配分との関係を述べる双方向的な命題は，《厚生経済学の基本定理 (fundamental theorem of welfare economics)》と呼ばれている。この命名法それ自体が，パレート効率性の概念が現代の標準的な厚生経済学に占める中枢的な位置を象徴しているように思われる。

　だが，経済政策の是非を巡ってひとびとの間に利害対立の可能性が存在することは，例外というよりは通則であるというべきである。この現実に直面するために，《旧》厚生経済学の破壊者であると同時に《新》厚生経済学の建設者でもあったひとびとは，二つの異なる理論的系譜の出発点を画する分析概念を新たに導入して，厚生経済学の適用範囲を拡張する試みに乗り出した。

　《新》厚生経済学の第一の系譜を開いた基礎的な分析概念は，ニコラス・カルドア (1908–86) [Kaldor (1939)] とヒックス [Hicks (1940)] によって導入された《補償原理 (compensation principles)》である。この考え方は，政策から

---

13) ポール・サミュエルソンによれば，パレート最適性という命名は，オックスフォード大学のイアン・リトルによるものである。サミュエルソン [Samuelson (1981, p.224)] 参照。
14) パレート最適性ないしパレート効率性の概念を中枢の位置にすえる標準的な厚生経済学に関しては，例えば奥野・鈴村（1988, 第 17, 23, 32, 33 章）を参照されたい。

受益するひとびとと損失を被るひとびととの間に仮説的な補償の可能性を導入することによって，利害対立の可能性が存在する状況にまでパレート改善基準の射程距離を延長して，序数的で個人間比較可能性をもたない効用概念に立脚する政策判断の基準——全員一致して改善と認める政策措置のみが社会的に是認できると判断する《パレート原理 (Pareto principle)》——の適用可能性を拡張しようとする試みだった。だが，実のところ補償原理の導入は，《新》厚生経済学にとってまさにパンドラの箱を開けるに等しい効果をもったのである。受益者が損失者に補償を支払って政策の採用に同意させる可能性を追求したカルドア補償原理にせよ，逆に損失者が受益者に補償を支払って政策の採用を断念することに同意させる可能性を追求したヒックス補償原理にせよ，いずれも整合的な政策判断の基礎とはなり得ないことが判明したからである。すなわち，いずれの補償原理に依拠するにせよ，ある政策措置によって状態1から状態2に移行することが是認された場合に，今度は状態2から状態1に逆戻りする政策措置も同じ原理によって是認される可能性が発見されたのである[15]。この予想外の障害を克服する目的で，カルドア補償原理とヒックス補償原理を連結して適用する《二重基準 (double criterion)》を提唱したティボール・シトフスキー (1910–) の補償原理 [Scitovsky (1941)] も，政策措置次第で実現可能な社会的選択肢が三つ以上ある場合には《推移性 (transitivity)》を満足しない場合があるという新たな欠陥を露呈して，政策の是非に関する判断の論理的な基礎を提供することにはついに成功しなかった[16]。また，それ自体の論理的な整合性に関する限りでは完璧を誇るポール・サミュエルソン (1915–) の補償原理 [Samuelson (1950a)] でさえ，皮肉なことにパレート改善基準と連動させるときには整合的な政策判断を不可能にする場合があるという欠陥が暴露されて，

---

15) 補償原理の適用に伴って発生し得る逆説的な結果に関する詳しい説明は，例えば奥野・鈴村 (1988, 第34章) を参照されたい。

16) 《推移性 (transitivity)》は論理的な関係の整合性を表現する重要な概念で，その正確な意味内容は第2章で説明されている。シトフスキーの補償原理が推移性を満足しない状況とは，この原理によって是認される措置によって状態1から状態2に移行して，次に同じ原理によって是認される措置を採用して状態2から状態3に移行した場合に，実は状態3から状態1に舞い戻る措置も同じ原理によって是認されてしまうような状況である。エッシャーの絵のようなこの状況では，社会的な厚生改善のためにどの措置をとるべきかという政策判断に合理的な根拠を見出せないことになってしまうのである。

結局は補償原理に依拠する《新》厚生経済学の救世主にはなり得なかったのである[17]）。

　《新》厚生経済学の第二の系譜の端緒を開いた基礎的な分析概念は，アブラム・バーグソン (1914-　) [Bergson (1938)] によって最初に定式化され，サミュエルソン [Samuelson (1947, Chapter VIII; 1981)] が，その精緻化と普及に大きく貢献した《社会的厚生関数 (social welfare function)》である。バーグソン＝サミュエルソンの社会的厚生関数とは，社会を構成するひとびとの判断ないし選好を考慮して，さまざまな社会状態——例えば，代替的な資源配分の状況——を倫理的に順序付ける方法のことである。この新たな概念を経済学に導入することにより，バーグソンとサミュエルソンは統一的な展望を欠いた従来の厚生経済学に秩序ある構造を賦与すると共に，厚生経済学のうちで社会的な価値判断に属する部分と客観的な経済分析に属する部分とを明確に分離して，厚生経済学の科学的地位を確立しようとしたのである。それはピグーの《旧》厚生経済学を撃沈したロビンズの批判に対する標準的な解答として，現在でも主流派を自認する多くのひとびとが暗黙のうちに受け入れている正統的な考え方に他ならない。

　倫理学と経済学を分離するためにバーグソンとサミュエルソンが提唱した考え方によれば，経済政策の是非を判定する社会的な評価基準は経済学の外部から与えられる価値判断であって，それが誰によって表明される価値判断であるか，あるいはその価値判断がどのようなプロセスないしルールを経て形成されるかを問うことは，厚生経済学の固有の研究課題ではない。厚生経済学が分担すべき本来の守備範囲は，与えられた価値判断に即して的確な経済政策を設計して勧告することに限られるのである。この考え方を体現する社会的厚生関数が経済学の外部から整合的に与えられるのであれば，《新》厚生経済学の補償原理アプローチのように，部分的に形成された社会的厚生判断を連鎖させた結果が《推移性テスト (transitivity test)》——すなわち，部分的な社会的厚生判断をいくつか連鎖させた結果として，大域的に矛盾が発生することはないかを問うテスト——に失敗する可能性に，経済学者は怯え続ける必要はもはやない。

---

17) シトフスキーとサミュエルソンの補償原理に関して発生する病理的な現象に関しては，奥野・鈴村（1988, 第 34 章）および Suzumura (1980a; 1999b) を参照されたい。

社会的厚生関数に価値判断の整合的な表現を委ねて，経済学は本来の——科学的な——経済分析に専念すればよいことになる。これが《新》厚生経済学の社会的厚生関数アプローチの要諦である。ピグーによる《旧》厚生経済学の創始以来，新たな建設の足場が未だ取り去られてもいないうちに早くも建物の構造的欠陥が暴露されるという悲劇に見舞われ続けてきた厚生経済学だが，これでようやく科学的な分析の枠組みを獲得したかに思われたのである。

4 社会的選択の理論とはなにか

社会科学のある研究分野が，いつ・どこで・だれによって創始されたかをはっきり述べることは，ほとんどの場合に不可能である。だが，社会的選択の理論はまことに稀有な例外であって，1948年にランド・コーポレーションにおいてアローが研究を開始して，1948年12月にクリーブランド市で開催されたエコノメトリック・ソサエティの年次大会で彼が最初に公表した《一般不可能性定理 (general impossibility theorem)》こそ，この広大な研究分野への扉を開いた最初にして最大の貢献であるといって全く差し支えないのである[18]。アローのこの定理こそ，《新》厚生経済学の社会的厚生関数アプローチが獲得したかに思われた勝利が確かにエレガントではあっても実は裸の王様にも似て内容空虚であることを暴露すると同時に，実りある厚生経済学を探究するセンの研究の出発点を画した記念碑的な業績なのである。その理由を説明したい。

前節で述べたように，社会的厚生関数が体現する社会的厚生判断を形成するプロセスないしルールの在り方を，バーグソンとサミュエルソンは完全に不問に付した。サミュエルソンによる以下の宣言は，彼らの考え方の要諦を余すと

---

18) 当然のことながら，いかに天才的な業績といえども，全く先行研究が存在しない科学的成果などはあり得ない。アローの定理の場合にも，フランス革命期の思想家マルキ・ド・コンドルセ (1743–94) が発見した単純多数決原理に基づく社会的意思決定の矛盾（サイクル）や，同時期のフランスの数学者ジャン・シャルル・ド・ボルダ (1733–99) による順位得点集計法に基づく社会的意思決定方法の提案などは，アローの研究の軌道を定めるうえで重要な役割を果たした先行業績である。事実，コンドルセの発見（投票の逆理）については，本節ですぐに言及することになる。それにも拘わらず，コンドルセやボルダ，あるいはチャールス・ラトウィッジ・ドジソン（1832–98）——別名ルイス・キャロル——などの研究とアローの研究との間には非常に重要な質的飛躍があって，その事実を理解することは社会的選択理論の本質の理解に関わっている。この点に関して詳しくは本書第2章を参照されたい。

ころなく伝えている：

> われわれの議論の出発点として，経済システムに含まれるあらゆる経済変数の「関数」として表現されるある倫理的信念を考えよう。この倫理的信念は，慈悲深い専制君主，完全なエゴイスト，「善意に満ちた全てのひとびと」，人間嫌い，国家，民族，群集心理，神など，誰のものであってもよいし，このような信念の起源は，われわれが問うところではない。私自身の信念も含め，あり得べきいかなる倫理的信念も容認される。…… われわれがこの信念に対して要求することは，それが経済システムのひとつの形態が他の形態よりも「よい」か「悪い」か「無差別である」かを明確に答え得るものであること，そしてその信念が推移性をもち，AがBよりもよく，BがCよりもよければ，AはCよりもよいことが必ず従うことだけである。この信念を表現する関数は，序数的に定義されていさえすればよい…… [Samuelson (1947, p.221)]。

　社会的な評価ないし判断の基準の起源・背景・生成を一挙に経済学の外部に放逐するサミュエルソンの考え方とは真っ向から対立して，アローは社会を構成するひとびとが表明する個人的な評価・判断に基づいて社会的な評価・判断を形成する集計プロセスないしルールそれ自体を，経済分析の正統な研究対象として正面から検討する考え方を提唱した。彼がその『社会的選択と個人的評価』[Arrow (1951/1963)] で提起した全く新しい問題は，社会を構成するひとびとが表明する個人的な評価・判断を集計して，社会的な評価・判断を形成するプロセスないしルールのうちで，いくつかの自然な要請を満足するものを構成することは論理的に可能であるかという問題だったのである。
　個人的な評価・判断に基づいて社会的な評価・判断を形成する集計プロセスないしルールの候補としては，非常に多くの例を挙げることができる。サミュエルソンの慈悲深い専制君主や完全なエゴイストがもつ個人的な評価・判断を，そのまま社会的な評価・判断にしてしまうというプロセスないしルールも，形式的にはアローが研究対象とするプロセスないしルールの一例には違いない。また，社会を構成するひとびとが表明する個人的な評価・判断を全く無視して，

因習や慣行によってひとびとを拘束する固定的な評価・判断を指定するという方法も，形式的にはアローが考察するプロセスないしルールの範疇に含まれている。だが，これらのプロセスないしルールは，個人的な評価・判断を尊重して社会的な評価・判断を形成するものであるとは認め難い。なぜならば，前者の例は専制君主やエゴイスト以外の個人の評価・判断を完全に無視する独裁的なプロセスないしルールに他ならないし，後者の例は全ての個人の評価・判断をいっさい考慮しないという意味で，市民主権の原則を完全に踏みにじっているからである。

　個人的な評価・判断を集計して社会的な評価・判断を形成するプロセスないしルールという表現に常識的に相応しい例としては，《単純多数決ルール (simple majority decision rule)》を挙げることができる。この方法は，複数のひとびとがグループ全体としてなんらかの決定を行わなければならない場合に日常的に活用されているプロセスないしルールであるだけに，アローの研究の性格を理解するためのリトマス試験紙として，非常に有益な例であることは間違いない。この方法に基づく個人的な評価・判断の集計プロセスは非常に簡単である。いま二つの選択肢 A，B があるものとして，社会を構成するひとびとはそれぞれに A，B のいずれが他方と比較して一層望ましい選択肢であるかに関して，明確な個人的評価・判断をもっているものと仮定する。そのときこのルールは，選択肢 A，B に対する社会的な評価・判断を，以下のようにして形成する：選択肢 A の方が選択肢 B よりも望ましいと判断するひとびとの数が，選択肢 B の方が選択肢 A よりも望ましいと判断するひとびとの数を上回る場合，そしてその場合にのみ，選択肢 A の方が選択肢 B よりも社会的に望ましい。

　単純多数決ルールは明らかに独裁的ではない。実際には，社会的な評価・判断を形成するうえで，全ての個人の評価・判断が同じウエイトで平等に考慮に取り入れられているという意味で，このルールには民主的な社会的評価形成の手続きとして，一定の資格が備わっているように思われる。だが，このルールにも全く問題がないわけではない。次の例を見てほしい。

例：単純多数決サイクル
　三人の個人 1，2，3 から構成される社会が，三つの選択肢 A，B，C に対す

る社会的な評価・判断を形成するものとせよ。三人の個人がそれぞれにもつ個人的な評価・判断は，下記のように表示されるものとする[19]：

　　　1：A, B, C　　2：B, C, A　　3：C, A, B

この状況で単純多数決ルールを適用すれば，A は B に対して 2 対 1 の多数決を得るために，A は B よりも社会的な高順位を獲得する。全く同じ論拠で B は C よりも，そして C は A よりも社会的な高順位を獲得する。したがって，単純多数決ルールによる三つの選択肢 A, B, C のランク付けはサイクルを生んでしまい，社会的に最高位を得る選択肢を決定することは論理的に不可能であることになるのである[20]。‖

　こうしてみると，ある側面では魅力的なプロセスないしルールであっても別の面では魅力に欠けることになって，あるプロセスを別のプロセスと優劣比較する作業は予想以上に複雑である。そこでアローが採用した方法は，公理主義的な分析手法であった。社会的な評価・判断を形成するプロセスないしルールに対していくつかの自然な要請を公理として課して，これらの公理を全て満足するプロセスないしルールならば，適格な社会的評価・判断の形成方法として受け入れるという考え方がそれである。アローが実際に導入した公理は非常に少数であるうえに，個々の公理は直観的にも強い説得力を備えたものだった。詳しくは第 2 章で説明するが，彼の公理のうちで本質的な要請は，

（1）　パレート原理に従う改善を社会的な改善であると評価・判断するという意味で，最小限度に民主主義的なルールであること（パレート原理）；
（2）　表明された個人的な評価・判断を社会的な評価・判断に集計する際に

---

[19]　個人あるいは社会の評価・判断を簡潔に表記する方法として，本書では選択肢を左から右に並べて書いて，左に位置する選択肢は右に位置する選択肢よりも評価のランキングが高いという表示法を用いることにする。本文中の例でいえば，個人 1 の評価・判断によると A は B よりも評価が高く，B は C よりも評価が高いため，A は C よりも評価が高いことになる。

[20]　単純多数決ルールがこのようなサイクルを生む可能性を最初に発見したコンドルセの名にちなんで，この現象は《コンドルセ・サイクル》とか，《コンドルセの逆理》などと呼ばれている。

必要な情報投入量が最大限に節約されるという意味で，集計ルールが情報効率的な機能を示すこと（情報的効率性）；

（3） 個人的な評価・判断を社会的な評価・判断に集計した結果が，単純多数決ルールのようなサイクルを生まないこと（社会的合理性）；

という僅かに三つの公理であるに過ぎない。しかるにアローが示した結果は，彼の公理を全て満足する集計プロセスないしルールは，実は独裁者の存在を容認するような病理的なルールに限られるという衝撃的な一般不可能性定理だったのである。

アローの定理によれば，補償原理アプローチのみならず社会的厚生関数アプローチによっても，論理的に整合的な《新》厚生経済学を建設することは実際には不可能な試みであることになってしまう。《新》厚生経済学の唱道者たちが一斉にアローの社会的選択の理論に対して激烈な批判を浴びせたのは，ある意味ではまことに当然のことだった。その典型的な一例はサミュエルソンの批判である：

> ……アローの定理は，伝統的な厚生経済学の数理理論に対する貢献であるというよりは，数理政治学の未発達な教義に対する貢献であるというべきである。私はアローを経済学から政治学に輸出したい。というのは，私は……アローが経済学の伝統的なバーグソン厚生関数の不可能性を証明したとは信じていないからである [Samuelson (1967, p.429)]。

だが，アローの定理を巡る多くの論争のなかでもおそらく最も興味に乏しい論争のひとつは，一般不可能性定理は伝統的な厚生経済学に属する貢献なのか，それとも新たに誕生しつつある数理政治学に属する貢献なのかというように，恣意的に引かれた学問の境界線を巡る論争なのではあるまいか。また，表面的には確かに厚生経済学の理論的可能性に対して非常に否定的な響きを伴うアローの定理ではあるが，実りある厚生経済学の構築のためには乗り越える必要がある障害をこのうえなく明瞭に確認したという意味で，それはむしろ積極的な意義を担う命題だというべきなのではなかろうか。われわれの理解によれば，アロー以降の厚生経済学者の課題は，彼が一般不可能性定理を通して確認した障

害を直視して厚生経済学に新鮮な生命を吹き込むために，新たな理論的基礎を求めることに設定されたのである。センの学問的営為の大きな部分は，まさにこの主旨の新たな建設作業に関わっている。

5 センの経済学と倫理学：最初のスケッチ

《旧》厚生経済学の誕生を告げたピグーの大著『厚生経済学』の序文には，「経済学者が行う複雑な分析は，決して単なる頭の体操ではない。それは人間生活の改良の道具である」という印象的なマニフェストが記されている。しかるに，ピグー以降の厚生経済学の展開を見すえて 1960 年に出版されたエドワード・ミシャンの展望論文 [Mishan (1960)] には，「厚生経済学にその生涯を通して献身した経済学者はいない。それは経済学者が道楽半分に手を出してそれから捨ててしまい，やがて良心の痛みを感じて立ち返って行く分野である」という嗜虐的な記述が与えられている。ピグーの情熱的な創業の理念とミシャンのニヒリズムとの落差は衝撃的なまでに大きいが，ピグーからミシャンに到る 40 年間の歴史には，《旧》厚生経済学に対する序数主義者による攻撃と破壊，《新》厚生経済学の誕生と迷走，アローの一般不可能性定理による厚生経済学に対する疑念の深刻化といった激動が含まれていることを思えば，ピグーとミシャンの間に存在する著しい温度差には，決して根拠がないわけではないと認めざるを得ないのが実態である。

厚生経済学のこの意味における《貧困》を打破するうえで，決定的な役割を果たした経済学者こそセンである。本書は全体として厚生経済学の復権に対するセンの貢献の内容と意義の解説および評価にあてられているが，読者が見通しよく本書を読み進められるように，本節では本書の基本的なシナリオを簡潔にスケッチして，各章の課題を説明しておくことにしたい。

厚生経済学の復権に対するセンの貢献は，アローが創始した社会的選択理論の構造を徹底的に単純化・透明化するとともに，この理論の射程距離を拡大する作業から開始された。前節で説明したように，アローの理論は社会を構成するひとびとの判断・評価を社会的な判断・評価に集計するプロセスないしルールを公理主義的に吟味して，民主主義の最小限の要請と情報の効率的な利用の要請を合理的に両立させる可能性を尋ねるものだった。この理論に対するセン

の比較的初期の重要な貢献には，
- （1） 社会的な判断・評価を形成するために，個人的な判断・評価に関して収集・利用する必要がある情報とはなにかという観点からアロー理論の構造を徹底的に明確化・透明化して，一般不可能性定理の意味と意義に関する広範な理解を可能にしたこと；
- （2） アロー理論では当然の前提とされていた社会的《合理性 (rationality)》の条件を詳細に吟味して，この条件を緩和することによって新たに開かれる社会的選択の理論的可能性を体系的に探究したこと；
- （3） 単純多数決ルールが社会的《合理性》の条件を満たすために必要とされる制約条件を，多くの先行研究を鮮やかに総合して完全に特徴付けることに成功したこと；
- （4） 厚生の個人間比較のさまざまな可能性を精確に分析する方法論を確立して，アローの定理に対してこれらさまざまな可能性が与えるインパクトを明らかにするとともに，ジョン・ロールズが主導した道徳哲学の復興との実りあるインターフェイスの端緒を開いたこと；

など，どのひとつを取り上げても理論家としての名声を確立するに十分な成果が含まれている。センのこれらの業績を整理・総合した著書こそ，既に触れた『集団的選択と社会的厚生』なのである。この著書はその後に彼が公刊した多くの重要論文 [Sen (1971; 1977a; 1977b; 1979b; 1986c; 1995a)] によって多少の修正や拡張を受けるにせよ，センの社会的選択の理論の輝かしい主著という位置付けはいささかも揺るがない。本書第2章（厚生経済学と社会的選択の理論：正統派理論への貢献）は，アローの一般不可能性定理の意味と意義を平易に解説したうえで，アロー理論の深化と拡張に果たしたセンの業績の要諦を解説することを主な課題としている。

　正統派理論を拡張するうえでセンが果たした上記の役割は確かに重要ではあるが，厚生経済学と社会的選択の理論の歴史に残るセンの不朽の功績は，
- （1） アロー理論の当初の射程を大きく越えて，社会的選択の理論の研究領域を飛躍的に拡張したこと；
- （2） 厚生経済学の本来の課題である焦眉の経済問題と取り組む手段——人間生活の改良の道具（ピグー）——を拡張された社会的選択の理論が提供で

きるように，純粋理論と公共活動との連結環を明瞭に意識して新たな理論構成を行ったこと；

にあるというべきである。1973年に初版が出版されたセンの講義録『不平等の経済学』[Sen (1997a)] は，前著『集団的選択と社会的厚生』が精緻化した社会的選択の理論を経済的不平等の評価と計測という具体的で論争的な論脈に適用して，正統派の厚生経済学がなぜ所得や富の分配の衡平性など経済学の倫理的側面を正面から議論することを避けて，効率性至上主義と取られかねないアプローチしかできなかったかという理由を抉り出した労作である。この著作の初版（1973年）から拡大版（1997年）に到る20余年の間に登場した質・量ともに膨大な不平等と貧困の研究は，そのほとんど全てがこの記念碑的な講義録と1976年の論文「貧困：計測への序数的アプローチ」[Sen (1976b)] に触発されて誕生したといっても決して過言ではないのである。本書第3章（不平等の経済学と倫理学）は，この講義録を中心にすえつつもセンとは思想的系譜を異にする若干のアプローチをも含めて，不平等の経済学と倫理学の基礎を平易に解説することを課題としている。

センが正統派理論を拡充する作業から踏み出して，新たな福祉の経済学の基礎構築を精力的に開始したのは1980年前後のことであるが，この建設作業の背景には正統派の厚生経済学に対する彼の厳しい批判がある。センの批判の骨格をなす研究は彼の二つの論文――「合理的な愚か者：経済理論の行動主義的基礎に対する批判」[Sen (1977c)] および「個人的効用と公共的判断：あるいは厚生経済学のなにが誤っているのか」[Sen (1979b)]――である。本書第4章（厚生主義・権利・自由：正統理論への批判）は，センによる正統派の厚生経済学批判とそれに対する反批判を紹介して，その後センが積極的な建設に乗り出した新たな福祉と自由の経済学の理論的背景を明らかにすることを課題としている。詳しくは第4章に譲るにしても，センの正統派理論に対する批判の基本的論点を簡潔に述べておくことは，あながち無駄ではあるまい。基本的な批判点は二つある。

（1）正統派の厚生経済学は，個人の《選好 (preferences)》に対して実に苛酷な重荷を負わせている。彼の《利害 (interests)》はこの選好によって表現されるうえに，彼の《厚生 (welfare)》の改善・改悪はこの選好の階梯を

上昇するか下降するかに応じて判定される。さらに彼の《選択 (choice)》行動さえも，同じ選好の最適化によって説明されている。このように，選好・利害・厚生・選択という——本来的には全く異質な——概念をなんら区別できない《合理的な愚か者 (rational fool)》を理論の中枢にすえる正統派の考え方にこそ，厚生経済学の貧困の根本的な理由がある。

（２）　正統派の厚生経済学は，経済政策の適否の判断や経済システムのパフォーマンスの評価に際して，非常に狭隘な情報的基礎に依拠している。この主旨の評価に際して，その政策やシステムがもたらす《帰結 (consequences)》にもっぱら注目して，よい政策（システム）とはよい帰結をもたらす政策（システム）に他ならないと考える立場を《帰結主義 (consequentialism)》と呼ぶ。特に，帰結の善悪を評価する際に，その帰結が各個人にもたらす厚生ないし効用のみを評価の視野に取り入れて，帰結の非厚生的な特徴をおしなべて無視する考え方を《厚生主義 (welfarism)》と呼ぶ。この用語法を活用すれば，ピグーが創始した《旧》厚生経済学も，ヒックス，バーグソン，サミュエルソンの《新》厚生経済学も，アローの社会的選択の理論も，おしなべて厚生主義に立脚するアプローチであることは明白である。正統派の規範的経済学への厚生主義の浸透力はこのように顕著なのであるが，センは正統派アプローチに通底する厚生主義こそ規範的経済学が人間の福祉の改善策に肉迫できない根本的な理由なのだとして，真っ向から厚生主義との決別を求めたのである。

このような批判を背景としてセンが取り組みを開始した福祉の経済学の建設作業であるだけに，伝統的な厚生経済学が敢えて取り入れてはいなかった社会生活の多くの側面に正面から切り込む必要が生じてくるのは当然である。例えば，センの厚生主義批判は，単純で否定し難い非厚生主義的な要請——個人の最小限度の《自由》に対する社会的な尊重——が，最も基本的な厚生主義的要請——パレート原理——と論理的に矛盾するという事実をアロー流の一般不可能性定理の形式で論証することによって，簡単には逃げ場を見つけられない鋭利な形式を整えて提出されている。《パレート派自由尊重主義の不可能性 (Impossibility of a Paretian Liberal)》と呼ばれるこのディレンマのために，自由の価値に最小限度の関心を寄せる限り，われわれは厚生主義の立場を無条件で受け入れるわ

けにはいかないことになるのである。したがって，自由と権利を重視する福祉の経済学は，新たに非厚生主義的な理論的基礎を必要とすることになる。

このような背景に留意して本書の第5章（厚生経済学の新構想：方法論的枠組み）では，センが新たに構想している厚生経済学の方法論的枠組みを捉えることが課題とされている。狭義の厚生主義並びに帰結主義の克服を意図するセンは，社会的厚生や個人の効用などの帰結に還元することのできない固有の価値として，個人の権利を概念化しようとする。だがその一方で，諸権利の具体的内容と重み付けは，権利相互間の関係や他の社会的目標との関係で規定されるべきこと，その際には権利の内在的性質とその帰結の双方を比較・秤量するという倫理的作業が不可欠であることを主張する。彼のいう「整序的な目標＝権利システム」とは，そのような作業を通して多元的な諸価値が一定の重み付けのもとで整序されることを想定したものである。このような倫理的作業は，個人的には公共的主題に適した個人的選好（公共的判断）を形成することを意味するが，社会的にはひとびとの公共的判断を基礎に，それらを適切に集計して一定の社会的評価を導出するプロセスと考えられる。このような多元的価値の整序化システムとそれに対応する社会的意思決定プロセスの解明こそ，センの構想する厚生経済学の主要な柱なのである。さらにセンは，それらの制度的仕組みを支える個人の主体的条件として，私的利害への関心を超え出る同感やコミットメント，さらには普遍的・一般的ルールに対する公共的観点などを含んだ多層的な選好構造を構想する。この構想に基づいて個人の在り方やさまざまな経済問題の分析に新たな光を投ずることが，厚生経済学の取り組むべき重要な研究課題とされるのである。

この新しい枠組みのもとでセンがとりわけ関心を寄せるのは，個人が自己のより善き生を自律的・主体的に選択する自由の実質的保障，すなわち福祉的自由の権利の在り方である。第6章（潜在能力アプローチ：善と必要の理論）はこの問題に関するセンの基本的な考え方を検討する。福祉とは諸個人にとって追求する価値のある《善》であるとともに，社会的コミットメント——資源の移転・配分を通じた社会的保障——を要請する価値のある《善》である。そのような《善》の具体的内容を特定し，それらに対する望ましい社会的援助や保障の在り方を考察するために，センは機能および潜在能力の概念を提唱した。

《機能》とは個人の多様な活動の基礎となる自立的な《生き方》・《在り方》であり，《潜在能力》とは，個人が自己の主体的意思に基づく選択を外的に妨げられないのみならず，実際に達成可能であるような諸機能（生き方・在り方）の集合を指すものである。これらの概念は，従来の効用概念あるいは財概念と比較して，どのような分析的利点をもつのだろうか。これらの概念を用いるとき，社会的援助や保障の目的や方法に関して，どのような視野が開かれるのだろうか。第 6 章ではこれらの問題について次のような指摘がなされる。すなわち，潜在能力の概念は，個人が直面する絶対的な窮乏あるいは社会に要請すべき個人の必要をより深い次元で捉えることを可能とする。それは財空間上の相対的不平等を潜在能力空間上の絶対的窮乏として捉え返すことを可能とするのみならず，財の相対的不平等には表出され得ない個人の窮乏を捉えることを可能とする。さらにまた，個人の主観的な反応を越えて，その背後に厳然として存在する客観的な《必要》に接近することを可能とするのである。

　第 7 章（自由と発展のパースペクティブ）は，貧困と経済発展をめぐって展開されたセンの理論を検討することを課題としている。この章の前半では，貧困をもたらす原因と仕組み，貧困の概念的意味と集計問題に関するセンの議論がまず検討される。貧困をもたらす原因と仕組みに関しては，既存の《権原》のネットワーク（権原システム）が合法的に貧困を引き起こしていくからくりが解きほぐされる。貧困の概念的意味と集計問題に関しては，貧困とは個人の潜在能力の絶対的剥奪の問題であること，したがって貧困の識別はそのような観点からなされなければならないことが確認される。また，貧困の社会的集計にあたっては，貧困者層内部の分布の問題が考慮される必要がある点が指摘される。この章の後半では，自由の観念に関するより包括的な考察をもとに，経済発展の本質的意味を捉えて，社会的援助の在り方を再検討しようとするセンの議論を整理して，センが提唱する福祉的自由と行為主体的自由という二つの自由概念の意義が確認される。また，さまざまな自由が有する本質的・派生的価値と相互依存的な関連，さらには自由を支える多様な社会組織間のネットワークの重要性を指摘している。

　既に述べたように，センはアロー理論を単に深化し拡張するに留まらず，その理論的枠組みを適切に分解して再構成することによって，社会的選択の理論

の潜在的可能性を最大限に引き出すことを自らの課題として引き受けた。第8章（社会的選択理論の再構成）は，センが視野に収めた社会的選択の理論の可能性を，二つの角度から検討することを試みている。第一の角度は，社会的選択の理論の哲学的前提をめぐるさまざまな批判に対するセンの応答を検討することである。ここでは，進化論的アプローチやコミュニタリアンの批判に応えて，社会・経済システムに関する社会的評価の基礎をひとびとの理性的な評価に基礎付けるというセンの構想の根拠と正当性を論じている。第二の角度としては，センの厚生経済学の新構想に基づいて，社会的選択の理論を再構成する方法に関してひとつの試論を提供することが重要である。そこでは，現在進行しているわれわれ自身の研究をもとに，福祉的自由の権利を規定するルールの社会的決定手続きの定式化，並びにそれに関してセンの潜在能力理論が要請する公正基準の定式化が試みられている。

　本書の終章となる第9章（エピローグ）では，福祉国家の制度的支柱である社会保障と民主主義について，センの強調する自由と個人の主体形成という視角から，その基本的性格と意味を解明することが意図されている。センの自由と発展のパースペクティブは，彼の母国インドの飢餓・貧困・福祉・自由の問題を明瞭に意識しつつ構想され，展開された考え方である。だが，その背景と出自はともあれ，このパースペクティブは福祉と社会的コミットメントに関する基本的視座として，国境を越えて大きなインパクトを及ぼしつつある。この最終章ではセンの経済学と倫理学が切り開いた地平に立って，われわれ自身の住む国の福祉の問題を建設的に考え，新しい福祉国家像を具体的に構想する際に重要となると思われる論点を，簡潔に整理することによって本書を総括している。

　このような構想に基づいて執筆された本書をひとつの踏み台として，われわれ自身がおかれた社会的・経済的環境のもとで《人間生活の改良の道具》を鍛える実践に踏み出される読者が誕生することになれば，本書を執筆したわれわれの意図は十分に達成されたことになる。

第2章　厚生経済学と社会的選択の理論
正統派理論への貢献

1　はじめに

　経済システムや経済政策のあり方を理性的に評価して，望ましい経済システムを設計したり，適切な経済政策を提言することを任務とする経済学の領域こそ，厚生経済学と社会的選択の理論である。したがって，社会を構成する個人の意思を的確に反映して，社会的な評価の基準を民主的・情報節約的に構成する方法を探究する作業は，厚生経済学と社会的選択の理論が最初に取り組むべき重要な課題となる。本章では，この研究領域における正統派理論の骨格を説明して，センがその発展に果たした役割を明らかにすることにしたい。

　第2節では，個人的評価を集計して社会的評価を構成する典型的なルールである単純多数決ルールに注目して，ダンカン・ブラック [Black (1948; 1958)]，ケネス・アロー [Arrow (1951/1963)]，ケネス・メイ [May (1952)] などによる古典的な研究成果を踏まえて，このルールの理論的な性能を解説する。この分野においてセンが挙げた主要な貢献 [Sen (1966; 1969; 1970a, Chapters 4* & 10*) 並びに Sen and Pattanaik (1969)] は，古典的な研究成果を体系的に拡張して鮮やかな総合を達成した点に認められる。第3節では，アローの著名な一般不可能性定理を解説して，厚生経済学と社会的選択の理論の進路を定めるためにアローの定理のメッセージをどう理解するべきかという問題を検討する。この分野でセンが挙げた貢献 [Sen (1970a, Chapters 3 & 3*; 1977a; 1977b; 1979b; 1986c; 1995a)] は，《社会的選択の情報的基礎》という統一的な観点からアロー理論の構造を徹底的に透明化・単純化して，彼の基礎定理に関する理解の深化と拡充に大きく寄与した点に認められる。以上の二節は伝統的な理論の一般化と理論の構造の透明化に対するセンの貢献を中心としているが，第4節以降の三つの節では伝統的理論の射程距離を拡張して，社会的選択の理論の大胆な革新を試みたセンの一層野心的な研究を解説する。第4節ではアローが当然の前提として要請した社会的評価の《合理性》の要求に公理的な分析のメスを入れて，社会的選択の理論の焦点を《社会的評価》の形成から《社会的選

択》の決定へと旋回させたセンの重要な貢献 [Sen (1969; 1970a, Chapters 1*, 4 & 4*; 1971; 1977a; 1986c)] の意義を明らかにする．第 5 節では，《旧》厚生経済学を批判した《新》厚生経済学によって放逐された効用の基数的可測性と個人間の比較可能性を，社会的選択の理論の中枢に復権させたセンの貢献 [Sen (1970a, Chapters 7, 7*, 8, 8*, 9, 9*; 1977b)] の意義と限界を明らかにする．第 6 節では，社会的な評価の不完備性を容認するとか，効用の個人間比較に完全性を要求しないというように，社会的な評価や比較に過剰な精密性を要求する慣行を見直して，社会的選択の難問を突破する新たな緒を探索するセン独特の方法論を簡潔に紹介することにしたい．最後に第 7 節では，もともとアロー理論には分配の衡平性や正義を考察するのに適切な情報的基礎が欠けていることを単純なケーキ分配の例を用いて説明して，次章以降の分析の動機付けを行うことにする．

2 単純多数決ルールの理論的性能

社会を構成する個人の数を n としよう．n は当然正の整数だが，本書全体を通じて $2 \leqq n < +\infty$ が成立することを仮定する．$N := \{1, 2, \ldots, n\}$ は社会構成員全体の集合である．また，この社会が直面する可能性がある選択肢の集合を X とする．X を構成する個々の選択肢は $x, y, z, \ldots$ などで表わして，本書全体を通じて $3 \leqq \#X < +\infty$ が成立することを仮定する．ただし，$\#X$ は集合 X に含まれる要素の個数である．

ここで注意を要する点は，集合 X に含まれる選択肢は，必ずしも現実に選択できる《実行可能な選択肢 (feasible alternatives)》とは限らないという事実である．例えば，ある時点で行われる選挙で社会が直面する可能性がある選択肢の集合は，被選挙権をもつひとびと全体から構成される．これに対して実行可能な選択肢の集合は，立候補を表明する一部のひとびとから構成されるに過ぎない．また，稀少資源を有効に活用して社会的に最善な資源配分を達成しようとすれば，実行可能な選択肢の集合は，この社会に賦存する本源的な生産要素，蓄積された物的・知的資本などの制約のもとで実現可能な資源配分に限定されざるを得ない．実行可能な選択肢の集合を特に明示的に表わす必要がある場合には，X と区別して S, T などの記号を用いることにする．

さて，社会を構成するひとびとは，それぞれの個性的な観点と利害に根差して，社会的な選択肢に対する個人的な選好をもっているはずである．ある個人 $i \in N$ の個人的選好は，社会が直面する可能性がある選択肢の集合 X の上で定義される選好関係 R_i によって表現される．その定義は簡単であり，任意の二つの社会的選択肢 $x, y \in X$ に対して，個人 i にとって x は y と少なくとも同程度に望ましいとき，そしてそのときにのみ，xR_iy という論理関係——《二項関係 (binary relation)》——が成立するといえばよい．選好関係 R_i に対して，本書は首尾一貫して以下の三つの《合理性 (rationality)》の公理が満足されることを要求することにしたい．

完備性 (Completeness)

任意の選択肢 $x, y \in X (x \neq y)$ に対して，xR_iy あるいは yR_ix のうち，少なくとも一方が必ず成立する．

反射性 (Reflexivity)

任意の選択肢 $x \in X$ に対して，xR_ix が必ず成立する．

推移性 (Transitivity)

任意の選択肢 $x, y, z \in X$ に対して xR_iy かつ yR_iz であれば，必ず xR_iz が成立する．

これらの公理の要求内容は容易に理解できる．完備性の公理は，どのような一対の選択肢に対しても，個人は自分の選好を明確に述べることができるという要請である．反射性の公理は，どのような選択肢もそれ自身と少なくとも同程度に望ましいという当然の要請である．最後に，推移性の公理が満足されない状況では，ある選択肢 z と比較して少なくとも同程度に望ましい選択肢 y に移行して，y からさらに少なくともそれと同程度に望ましい選択肢 x に移行した結果，かえってこの個人の状態が悪化する可能性がある．エッシャーの絵を連想させるこのような奇妙な状況を一挙に排除する要請こそ，推移性の公理に他ならないのである．

完備性，反射性，推移性という三つの合理性の公理を満足する選好関係は《選好順序 (preference ordering)》と呼ばれている．本書では，社会を構成する個人は全てこの意味で合理的であることを仮定したい．この仮定はミクロ経済学ではほとんど自明の要請であるかのように扱われているが，実は個人の側に非常に精密な識別能力が備わっていることを暗黙のうちに仮定していることに注意したい．この重要な事実を明らかにするためには，選好順序 R_i に対応する狭義の選好関係 $P(R_i)$ と無差別関係 $I(R_i)$ を以下のように定義する必要がある：任意の一対の選択肢 $x, y \in X$ に対して，

$$xP(R_i)y \Leftrightarrow xR_iy \ \& \ \neg yR_ix;$$
$$xI(R_i)y \Leftrightarrow xR_iy \ \& \ yR_ix.$$

ただし，ここで ¬ は否定を示す論理記号である．読者はこの段階で，選好関係 R_i が推移性の公理を満足すれば，狭義の選好関係 $P(R_i)$ と無差別関係 $I(R_i)$ も推移性の公理を満足することを，簡単なエクササイズとして確認してほしい．

　さて，次の例を見よ．

例：無差別関係の推移性と識別能力の完全性

　机のうえにコーヒー・カップが右から左に 101 個並んでいる．右端のカップにはブラック・コーヒーが，2 番目のカップには 1 ミリグラムの砂糖が入ったコーヒーが，3 番目のカップには 2 ミリグラムの砂糖入りのコーヒーが入っている．以下同様にして，左端のカップには 10 グラムの砂糖入りのコーヒーが入っている．1 ミリグラムの砂糖が作り出す微妙な差を識別できない個人であれば，隣接する二つのカップのコーヒーは無差別であると判定するだろうが，もし彼の選好順序——したがって無差別関係——が推移性を満足するならば，この場合に彼は結局全てのカップのコーヒーは無差別だと判定せざるを得ないことになる．だが，右端のブラック・コーヒーと左端の極端に甘いコーヒーとの差は余りにも歴然としていて，この両者を無差別だと考える個人は現実にはまず存在しないはずである．この単純な事実は，不完全な識別能力を備えた個人に対して彼の選好関係の推移性を要求することには，論理的な無理があることを意味している．逆に，ある個人の選好関係の推移性を仮定するということは，その個人が完璧なまでに精密な識別能力を備えていることを，暗黙のうちに仮定

していることになるのである。∥

　この例をみれば明らかなように，社会を構成する全ての個人の選好が完備性，反射性，推移性の三つの合理性の公理を満足するという要請は，個人に対して非常に強い理想化の仮定を設けていることを意味している。このように理想化された個人的評価を集計して形成される社会的な選好関係を，個人的評価のプロファイル $\boldsymbol{R} = (R_1, R_2, \ldots, R_n)$ の関数として $R = f(\boldsymbol{R})$ と表記する。社会的な選好関係 R に対応する狭義の選好関係と無差別関係を，それぞれ $P(R), I(R)$ と表記する。個人的評価のプロファイルを社会的な選好関係に集計するルール f を，以下では《社会的選択ルール (social choice rule)》と総称することにしたい。

　社会的選択ルールの典型的な一例は，直観的な形で既に第 1 章第 4 節で解説した単純多数決ルールである。社会的選択の理論の萌芽となったのは，よく知られたこのルールに関する研究だったのである。単純多数決ルールの厳密な定義は以下のように与えられる。読者はこの正確な定義が，第 1 章第 4 節で与えた直観的な定義と正しく対応していることを自ら確認してほしい。

定義 2.1 （単純多数決ルール）

　社会的選択ルール f^{MD} は，個人的評価の任意のプロファイル $\boldsymbol{R} = (R_1, R_2, \cdots, R_n)$ と任意の一対の選択肢 $x, y \in X$ に対して $R^{MD} = f^{MD}(\boldsymbol{R})$ が

$$xR^{MD}y \Leftrightarrow N(xPy) \geqq N(yPx)$$

を満足するとき，そしてそのときにのみ，単純多数決ルールであるという。ただし，ここで $N(xPy)$ は $xP(R_i)y$ を満足する個人 $i \in N$ の総数を表わしている。

単純多数決ルールを特徴付ける性質はなんだろうか。以下の四つの公理は，単純多数決ルールを特徴付けるうえで決定的な役割を担っている。

公理 U (広範性 Unrestricted Domain)

社会的選択ルール f の定義域 D_f は，個人的選好順序の論理的に可能なあらゆるプロファイルを含んでいる。

公理 A (匿名性 Anonymity)

個人的選好順序の一つのプロファイル $\boldsymbol{R} = (R_1, R_2, \ldots, R_n) \in D_f$ が，別のプロファイル $\boldsymbol{R}' = (R'_1, R'_2, \ldots, R'_n) \in D_f$ に含まれる個人的選好順序を並べ替えて得られる場合には，任意の一対の選択肢 $x, y \in X$ に対して $xRy \Leftrightarrow xR'y$ が成立する。ただし，ここで $R = f(\boldsymbol{R})$ かつ $R' = f(\boldsymbol{R}')$ である。

公理 N (中立性 Neutrality)

個人的選好順序の二つのプロファイル $\boldsymbol{R} = (R_1, R_2, \ldots, R_n)$，$\boldsymbol{R}' = (R'_1, R'_2, \ldots, R'_n) \in D_f$ と任意の社会状態 $x, y, z, w \in X$ に対して $[(xR_iy \Leftrightarrow zR'_iw)\ \&\ (yR_ix \Leftrightarrow wR'_iz)]$ が全ての $i \in N$ について成立すれば，$[(xRy \Leftrightarrow zR'w)\ \&\ (yRx \Leftrightarrow wR'z)]$ が成立する。ただし，ここで $R = f(\boldsymbol{R})$ かつ $R' = f(\boldsymbol{R}')$ である。

公理 PR (正の感応性 Positive Responsiveness)

個人的選好順序の二つのプロファイル $\boldsymbol{R} = (R_1, R_2, \ldots, R_n)$，$\boldsymbol{R}' = (R'_1, R'_2, \ldots, R'_n) \in D_f$ と一対の社会状態 $x, y \in X$ に対して

$\forall\, i \in N : \{(xP(R_i)y \Rightarrow xP(R'_i)y)\ \&\ (xI(R_i)y \Rightarrow xR'_iy)\}$

$\exists\, k \in N : \{(xI(R_k)y \Rightarrow xP(R'_k)y) \vee (yP(R_k)x \Rightarrow xR'_ky)\}$

ならば $(xRy \Rightarrow xP(R')y)$ が成立する。ただし，ここで $R = f(\boldsymbol{R})$ かつ $R' = f(\boldsymbol{R}')$ であり，$a \vee b$ は "a または b" を意味する論理的表現である。

これらの公理の意味内容は，明瞭である。広範性の公理 U は，社会的選択ルールが集計メカニズムとして頑健に設計されていて，個人的選好プロファイルにどのような異論と対立が含まれていても，それに対応する集計結果を生み

出すことができることを要求している。匿名性の公理 **A** は，社会的選択ルールが——社会全体としてどのような個人的選好が分布しているかには当然反応するにせよ——誰がどの選好をもつかには反応しないこと，換言すれば社会構成員の選好を全て平等に処遇することを要求している。中立性の公理 **N** は，社会的選択ルールは選択肢の名称には反応しないこと，別の表現をすれば社会状態の集合 $\{x,y\}$ に対するひとびとの選好が別の社会状態の集合 $\{z,w\}$ に対するひとびとの選好と定性的に同じパターンを示している限り，ルールが集合 $\{x,y\}$ に対して与える社会的な優劣判定は，集合 $\{z,w\}$ に対してルールが与える判定と同じパターンを示すことを要求している。最後に正の感応性の公理 **PR** は，ある個人の選好が y と比較して x を優遇する方向に変化して，それ以外のどの個人の選好も x を不利にするように変化しなければ，当初は x を y と少なくとも同程度に望ましいと判定していた社会的な評価基準は，変化後には x を y より厳密に望ましいと判定すべきことを要求している。このように，ここに挙げられた四つの公理は，それぞれに社会的選択ルールが満足することが望まれる性質を表現しているといってよい。それだけに，メイ [May (1952)] が基礎をすえ，セン [Sen (1970a, Theorem 5*1)] がそれを拡張して得られた以下の定理は，単純多数決ルールが社会的選択ルールとして紛れもなく優れた性能をもつことを示す命題であるといってよい。

定理 2.1 （単純多数決ルールの公理化）

単純多数決ルールは，公理 **U**，公理 **A**，公理 **N**，公理 **PR** を全部満足する唯一の社会的選択ルールである。

証明：単純多数決ルールの定義を振り返ってみれば，事実このルールが公理 **U**，公理 **A**，公理 **N**，公理 **PR** を全て満足することは明らかである。以下では逆に，公理 **U**，公理 **A**，公理 **N**，公理 **PR** を全て満足するルールは，単純多数決ルールに限られることを示したい。まず，公理 **N** において $x = z, y = w$ とおけば，x と y との間で $R = f(\boldsymbol{R})$ が与える社会的な優劣関係を判定するためには，プロファイル $\boldsymbol{R} = (R_1, R_2, \ldots, R_n)$ が x と y の優劣関係について伝える個人的な選好情報を知りさえすればそれで十分であることがわかる。また公理 **A** によ

れば，x と y との社会的な優劣関係を判定するためには，x を y より選好する個人の数，y を x より選好する個人の数，x と y を無差別と判断する個人の数を知りさえすればよい．さらに公理 **N** によれば，$N(xPy) = N(yPx)$ である場合には，$xI(R)y$ である他はない．そのとき公理 **PR** によれば，$N(xPy) > N(yPx)$ である場合には，$xP(R)y$ である他はないことになる．この事実は公理 **U**，公理 **A**，公理 **N**，公理 **PR** を全て満足するルールは単純多数決ルールと一致せざるを得ないことを示している．∥

さて，これまでのところ社会的選択ルール f によって個人的選好順序のプロファイル $\boldsymbol{R} = (R_1, R_2, \ldots, R_n)$ に対応させられる社会的な選好関係 $R = f(\boldsymbol{R})$ に対しては，全くなんの特別な要請も課してこなかった．だが，社会的な選好関係 R は，社会を構成するひとびとの判断ないし選好を考慮して，さまざまな社会状態の優劣関係を判断する方法である．したがって R は，実は第1章第3節で解説したバーグソン＝サミュエルソンの社会的厚生関数に他ならないのである[1]．そうであるだけに，バーグソンとサミュエルソンにしたがって以下の社会的合理性の公理を追加的に導入することには，十分な意味がある．

公理 CR (社会的合理性 Collective Rationality)

社会的選択ルール f の定義域 D_f に属する個人的選好順序の任意のプロファイル $\boldsymbol{R} = (R_1, R_2, \ldots, R_n)$ に対して，社会的選好関係 $R = f(\boldsymbol{R})$ は順序の三公理——完備性・反射性・推移性——を満足する．

そのとき，第1章第4節で紹介した単純多数決サイクルの可能性——コンドルセの逆理——を考慮すれば，定理 2.1 から直ちに次の否定的な命題が引き出されることになる．

---

[1] 正確には，社会的な選好関係 R に対して R を数値的に表現する関数，すなわち社会状態の任意のペア $x, y \in X$ に対して $xRy \Leftrightarrow u(x) \geqq u(y)$ を成立させる関数 u こそ，バーグソン＝サミュエルソン社会的厚生関数に他ならない．この点に関して詳しくは本章末尾の補論 B を参照せよ．

定理 2.2

　　公理 U，公理 A，公理 N，公理 PR，公理 CR を全部満足する社会的選択ルールは，論理的に存在不可能である。

　こうしてみると，公理 U，公理 A，公理 N，公理 PR，公理 CR がいかに説得力と魅力を備えた要請であるにせよ，その全ての充足を求めることは論理的に不可能であることになる。この事実は，社会的選択ルールの存在可能性を復活させるためには，定理 2.2 に列挙された公理のうちで，少なくともひとつの公理の要請を緩和せざるを得ないことを意味している。この観点から注目すべき初期の貢献が，ダンカン・ブラック [Black (1948; 1958)] によって開始された《単峰型選好 (single-peaked preference)》の研究である。

　ブラックは，社会的な選択肢が数直線上に配列できる一次元的構造をもっている状況——例えば，政党がその政治的スタンスにしたがって極左派，穏健左派，中道派，穏健右派，極右派というスペクトラムの上に配列できるような状況——を考えて，各個人の選好順序 R_i はこの数直線上で定義される実数値効用関数 u_i によって表現できることを仮定した。彼が考案した単峰型選好の典型例は，図 2–1 に示された状況である。この図には，三人の個人 1，2，3 が三つ

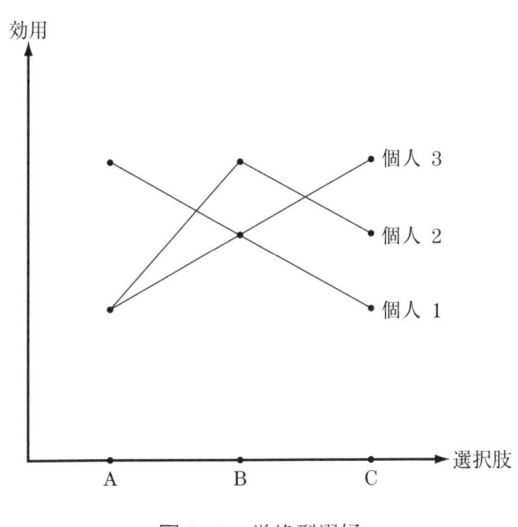

図 2–1　単峰型選好

の選択肢 A，B，C に対して表明する選好が効用表示されている。

個人1は，A を最善の選択肢，B を次善の選択肢，C を最悪の選択肢と考えている。これに対して個人2は，B を最善の選択肢，C を次善の選択肢，A を最悪の選択肢と考えている。最後に個人3は，C を最善の選択肢，B を次善の選択肢，A を最悪の選択肢と考えている。このように，三人の個人の選好には大きな相違があるが，いずれの個人の効用図表も，最善の選択肢の右側ないし左側に移動すればする程，彼の選好は一層低下するという定性的な特徴に関しては，完全に一致している。このような定性的な特徴を備えた個人的選好プロファイルこそ，ブラックが単峰型選好と称したものなのである。

これとは全く対照的な定性的特徴を備えた個人的選好プロファイルは，第1章第4節で単純多数決サイクルが生まれる例として挙げた状況である。図 2-2 に示すように，この個人的選好プロファイルは単峰型選好ではない。事実，個人3の最善の選択肢 C の左側に移動すると，彼の効用図表はいったん最悪の状況 B に沈んだ後に，次善の状況 A に再浮上するからである。

図 2-1 のような単峰型選好と図 2-2 のような非単峰型選好との対照的な性格は，単純多数決ルールの理論的な性能にとって重要なインプリケーションをもっている。既に示したように，図 2-2 のような非単峰型選好は単純多数決サ

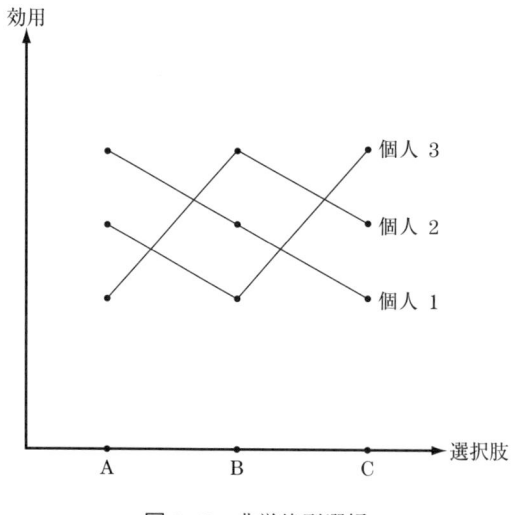

図 2-2 非単峰型選好

イクルを発生させる。これに対して，図 2–1 のような単峰型選好に対して単純多数決ルールを適用した場合には，形成される社会的選好は必ず推移性を満足するからである。

　この事実を確認することは容易である。図 2–1 に効用表示された個人的選好プロファイルに単純多数決ルールを適用すれば，B は A，C のいずれに対しても 2 対 1 の多数決を得るが，C は A に対して 2 対 1 の多数決を得るため，社会的な選好順序は B が最善，C は次善，A は最悪となって，明らかに推移性を満足することになる。

　こうなってみると，社会的選択ルールの定義域の広範性を要求する公理 U を緩和して，単峰型選好プロファイルだけを許容する制限的な定義域を採用すれば，定理 2.2 のような不可能性定理を回避するひとつのチャネルが開拓されることになる。このリサーチ・プログラムを正確に定式化して，単純多数決ルールの合理性を保証するための条件を探索する膨大な研究の先鞭を付けたのはアロー [Arrow (1951, Chapter VII)] だが，実のところ単峰性以外にもさまざまな条件が単純多数決ルールの合理性を支える能力をもつことが，次第に明らかになってきた。その最も単純な一例は単峰型選好のミラー・イメージともいうべき《単谷型選好 (single-caved preference)》であって，図 2–3 に示す効用図表はその

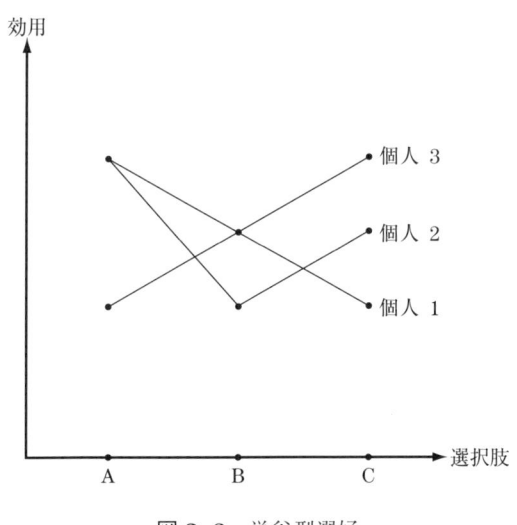

図 2–3　単谷型選好

一例である。

　稲田献一 [Inada (1964)] やセン [Sen (1966)] などの重要な研究に依拠しつつ，セン＝パタナイック [Sen and Pattanaik (1969); Sen (1970a, Chapter 10*)] および稲田 [Inada (1969; 1970)] が単純多数決ルールの合理性のための必要十分条件の発見に成功した業績は，社会的選択の理論の輝かしい金字塔の一つであるといって過言ではない．本章末の補論 A は，この必要十分条件を簡潔に解説することにあてられている．

　しかし，単峰型選好や単谷型選好を始めとして，単純多数決ルールの合理性を支える条件は全て選択肢の空間が一次元的な構造をもつことに本質的に依存するという事実が，ジェラルド・クレーマー [Kramer (1973; 1976)] を始めとするその後の研究によって明らかにされている．不可能性定理を回避するために，ブラック＝アローの研究に端を発して追求されてきたこの脱出路が実は意外に狭隘であることが，現在では広く認識されているのである．この事実を明瞭に理解するためには，選択肢の空間が 2 次元である場合——例えば各々の選択肢は 2 種類の公共財からなるベクトルである場合——を仮定して，単峰型選好の概念の自然な拡張を考えてみればよい．

　図 2–4 (a) は，ある個人の無差別曲線図である．点 y^* は彼が最善と考える公共財ベクトルであって，この点を中心とする同心円の族は，中心から離れれば離れる程，効用水準が低下するように描かれている．これは明らかに一次元の

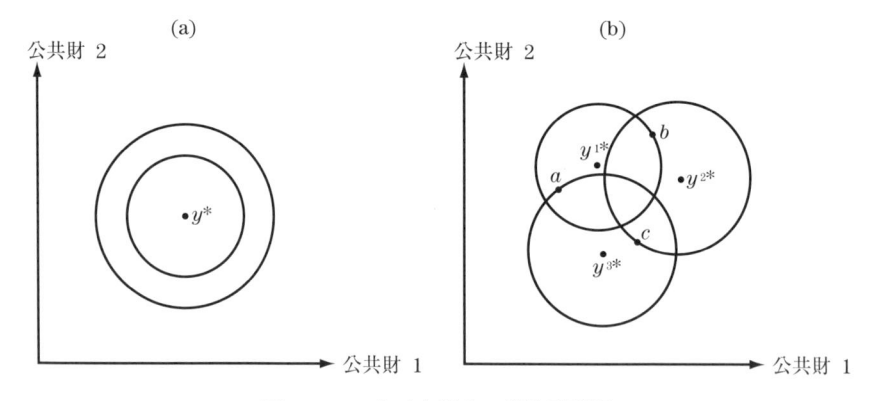

図 2–4　2 次元空間内の単峰型選好

場合の単峰型選好のひとつの自然な拡張になっている。図 2–4 (b) は同じ平面内に三人の個人の無差別曲線を描き入れたものである。

いま，三つのベクトル a, b, c を図 2–4 (b) に描かれたように選べば，単峰型選好の仮定によって

$$1 : a, b, c \quad 2 : b, c, a \quad 3 : c, a, b$$

が成立するが，これはまさに第 1 章第 4 節で示した単純多数決サイクルが発生する選好プロファイルに他ならない。こうしてみると，多次元空間においては単峰型選好の仮定が満たされても，単純多数決サイクルの発生がそれで一挙に阻止されるわけではないのである。

3 アローの一般不可能性定理

前節では，代表的な社会的選択ルールとして単純多数決ルールを取り上げて，合理的な個人的選好のプロファイルを集計して合理的な社会的選好を形成する可能性を追求した。匿名性，中立性，正の感応性，社会的合理性に加えて，ルールの定義域の広範性まで要請すれば，適格なルールは論理的に存在し得ない（定理 2.2）。だが，定義域の広範性の要求を緩和して，ブラック＝アローの単峰型選好プロファイル——またはそれを一般化したセン＝パタナイックや稲田の条件を満足するプロファイル——に定義域を限定すれば，単純多数決ルールは匿名性，中立性，正の感応性，社会的合理性を満足する社会的選択ルールとして，その適格性を保証されることになる。とはいえ，単峰型選好プロファイルやセン＝パタナイックあるいは稲田の条件を満足するプロファイルが単純多数決ルールの《救いの神 (deus ex machina)》となり得るのは，選択肢の空間が一次元的な構造をもつ場合に限られている。経済的な選択問題ではほとんど例外なく選択肢の空間は多次元的な構造をもつだけに，適格な社会的選択ルールの論理的な存在可能性の問題を，単純多数決ルールを可能な具体例として一挙に解消させることはできないのである。

しかし，単純多数決ルールは社会的選択ルールの一例であるに過ぎない。適格な社会的選択ルールの存在可能性を尋ねるのであれば，われわれは論理的に考えられる全ての社会的選択ルールを視野におさめた分析を行わなくてはなら

ない。これがいかに膨大な規模の問題であるかを的確に理解するためには，社会的選択ルールの候補の総数がどの程度の大きさになるかを検討する必要がある。

そこでいま，社会的な選択肢は x, y, z の三つしかなく，社会を構成する個人も 1，2 の二人しかいないという最小サイズの社会的な選択状況を考えてみよう。問題をさらに単純化するために，以下では三つの選択肢の上で論理的に可能な選好順序は無差別関係の可能性を許さない——どの二つの選択肢に対しても，個人も社会も一方の選択肢を他方の選択肢よりも厳密に選好することをきっぱり断言できる——ことを仮定することにしたい。そのとき，選択肢の集合 $\{x, y, z\}$ の上で論理的に可能な選好順序の可能性は，以下に列挙する六つに限られることは明らかである：

$$\alpha : x, y, z \quad \beta : x, z, y \quad \gamma : y, x, z$$
$$\delta : y, z, x \quad \varepsilon : z, x, y \quad \zeta : z, y, x$$

この場合，社会的合理性を満足する社会的選択ルールは，個人 1 と個人 2 がそれぞれ表明する選好順序——すなわち，集合 $\Delta := \{\alpha, \beta, \gamma, \delta, \varepsilon, \zeta\}$ に属する順序——のペアに対して Δ に属するひとつの社会的選好順序を対応させる関数のことに他ならない。この関数の定義域に属する個人的選好順序のペアの総数は $6 \times 6 = 36$ 個あり，その各々のペアに対して指定できる社会的選好順序の総数は 6 個ある。したがって，社会的合理性を満足する社会的選択ルールは 6^{36} 個存在することになる。これは実に膨大な数であってほぼ 1.0326×10^{27} に等しい。考えられる限り最小サイズの社会においてすら，社会的合理性の前提条件を満足する社会的選択ルールの総数はこれ程までに膨大なのである。それだけに，論理的に可能なルールを全て包含する枠組みを用いてバーグソン＝サミュエルソンの社会的厚生関数の構成可能性を考察するという壮大な研究プログラムは，特に先験的に可能な社会的選択肢の個数と社会構成員の人数に制約を課さない一般の場合には，検討すべきルールが余りにも多数あるだけに絶望的に困難であるかに思われる。この難問を最初に提起したのみならず，独創的な方法で衝撃的な《一般不可能性定理 (general impossibility theorem)》を樹立して，社会的選択の理論の輪郭を一挙に描写する画期的な業績を挙げた経済学者こそ，ケネス・アローだったのである。

社会を構成する個人の数 n が $2 \leqq n < +\infty$ を満足して，先験的に可能な社会的選択肢の集合 X が $3 \leqq \#X < +\infty$ を満足する一般的なケースに戻って，アローの一般不可能性定理の意味と意義を説明することにしたい。最初に，これまで本章では「社会的合理性の前提条件を満足する社会的選択ルール」と仮称してきた概念に対して，《アローの社会的厚生関数 (Arrowian social welfare function)》という現在標準的に使用されている名称を与えて，以下の表現を簡素化することにしたい。アローの社会的厚生関数とバーグソン＝サミュエルソンの社会的厚生関数とは明らかに異なる概念であって，同じ《社会的厚生関数》という表現が使用されたことから無用な混乱と論争が生じたこともあるが，両者の関係は実はきわめて単純・明瞭である。任意の個人的選好順序のプロファイル $\boldsymbol{R} = (R_1, R_2, \ldots, R_n)$ に対して，アローの社会的厚生関数 f が指定する社会的選好順序 $R = f(\boldsymbol{R})$ を《バーグソン＝サミュエルソンの社会的選好順序》と呼ぶことにすれば，バーグソン＝サミュエルソンの社会的厚生関数は，この順序を数値表現する効用関数のことに他ならないのである。

アローの社会的厚生関数に対して，アロー [Arrow (1951)] は以下の四つの要請を課した[2]：

公理 U (広範性 Unrestricted Domain)

アローの社会的厚生関数 f の定義域 D_f は，個人的選好順序の論理的に可能なあらゆるプロファイルを含んでいる。

公理 P (パレート原理 Pareto Principle)

個人的選好順序の任意のプロファイル $\boldsymbol{R} = (R_1, R_2, \ldots, R_n) \in D_f$ と社会状態の任意のペア $x, y \in X$ に対して $xP(R_i)y$ が全ての $i \in N$ について成立すれば，$xP(R)y$ が成立する。ただしここで，$R = f(\boldsymbol{R})$ である。

---

[2] 以下に列挙される四つの要請は，アローの古典『社会的選択と個人的評価』[Arrow (1951)] の第 2 版で述べられたものである。初版で述べられた要請の組はこれとは若干異なっているが，ジュリアン・ブラウ [Blau (1957)] が示したように初版における要請の述べ方には僅かな瑕疵があって，一般不可能性定理は当初の要請の組に対して実際には成立しないことが知られている。

公理 I (無関連対象からの独立性 Independence of Irrelevant Alternatives)

個人的選好順序の任意の二つのプロファイル $\boldsymbol{R} = (R_1, R_2, \ldots, R_n)$, $\boldsymbol{R}' = (R'_1, R'_2, \ldots, R'_n) \in D_f$ および社会状態の任意のペア $x, y \in X$ に対して $[(xR_iy \Leftrightarrow xR'_iy)\ \&\ (yR_ix \Leftrightarrow yR'_ix)]$ が全ての $i \in N$ について成立すれば $[(xRy \Leftrightarrow xR'y)\ \&\ (yRx \Leftrightarrow yR'x)]$ が成立する。ただし，ここで $R = f(\boldsymbol{R})$ かつ $R' = f(\boldsymbol{R}')$ である。

公理 ND (非独裁性 Non-Dictatorship)

個人的選好順序の任意のプロファイル $\boldsymbol{R} = (R_1, R_2, \ldots, R_n) \in D_f$ と社会状態の任意のペア $x, y \in X$ に対して，$xP(R_d)y$ の成立が必ず $xP(R)y$ の成立を意味する個人 $d \in N$ ——そのような個人は f の《独裁者 (dictator)》と呼ばれる——は存在しない。ただし，ここで $R = f(\boldsymbol{R})$ である。

これらの要請のうちで，公理 U はアローの社会的厚生関数が個人的選好順序のプロファイルをバーグソン＝サミュエルソンの社会的厚生順序に集計するルールとして最大限の頑健性を備えていて，個人間にいかなる異論や対立が存在しても，必ず社会的選好順序を形成できることを要求するものである。公理 P は《新》厚生経済学の中枢に位置する要請であって，社会を構成する個人が全員一致して改善と認める経済的変化は，必ず社会的にも改善と認められることを要求するものに過ぎない。公理 I はルールが情報節約的に機能することを要請する条件であって，個人的選好順序の二つのプロファイルが社会状態のあるペア $\{x, y\}$ の上では個人的選好に関して同じ情報を伝えている限り，これらのプロファイルを集計して得られる二つの社会的選好順序も，同じペアの上では同じ情報を伝えることを要求している。別の表現をすれば，ルールが公理 I を満足する限り，社会状態のあるペアに関して社会的な選好判断を形成するために必要とされる個人的選好順序に関する情報は，そのペアに限定された個人的な選好判断に絞られるのである。また，定理 2.1 の証明の過程で注意を喚起しておいたように，公理 I は中立性の公理（公理 N）が満足されるための必要条件であるから，中立性の公理に説得力を認めるひとびとは，公理 I にも説得

力が備わっていることを承認せざるを得ないことになる。最後に公理 **ND** は，全ての社会的評価を自分の狭義の選好に完全に同調させることができるような独裁者の存在を排除する点で，社会を構成するひとびとの間で社会的意思決定に対する影響力が著しく不平等となる状況を排除する条件である。容易に確認できるように，匿名性の公理（公理 **A**）は公理 **ND** が満足されるための十分条件であって，明らかに公理 **ND** より遥かに強い要請である。

こうしてみると，公理 **U**，公理 **P**，公理 **I**，公理 **ND** はそれぞれに強い説得力をもつ要請である。アローの社会的厚生関数の候補者の数は決して不足していないだけに，これらの一見緩やかな公理を全て満足するルールは，いくらでも存在するように思われるかもしれない。だがアローは，逆に次のような否定的な一般命題が成立することを論証したのである[3]。

定理 2.3 （アローの一般不可能性定理）

公理 **U**，公理 **P**，公理 **I**，公理 **ND** を全部満足するアローの社会的厚生関数は論理的に存在不可能である。

証明：社会状態のペア $x, y \in X$ をランクづける際に，社会構成員のあるグループ G に所属するひとびとが一致して x を y よりも選好すれば，必ず社会的にも x が y よりも選好されることがアローの社会的厚生関数 f によって保証される場合，G は社会状態のこの順序対 (x, y) に対して《決定的 (decisive)》であるという。グループ G が社会状態の任意の順序対に対して決定的である場合には，単にグループ G は決定的であるという。

---

[3] アローの一般不可能性定理に対してアロー自身 [Arrow (1951, pp.51–59, pp.97–100)] は非常に複雑で多くのステップを踏む証明を与えている。このオリジナルな証明を指して，稲田献一教授はウルトラ C 級の知的アクロバットと呼んだことがある。アローの証明の構造を徹底的に透明化・簡素化して，定理の普及に大きく貢献したのはセン [Sen (1970a, pp.42–46; 1979b; 1995a)] であった。本文中で述べる証明はセンによる最新版の証明 [Sen (1995a)] であって，現在知られている限りで恐らく最も初等的で短い証明であるといってよい。代表的な代替的証明の例としては，サルバドール・バーベラ [Barberá (1983)]，ピーター・フィッシュバーン [Fishburn (1970)] および鈴村興太郎 [Suzumura (2000a, Appendix)] などがある。

【ステップ 1】 あるグループ G が社会状態のある順序対に対して決定的であれば，G は決定的である。

証明：社会的選択肢の二組の順序対 $(x,y), (a,b)$ をとる。以下では x, y, a, b は全部異なる選択肢であることを仮定する。これらの選択肢が部分的に一致している状況を取り扱うことは容易なので，興味をもつ読者のためにエクササイズとして残しておくことにしたい。

グループ G は (x,y) に対して決定的であることを仮定して，G は (a,b) に対しても決定的であることを示そう。公理 **U** によって，グループ G に属する個人は全員一致して a, x, y, b をこの順で選好するが，それ以外の個人は全員一致して a を x よりも，そして y を b よりも選好するというプロファイル $\boldsymbol{R}$ は，ルールによって許容されている。そこで $R = f(\boldsymbol{R})$ とおく。グループ G は (x,y) に対して決定的であるから，この場合には $xP(R)y$ が成立する。また公理 **P** により，この場合には $aP(R)x$ かつ $yP(R)b$ も成立する。したがって社会的選好関係 $P(R)$ の推移性によって，$aP(R)b$ が得られることになる。グループ G に所属しない個人については $\{a,b\}$ 上の選好は全く特定化されていないうえ，公理 **I** が仮定されているために，これで G は (a,b) に対しても決定的であることが確認されたことになる。‖

【ステップ 2】 二人以上の構成員を含むグループ G が決定的であれば，G には決定的なサブ・グループが含まれている。

証明：決定的なグループ G をとり，これをサブ・グループ G_1, G_2 に分割する。サブ・グループ G_1 に属する全員は一致して x を y よりも，そして x を z よりも選好するが，$\{y,z\}$ に対してはかれらの選好にはなんの制約も課されていないものとする。また，サブ・グループ G_2 に属する全員は一致して x を y よりも，そして z を y よりも選好するが，$\{x,z\}$ に対してはかれらの選好にはなんの制約も課されていないものとする。最後に，G に所属しない個人の選好に関しては，全体としてなんの制約も課されていないものとする。

社会的選好は完備性をもっているので，$xP(R)z$ あるいは zRx のいずれかひ

とつは必ず成立するはずである。前者の場合には，x を z よりも選好するひとびとは G_1 のメンバーだけなので，G_1 は決定的なサブ・グループであることになる。後者の場合には，決定的なグループ G が全員一致して x を y より選好しているという事実から $xP(R)y$ という判定が得られることに留意すれば，R の推移性によって $zP(R)y$ という判定を導くことができる。だが，z を y よりも選好するひとびとは G_2 のメンバーだけなので，この場合には G_2 は決定的なサブ・グループであることになる。∥

【ステップ3】 ひとりの個人から成る決定的なサブ・グループが存在する。

証明：公理 P によれば，社会構成員全体のグループ N は決定的である。N は少なくとも二人の個人を含むため，N を二つのサブ・グループに分割すれば，ステップ2によってそのうちの少なくともひとつのサブ・グループは決定的である。この決定的なサブ・グループ N_1 が少なくとも二つの個人を含む場合には，同じ手順を繰り返して，さらにその決定的なサブ・グループ N_2 を発見することができる。N は有限集合なので，この操作はやがてひとりの個人のみから構成される決定的なサブ・グループに到達して終了せざるを得ない。定義によって，この最後に到達したサブ・グループを構成するひとりの個人は，独裁者である他はない。∥

既に読者の注意を喚起したように，社会を構成する個人の数や社会的選択肢の数が最小限度に留まるケースですら，アローの社会的厚生関数は天文学的な数だけ存在する。それにも拘わらず，アローの一般不可能性定理は適格な社会的厚生関数の存在可能性を一挙に否定してしまうのだから，この定理を巡って正統派の厚生経済学者が一斉に激しい批判に乗り出したことは，当然といえば当然のことだった。以下ではアローの定理のメッセージをどう理解すべきかという決定的に重要な点について，二つの注意を与えておきたい。

その1。しばしば誤解されているが，アローの一般不可能性定理はバーグソン＝サミュエルソンの社会的厚生関数の《存在》を否定する命題ではない。所与の個人的選好順序のプロファイルに対して，バーグソン＝サミュエルソンの社会

的厚生関数の存在証明を行うことは完全に可能なのである[4]。その限りで「私は……アローが経済学の伝統的なバーグソン厚生関数の不可能性を証明したとは信じていない」と断言したサミュエルソン [Samuelson (1967, p.429)] の主張は，100％正しいというべきである。アローの定理が実際に示したことは，個人的選好順序のプロファイルにバーグソン=サミュエルソンの社会的厚生関数を対応させるプロセスないしルール——これが，アローの社会的厚生関数であった——が，彼の4公理（定義域の広範性，パレート原理，無関連対象からの独立性，非独裁性）を全て満足することは論理的に不可能だという主張であって，これはバーグソン=サミュエルソンの社会的厚生関数の存在（不）可能性とは，全く異なる主張なのである。

　その2。アローの一般不可能性定理は，社会的選好順序を形成する際に許容される情報投入量が著しく限定されている点に，その本質的な起源をもっている。第一に，アローの接近方法は，当初から各個人の効用の基数性と異なる個人間の比較可能性を排除している。第二に，選好ないし効用に反映されない限り，社会的選択肢のもつ特徴が社会的評価に影響するチャネルは，完全に遮断されている。第三に，無関連対象からの独立性の公理によって，社会的選択肢のあるペアに対する社会的評価を形成するためには，同じペアに対する個人的評価の集合だけが情報源として利用できるように制約されている。公理Ⅰのもつプラス面としては，社会的評価を形成するために必要な情報が最大限に節約されることが挙げられる。事実，社会構成員の評価を民主的に考慮に入れる以上，ある選択肢のペアに対する社会的評価を形成するためにはそのペアに対する個人的評価の集合は情報源として必要不可欠であるが，公理Ⅰはこの必要最小限の情報投入量で実は社会的評価の形成にとって十分であることを意味している。個人的情報の収集・加工・利用には費用がかかること，過大な個人情報を要求するルールは個人のプライバシー保護の観点からも望ましくないことを思えば公理Ⅰのこの含意は評価に値するが，同じ公理のもつマイナス面にも留意すべきである。公理Ⅰを満足するアローの集計プロセスないしルールは，あるペアに関して一致する二つの個人的選好順序のプロファイルを，そのペアの

---

[4] この事実を確認することはやや技術的な論点に関わるので，本章末尾の補論Bで行うことにする。

社会的評価に関する限りでは完全に同一視せざるを得ない。この意味において，アローの社会的厚生関数は集計ルールとして著しく近視眼的であることは否めない。彼の一般不可能性定理は，この近視眼的な判断を連鎖させて大域的な判断を形成しようとすれば，社会的な合理性——すなわち社会的選好判断の推移性——を維持する試みは最終的に破綻せざるを得ないという構造をもっているのである。

4　社会的評価と社会的選択：社会的《合理性》条件の緩和

　アローの一般不可能性定理が提起した問題に対処するために，センはいくつかの実り多い研究方向を探索した。彼が行った最初の試みは，アローが当然のように前提した社会的《合理性》条件の再検討だった。アローの古典的著書のタイトルは『社会的選択と個人的評価』であるが，彼の分析の実際の焦点は個人的《評価》順序のプロファイルを社会的《評価》順序に集計するプロセスないしルールに結ばれていた。社会的《選択》は形成された社会的評価順序に関して最善の選択肢を選択するという方法を用いて，社会的《評価》に従属する形式で位置付けられていたのである。アロー理論における社会的評価と社会的選択とのこの関係は，標準的な消費者選択の理論が消費者の選好順序ないし効用関数から出発して，選好の最適化ないし効用の最大化を通じて消費者の需要関数を導出するというシナリオと，完全にパラレルなのである。

　以下の分析の軌道を定めるために，可能な社会的選択肢の集合 X に含まれる実現可能な機会集合を $S, T, \ldots$ などと書き，これら機会集合の集合族を K と記すことにする。単純化のために，K に属する任意の機会集合は X の空集合ではない有限部分集合であるものと仮定する。さて，R が社会的選好順序であれば，任意の機会集合 $S \in K$ からの社会的選択は，

$$G(S, R) = \{x \in S \mid \forall y \in S : xRy\}$$

という S の部分集合——S 内の《R–最大集合 (R-greatest set)》——によって与えられる。K に属する任意の機会集合は X の非空有限部分集合であり，R は順序なので，集合 $G(S, R)$ は S の非空な部分集合となる[5]。次に，集合族 K で定義される関数 C で，任意の機会集合 $S \in K$ に対して集合 $C(S)$ が S の非

---

5)　X の空でない任意の有限部分集合 S と，X 上の任意の順序 R に対して，ある $x_0 \in S$ が存

空な部分集合となるものを，K 上の《選択関数 (choice function)》と呼ぶことにする。選択活動のエッセンスは，任意の機会集合 $S \in K$ が与えられたとき，これを選択される部分集合 $C(S)$ と選択されない部分集合 $S \backslash C(S)$ に分割することであると考えられる。したがって，社会的《選択》に焦点を合わせる理論においては選択関数こそ本質的な分析対象であって，選択関数の背後に殊更に選好順序の最適化という動機付けを潜ませる必然性はないことになる。この事実を明瞭にするために，与えられた選択関数 C に対して X 上の選好順序 R が存在して

$$\forall S \in K : C(S) = G(S, R)$$

という関係が成立する場合には C は《合理的選択関数 (rational choice function)》であるといい，R は C の《合理化 (rationalization)》であるということにする。この表現方法を活用していえば，アローは社会的選択関数の合理化の存在を仮定して社会的選択と個人的評価の関係を考察したのであって，その際に社会的選択関数の合理化を個人的選好順序のプロファイルに基づいて形成するプロセスないしルールを，彼は社会的厚生関数と呼んだのである。

アローはなぜ社会的選択関数の合理性を要請したのだろうか。単に消費者選択の理論とのアナロジーというだけに留まらず，もっと本質的な理由が彼にはあったはずである。事実，『社会的選択と個人的評価』の第 2 版で初版に対するさまざまな批判に答えた第 VIII 章第 V 節において，アローは社会的合理性——なかんずく社会的選好の推移性——の仮定を正面から擁護する論陣を張った。公共選択理論の創始者ジェームス・ブキャナン [Buchanan (1954a)] は，社会的選択を個人的評価の基礎に立って分析する枠組みのなかで社会的合理性を公理として要求することは，個人に対してのみ本来的な妥当性をもつ合理性の要求を不当にも社会に対して移植する誤りであるとして，アローを激しく批判している。社会的合理性に対するアローの擁護論は，直接的にはブキャナンの

在して $x_0 \in G(S, R)$ を満足すれば，それで証明は終わる。これに対して $x_0 \notin G(S, R)$ であれば $x_1 P(R) x_0$ を成立させる $x_1 \in S$ が存在しなければならないが，このとき $x_1 \in G(S, R)$ であればそれで証明は終わる。さもなくば，$x_2 P(R) x_1$ を成立させる $x_2 \in S$ が存在しなければならない。R は推移的なので，$x_2 P(R) x_0$ が成立することになるために，x_2 が x_0 に舞い戻ることはあり得ない。機会集合 S は有限集合なので，この手順を繰り返していけばやがては集合 $G(S, R)$ の要素に辿り着いて，証明は完了することになるのである。

この批判に対する反論として展開されているのである。

アローによれば「社会的選択メカニズムの集団的合理性の要求は……単に個人から社会へと合理性の要求を移植したものではない。なぜなら [集団的合理性] は，変化する環境に対して真に民主的なシステムが完全に適応できることを保証する重要な属性に他ならない」からである。この属性こそ「最終的な社会的選択が経路独立性をもつ」ことを保証して「民主主義の麻痺現象」を回避することを可能にする切り札なのである。

アローが展開したこの反論は，社会的合理性の仮定を正当化する根拠として十分な説得力を備えているだろうか。彼の議論は社会的選択の《経路独立性 (path independence)》という要請に本質的に依存しているから，まずこの要請に正確な表現を与えることから検討を始める必要がある。実際には，経路独立性の概念を正確に定式化する作業を，アロー自身は行っていない。以下に述べる経路独立性の公理は，アローの議論のちょうど 10 年後に公刊された論文において，チャールス・プロット [Plott (1973)] が最初に定式化したものである。

公理 PI（経路独立性 Path Independence）

$$\forall S_1, S_2 \in K : C(S_1 \cup S_2) = C(C(S_1) \cup C(S_2)).$$

この公理は，次のように考えてみると直観的に理解し易いように思われる。機会集合 $S = S_1 \cup S_2 \in K$ から選択する際に，S から直接選択して得られる $C(S)$ は，S を二つの部分集合 S_1, S_2 に分割してそれぞれに選択 $C(S_1), C(S_2)$ をまず行い，その結果得られる $C(S_1) \cup C(S_2)$ からさらに選択を行うという 2 段階選択プロセスを採用して得られる選択 $C(C(S_1) \cup C(S_2))$ と一致する——これが公理 PI の直接的な要求内容である。この要請がなぜ《経路独立性の公理》と呼ばれるかといえば，機会集合 S を分割する別の方法——換言すれば最終的な選択を行うための別の経路——$(S_1^*, S_2^*), S = S_1^* \cup S_2^*$——を採用して 2 段階の選択プロセスを遂行しても，経路の相違とは独立に同じ選択集合 $C(S)$ に到達できることが公理 PI によって保証されているからである。

社会的選択の経路独立性は，アローが主張したように社会的合理性の前提を正当化できるだろうか。この設問に解答を与えるのが次の定理である。

定理 2.4 （経路独立性と合理性）

合理的選択関数は経路独立的であるが，経路独立的な選択関数は合理的であるとは限らない。

証明：選択関数 C が合理的であれば，C を合理化する選好順序 R が存在して，任意の機会集合 $S \in K$ に対して $C(S) = G(S, R)$ を満足する。機会集合 S の任意の分割 $S = S_1 \cup S_2$ に対して $x \in C(S_1 \cup S_2)$ とすれば，任意の $y \in S_1 \cup S_2$ に対して xRy が成立する。したがって，$x \in S_1$ ならば $x \in C(S_1)$，$x \in S_2$ ならば $x \in C(S_2)$ が成立することになって，いずれにせよ $x \in C(S_1) \cup C(S_2)$ がしたがうことになる。このとき仮に $zP(R)x$ を満足する $z \in C(S_1) \cup C(S_2)$ が存在したとすれば，これは $x \in C(S_1 \cup S_2)$ と矛盾する。こうして $x \in C(C(S_1) \cup C(S_2))$ の成立が確認された。したがって

$$C(S_1 \cup S_2) \subset C(C(S_1) \cup C(S_2))$$

である。

逆に $x \in C(C(S_1) \cup C(S_2))$ であるものとすれば，$x \in C(S_1) \cup C(S_2)$ であると同時に任意の $y \in C(S_1) \cup C(S_2)$ に対して xRy である。いま $y \in C(S_t)$ $(t = 1, 2)$ であるものとすれば，任意の $z \in S_t$ に対して yRz が成立する。R の推移性に留意すれば，これらの二つの事実から任意の $z \in S_1 \cup S_2$ に対して xRz が成立することを結論できる。したがって

$$C(S_1 \cup S_2) \supset C(C(S_1) \cup C(S_2))$$

である。定理の前半部分はこれで証明された。

定理の後半部分を証明するためには，経路独立性は満足するが合理性は満足しない選択関数の例を一つ挙げれば十分である。興味をもたれる読者は，以下の例がまさに必要とされる反例になっていることを確認してほしい。

例：$X = \{x, y, z\}$, $K = \{S_1, S_2, \ldots, S_7\}$, $S_1 = \{x\}$, $S_2 = \{y\}$, $S_3 = \{z\}$, $S_4 = \{x, y\}$, $S_5 = \{y, z\}$, $S_6 = \{x, z\}$, $S_7 = X$, $C(S_t) = S_t (t = 1, 2, \ldots, 6)$, $C(S_7) = S_4$. ∥

定理 2.4 によれば，選択関数の合理性は経路独立性の十分条件ではあるが必

要条件ではない。したがって，経路独立性の重要性を強調することによって選択関数の合理性の前提を正当化しようとしたアローの反論は，十分に成功したとはいえないのである。この事実を背景として，アローが前提した選択関数の合理性の条件を緩和して，彼の不可能性定理におよぶその効果を検討したのがセンである。以下では彼のこの問題を巡る業績を簡潔に解説・評価することにしたい。

議論の出発点は，選択関数の合理性の必要十分条件を与えるアローの選択公理 [Arrow (1959)] である[6]。

公理 AC（アローの選択公理 Arrow's Choice Axiom）

$$\forall S_1, S_2 \in K : S_1 \subset S_2 \Rightarrow [S_1 \cap C(S_2) = \phi \lor S_1 \cap C(S_2) = C(S_1)].$$

ある選択関数 C が公理 **AC** を満足すれば，機会集合 $S_2 \in K$ から C が選択する選択肢の集合 $C(S_2)$ が S_2 の部分集合 $S_1 \in K$ とオーバーラップしている限りにおいて，C が S_1 から選択する選択肢の集合 $C(S_1)$ は $S_1 \cap C(S_2)$ と一致せざるを得ないのである。直観的な例を挙げればアローの公理は，ある競技の世界チャンピオンが日本人であれば，彼そして彼のみが同じ競技の日本チャンピオンでなくてはならないことを要求している。

セン [Sen (1969; 1970a, Chapter 1*; 1977a)] は，アローのこの公理 **AC** を以下の二つの公理に分解することから検討を開始した[7]。

---

6) アローの選択公理が選択関数の合理性の必要十分条件であることの証明は，Arrow (1959), Suzumura (1983, pp.28-29) において与えられている。

7) 公理 **AC** が公理 α を含意することは一目瞭然である。公理 **AC** が公理 β を含意することを確認するためには，$x, y \in C(S_1)$, $S_1 \subset S_2$, $x \in C(S_2)$ であれば，公理 **AC** から $S_1 \cap C(S_2) = C(S_1)$ がしたがうために，y もまた $C(S_2)$ の要素となることに注意しさえすればよい。逆に，公理 α と公理 β をあわせると公理 **AC** が得られることを確認するためには，公理 α と公理 β が

(*) $\quad S_1, S_2 \in K : S_1 \subset S_2 \Rightarrow [S_1 \cap C(S_2) = \phi \lor S_1 \cap C(S_2) \supset C(S_1)]$

という性質を含意することを示せばそれで十分である。

いま $S_1 \subset S_2$, $S_1 \cap C(S_2) \neq \phi$ であるものと仮定して，任意に $x \in C(S_1)$ および $y \in S_1 \cap C(S_2)$ をとる。そのとき公理 α によって $y \in C(S_1)$ がしたがう。もし仮に $x \notin C(S_2)$ であったとすれば，公理 β によって $y \notin C(S_2)$ であることになって，当初の

公理 α

$$\forall S_1, S_2 \in K : S_1 \subset S_2 \Rightarrow [S_1 \cap C(S_2) = \phi \vee S_1 \cap C(S_2) \subset C(S_1)].$$

公理 β

$$\forall S_1, S_2 \in K : [\{x, y \in C(S_1) \,\&\, S_1 \subset S_2\} \Rightarrow \{x \in C(S_1) \Leftrightarrow y \in C(S_2)\}].$$

公理 α は，機会集合 S_2 の部分集合 S_1 に含まれる選択肢 x が S_2 から C によって選択される選択肢の集合 $C(S_2)$ に含まれていれば，x は S_1 から C によって選択される選択肢の集合 $C(S_1)$ にも含まれなければならないことを要求するものである。この公理は，意思決定理論の多くの論脈で頻繁に用いられる基本的な要請であって，異論の余地は比較的少ない公理と認められている。これに対して公理 β の方は，機会集合 S_2 の部分集合 S_1 から C によって x, y がともに選択される場合には，その一方が S_2 から選択される状況において，他方もまた必ず選択されることを要求している。別の表現をすれば，公理 α は機会集合が S_2 から S_1 に縮小する際に，それぞれの機会集合からの選択に整合性が維持されることを要請している。これに対して，公理 β は機会集合が S_1 から S_2 に拡大する際に，それぞれの機会集合からの選択に整合性が維持されることを要請するものである。この事実に注目して，センは公理 α を機会集合の《縮小に関する整合性 (contraction consistency)》条件と呼び，公理 β を機会集合の《拡大に関する整合性 (expansion consistency)》条件と呼んだのである。

アローの選択公理を説明した際に用いた例を再利用して説明すれば，これら二つの公理の直観的な意味内容は理解し易いはずである。公理 α は「ある競技の世界チャンピオンが日本人であれば，彼は同じ競技の日本チャンピオンでもなければならない」ことを意味している。これに対して，公理 β は「ある日本人が世界チャンピオンであれば，全ての日本チャンピオンは世界チャンピオンでもなければならない」ことを意味している。大部分の読者は，公理 α の説得力と比較して，公理 β の説得力は格段に弱いと思われるのではなかろうか。そ

---

y の選び方に矛盾する。したがって $x \in C(S_2)$ である他はないことになって，求める性質 (*) が確認されることになる。

こで，説得的な公理 α を維持しつつ，説得力の弱い公理 β を緩和してアローの社会的合理性の要請を弱め，一般不可能性定理からの脱出路をこの方向に探る可能性が浮上してくる．この試みの代表的な一例として，公理 β の以下のような緩和方法を考察してみたい．

公理 SUA (包含集合公理 Superset Axiom)

$$\forall S_1, S_2 \in K : [S_1 \subset S_2 \ \& \ C(S_2) \subset C(S_1)] \Rightarrow C(S_1) = C(S_2).$$

この公理を最初に導入したのはダグラス・ブレアー，ジョルジュ・ボルデス，ジェリー・ケリー，鈴村興太郎 [Blair, Bordes, Kelly and Suzumura (1976)] である．この公理は，ある機会集合の部分集合からの選択が当初の機会集合からの選択を厳密な部分集合として包含することを禁止している．この要請のもつ意義は，公理 α と相まって，既に導入された選択の経路独立性を完全に特徴付ける点に認められる．この事実を公理化した以下の定理の証明に興味をもたれる読者は，Sen (1977a) あるいは Suzumura (1983, pp.32–33) を参照せよ．

定理 2.5 （経路独立性の公理的特徴付け）

選択関数 C が経路独立性の公理 PI を満足するのは，公理 α と公理 SUA を満足するとき，そしてそのときのみである．

こうして公理的な裏付けを得た経路独立性の要請で社会的合理性の要請を置き換えれば，アローの一般不可能性の暗雲は払拭されるのだろうか．この設問に答えるためには，社会的選択問題に対するアローの定式化に多少の変更を加える必要がある．最初に，個人的選好順序のプロファイル R を社会的選好順序（バーグソン＝サミュエルソンの社会的厚生順序）R に対応させるアローの社会的厚生関数 f を，R を社会的選択関数 C に対応させる《社会的集計関数》f^* で置き換える．次に，関数 f に対するアローの定義域の広範性の要請——公理 U——を，関数 f^* に対する定義域の広範性の要請——以下では，公理 U^* と呼ぶ——で置き換える．次に，公理 P（パレート原理），公理 I（無関連対象からの独立性），公理 PR（正の感応性），公理 ND（非独裁性）の要請もまた，社会

的選択関数 $C = f^*(\boldsymbol{R})$ に対する要請——公理 $\mathbf{P}^*$，公理 $\mathbf{I}^*$，公理 $\mathbf{PR}^*$，公理 $\mathbf{ND}^*$——で置き換える。公理 $\mathbf{P}$ を例にとって説明すれば，これを置き換えるべき公理は f^* の定義域を D_{f^*} と書くことにするとき，次のように表現される。

公理 $\mathbf{P}^*$（選択関数形式のパレート原理）

個人的選好順序の任意のプロファイル $\boldsymbol{R} = (R_1, R_2, \ldots, R_n) \in D_{f^*}$ と社会状態の任意のペア $x, y \in X$ に対して $xP(R_i)y$ が全ての $i \in N$ について成立すれば，$\{x\} = C(\{x,y\})$ が成立する。ただしここで，$C = f^*(\boldsymbol{R})$ である。

そのとき以下の不可能性定理が成立する。この定理はブレアー，ボルデス，ケリー，鈴村 [Blair, Bordes, Kelly and Suzumura (1976)] によって最初に確立されたものであって，証明は難しくはないが幾分複雑でやや長い。興味をもたれる読者は Suzumura (1983, Chapter 3) を参照して戴きたい。

定理 2.6 （経路独立的な社会的集計関数の不可能性）

社会構成員の数が少なくとも 3 であるものとせよ。そのとき，公理 $\mathbf{U}^*$，公理 $\mathbf{P}^*$，公理 $\mathbf{I}^*$，公理 $\mathbf{PR}^*$，公理 $\mathbf{ND}^*$ を全部満足する社会的集計関数で，個人的選好順序の任意のプロファイル $\boldsymbol{R}$ に対応する社会的選択関数 $C = f^*(\boldsymbol{R})$ が必ず公理 $\mathbf{PI}$ を満足するものは，論理的に存在不可能である。

このように，アローの社会的合理性の要請を緩和して経路独立的な社会的選択関数の構成可能性を要請するに留めたとしても，アローが到達した不可能性定理をそれで一挙に解消できるわけでは決してないのである。

実際には，定理 2.6 は社会的選択の合理性を要求しない一般不可能性定理の僅かな一例であるに過ぎないのであって，ブレアー，ボルデス，ケリー，鈴村 [Blair, Bordes, Kelly and Suzumura (1976)] およびセン [Sen (1977a)] の先駆的な研究を引き継いで，アローの一般不可能性から脱出するためにセンが切り開いたルートを探索する数多くの研究がなされている。これらの緻密な研究によってアローの定理の構造が非常に精密に解明されたことは大きな成果であ

り，この探索の道標となったセンの貢献の重要性は特筆に値するが，不可能性定理からの脱出路が結局この方向に開いてはいないことは現在では広く承認されている．アローが幾分異なった論脈で喝破したように，一般不可能性定理の悪霊払いはそう簡単に実行できるはずがないのである．

5 基数性と個人間比較可能性

アローの一般不可能性定理との直接的な関連でセンが試みた第二の重要な脱出路は，厚生・効用の基数性・序数性と個人間比較可能性を体系的・客観的に分析する方法論を開発して，社会的選択の理論を基礎付ける厚生情報を飛躍的に充実させる方向 [Sen (1970a, Chapters 7, 7*, 8 & 8*; 1970c; 1977b)] に開かれていた．一見するとピグーの《旧》厚生経済学の功利主義的基礎に先祖帰りしたかに思われるこの研究方向だが，センがこの分野で開発した体系的な分析の方法論は，厚生・効用の基数性・序数性と個人間比較可能性に対する研究を飛躍的に充実させ，精密化した業績として，大きなインパクトをもったのである．

センの分析の出発点は《社会的厚生汎関数 (social welfare functional)》という新しい概念である．社会的厚生汎関数とは，各個人 $i \in N$ の実数値厚生関数 $W_i(\cdot)$ のプロファイルに対して，ひとつの社会的な選好順序 R を指定する関数 $R = F(\{W_i(\cdot)\})$ を指して用いられる表現である．まず，厚生の可測性に関する代替的な仮定——《序数的可測性》，《基数的可測性》など——に応じて，この仮定が各個人 $i \in N$ に対して許容する個人的厚生関数の集合 L_i が指定される．

次に，厚生の個人間比較可能性に関する仮定に応じて，これらの集合の直積 $L := L_1 \times L_2 \cdots \times L_n$ の適切な部分集合 L^* が指定される．この集合 L^* は《比較可能集合 (comparability set)》と呼ばれ，この集合に属する任意の二つのプロファイル $\{W_i(\cdot)\}, \{W_i'(\cdot)\} \in L^*$ は，個人的厚生に関して同じ情報を含むものとして，社会的厚生汎関数によって同一視される——これらのプロファイルに対しては，同じ社会的選好順序が対応させられる——ことになる．この要請を正式に表現すれば以下のようになる．

不変性の要請 (Invariance Requirement)

　個人的厚生の可測性と個人間比較可能性に関する所与の仮定のもとで二つのプロファイル $\{W_i(\cdot)\}, \{W_i'(\cdot)\}$ が同じ比較可能集合 L^* に所属する場合には，社会的厚生汎関数 F は $F(\{W_i(\cdot)\}) = F(\{W_i'(\cdot)\})$ という同じ社会的選好順序をこれらのプロファイルに対応させなければならない．

　いかにも抽象的なこの理論的フレームワークだが，これをさらに具体的に理解するために，可測性と比較可能性に関する代表的な仮定を列挙してみることにしたい．

可測性と比較可能性の代替的フレームワーク

　比較可能集合 L^* に所属する任意のプロファイル $\{W_i^*(\cdot)\}$ に対して，集合 L^* は以下の性質を備えたプロファイルだけから構成される：

（1）　**CFC**（基数的な完全比較可能性）

　全ての個人 $i \in N$ に対して $W_i = a + bW_i^*$ を成立させる実数 a および正の実数 b が存在する．

（2）　**OLC**（序数的な水準比較可能性）

　全ての個人 $i \in N$ に対して $W_i = \Psi(W_i^*)$ を成立させる正の単調変換 Ψ が存在する．

（3）　**CUC**（基数的な単位比較可能性）

　全ての個人 $i \in N$ に対して $W_i = a_i + bW_i^*$ を成立させる正の実数 b と n 次元実数値ベクトル $\boldsymbol{a} = (a_1, a_2, \ldots, a_n)$ が存在する．

（4）　**CNC**（基数的な比較不可能性）

　全ての個人 $i \in N$ に対して $W_i = a_i + b_i W_i^*$ を成立させる実数 a_i および正の実数 b_i が存在する．

（5）　**ONC**（序数的な比較不可能性）

　全ての個人 $i \in N$ に対して $W_i = \Psi_i(W_i^*)$ を成立させる正の単調変換のプロファイル $\{\Psi_i\}$ が存在する．

　可測性と比較可能性のフレームワークとして **CFC，OLC，CUC，CNC**

あるいは **ONC** を採用する場合の不変性の要請を，それぞれ公理 **CF**，公理 **OL**，公理 **CU**，公理 **CN**，公理 **ON** と呼ぶことにする。

一例として公理 **CF** を取り上げることにしたい。社会的厚生汎関数が公理 **CF** を満足するものとすれば，比較可能集合 L^* に所属する任意のプロファイル $\{W_i(\cdot)\}$，任意の二つの社会状態 $x, y \in X$，および任意の個人 $i \in N$ に対して

$$W_i(x) = a + bW_i^*(x), W_i(y) = a + bW_i^*(y)$$

が成立する。このことは

$$W_i(x) > W_j(y) \Leftrightarrow W_i^*(x) > W_j^*(y)$$
$$W_i(x) - W_i(y) > W_j(x) - W_j(y)$$
$$\Leftrightarrow W_i^*(x) - W_i^*(y) > W_j^*(x) - W_j^*(y)$$

が任意の $i, j \in N$ に対して成立すること，すなわち比較可能集合 L^* に所属する任意のプロファイルに対して，厚生水準と厚生の測定単位の個人間比較が曖昧さの余地を残さずに可能であることを意味している。したがって公理 **CF** は，厚生水準の個人間比較と厚生の差の個人間比較において同じ情報を含む二つのプロファイルに対しては，社会的厚生汎関数は同じ社会的選好順序を指定すべきことを意味しているのである。公理 **CF** が許容する興味深い社会的厚生汎関数の例としては，個人的厚生関数の任意のプロファイルに対して以下に定義される《功利主義順序 (utilitarian ordering)》と《レキシミン順序 (leximin ordering)》を対応させるものを挙げることができる。

定義 5.1（功利主義順序）

社会状態の任意のペア $x, y \in X$ に対して，

$$\sum_{i=1}^{n} W_i(x) \geq \sum_{i=1}^{n} W_i(y)$$

が成立するとき，そしてそのときにのみ，xRy が成立する。

定義 5.2（レキシミン順序）

社会状態の任意のペア $x, y \in X$ に対して，$i(x), i(y) \in N$ はそれぞれ x および y のもとで i 番目に不遇な個人であるものとする[8]。そのとき，ある $r \in N$ が存在して $W_{r(x)}(x) > W_{r(y)}(y)$ および全ての $i \in \{1, 2, \ldots, r-1\}$

に対して $W_{i(x)}(x) = W_{i(y)}(y)$ が成立するならば，そしてそのときにのみ，$xP(R)y$ が成立する。また，全ての $i \in N$ に対して $W_{i(x)}(x) = W_{i(y)}(y)$ が成立すれば，$xI(R)y$ が成立する。

このように，厚生水準と厚生の測定単位の双方を個人間で比較できる **CFC**（基数的な完全比較可能性）のフレームワークのもとでは，社会全体の厚生の総和を基準として社会状態の順序付けを行う功利主義順序や，社会のなかで最も不遇な個人の境遇を基準として社会状態の順序付けを行うレキシミン順序など，興味深い社会的選好順序がいずれも適格性を獲得することになる。

CFC とは対極に位置する可測性と比較可能性のフレームワークは，**ONC**（序数的な比較不可能性）のフレームワークである。この場合には，各個人の厚生関数に対してどのような正の単調変換を——相互に無関係に——加えても，公理 **ON** は社会的厚生汎関数が指定する社会的選好順序が不変に留まることを要請している。表現の方法は異なるが，この情報的フレームワークは基本的にアローが定式化した社会的選択理論が依拠した情報的基礎と同じものであることを，読者は理解できるはずである。それだけに，情報的なフレームワークとして **ONC** を採用すれば，われわれはアローの一般不可能性定理に逆戻りすることにならざるを得ないのである。**CFC** と **ONC** という両極端の中間に位置する情報的フレームワークのうちで **OLC** および **CUC** については，それぞれに意義深い社会的厚生汎関数が適格性を認められることを容易に確認することができるが，**CNC** のもとではアローの一般不可能性定理が依然として成立する他はない——すなわち，厚生の基数性を認めても，その個人間比較の可能性を排除する限り，アローの問題は未解決のままに残される——ことが示されている[9]。

---

8) 社会状態 x のもとで i 番目に不遇な個人 $i(x)$ とは，個人的厚生の数値 $W_1(x)$, $W_2(x)$, ..., $W_n(x)$ を逓昇順に配列し直したときに，小さい方から i 番目に登場する厚生の値をもつ個人である。ただし，厚生の値が同じ個人が複数存在する場合には，適当なタイ・ブレーキング・ルールを用いて $i(x)$ を決定するものとする。

9) 個人間比較を許さない基数的厚生情報を用いても，アローの一般不可能性定理の罠を脱出することが不可能であることの論証は，セン [Sen (1970a, Theorem 8*2)] およびエフッド・カライ＝ディヴィッド・シュマイドラー [Kalai and Schmeidler (1977)] によって与えられている。

このように，センが導入した厚生の可測性と比較可能性のフレームワークが社会的選択の理論を豊かに拡張したことは紛れもないが，このフレームワークにも決して問題がないわけではない．たとえば $W_i(x) > W_j(y)$ のように，個人 i が社会状態 x において享受する厚生は，個人 j が社会状態 y において享受する厚生より高いという言明を考えてみたい．明らかに，この言明は厚生の個人間比較を行う主体の主観的な判断である他はない．そしてこの意味における厚生の主観的な個人間比較であれば，ピグーを批判したロビンズですら，実はその可能性を否定したことは決してないことに注意すべきである．ロビンズが主張したことは，厚生の主観的な個人間比較には客観的な通用可能性はないということに過ぎないのである．その限りにおいて，ロビンズの批判は時代を越えてセンに対しても妥当するというべきである．別の表現をすると，例えば，厚生水準の個人間比較を行う複数の主体が，社会状態 x のもとで最も不遇な個人は誰かという判断に関して見解を異にする場合には，センの情報的フレームワークにはこの対立を止揚して社会的選好順序を形成する能力は全く備わっていないと言わざるを得ないのである．

6　部分的な比較可能性：不完備性の容認

　社会的選択の理論に対するセンの貢献を議論する際に，忘れるべきではないもう一つの論点がある．具体的な例を通じて彼の論点を明らかにするために，まず推移性よりも弱い社会的選好関係の整合性の要求として，次の性質を導入することにしたい．この概念は Sen (1969) によって最初に導入された．

準推移性 (Quasi-Transitivity)
　任意の選択肢 $x, y, z \in X$ に対して，$xP(R)y$ および $yP(R)z$ であれば必ず $xP(R)z$ が成立する二項関係 R は，準推移性をもつという．

　準推移的な二項関係には魅力的な性質が備わっている．推移的な二項関係は準推移的であるとともに無差別関係の推移性を意味するが，準推移的な二項関係は識別能力の完全性を意味する無差別関係の推移性を必ずしも含意しないというのがその性質である．第2節で挙げた101杯のコーヒーの例を想起すれば，

この事実が準推移性の仮定を推移性の仮定と比較して格段に受け入れ易いものにすることは間違いない。それだけに，社会的選択ルールによって形成される社会的評価に対する整合性の要求をアローの推移性から準推移性に緩和したときに得られる以下の可能性定理には，特別の意義が認められる。

定理 2.7（センの一般可能性定理）

公理 U（広範性），公理 P（パレート原理），公理 I（無関連対象からの独立性），公理 ND（非独裁性）を全部満足する社会的選択ルールで，形成される社会的評価が必ず準推移性を満足するものが存在する[10]。

証明：個人的選好順序の任意のプロファイル $\bm{R} = (R_1, R_2, \ldots, R_n)$ が与えられたとき，それに対応するパレート準順序を

$$\rho(\bm{R}) := \cap\ R_i \text{ over all } i \in N$$

によって定義する。社会状態の任意のペア $x, y \in X$ に対して

$$xRy \Leftrightarrow \neg\ yP(\rho(\bm{R}))x$$

によって社会的評価の二項関係 R を定義して，$R = f(\bm{R})$ によって社会的選択ルール f を定義すれば，このルール f は公理 U，公理 P，公理 I，公理 ND を全部満足するのみならず，$R = f(\bm{R})$ によって形成される社会的評価がつねに準推移性を満足することを容易に確認することができる。∥

センのこの定理が伝えるメッセージによれば，アローの一般不可能性定理は，社会的選択ルールが形成する評価の二項関係に対して準推移性のみならず無差別関係の推移性までも求める過大な整合性の要求を，無理に満足させようとすることの論理的な帰結である。選択肢の微妙な差異を徹底的に精密に識別できることを要求する無差別関係の推移性の要請を放棄して，準推移性の要求のみ

---

10) Sen (1970a, Theorem 5*3)。公理 U，公理 P，公理 I，公理 ND はすべてアローの社会的厚生関数に対して定式化された要請であって，厳密には準推移性をもつ社会的評価を形成する社会的選択ルールに対しては，全て再定義すべきである。ここでは誤解の余地が少ないことを思って，敢えて簡略化した取扱いをすることにした。

に社会的評価の整合性の要請を緩和しさえすれば，アローの不可能性の袋小路を突破することが可能となるからである。

とはいえ，定理 2.7 を証明するためにセンが構成してみせた社会的選択ルールはパレート原理によって優劣比較がつかない選択肢を全て無差別であると判定するルールであって，通常《パレート拡張ルール (Pareto extension rule)》と呼ばれている。明らかに，このルールはそれ自体として魅力的であるとは到底言い難い。もちろん，パレート拡張ルールは定理 2.7 の成立を例示するルールの一例に過ぎないが，公理 ND（非独裁性）を公理 A（匿名性）に強めれば，公理 U，公理 P，公理 I，公理 A を全部満足する社会的選択ルールは実際にはパレート拡張ルールに限られることを確認することができる。こうなってみると，定理 2.7 が確保したかに思われる合理的な社会的選択の可能性定理は，実は薄氷の上に立つ程に際どい結果に過ぎないことが判明する。

この結論に到達したセンは，新たな攻撃対象を社会的評価の完備性の要求に向けた。個人的選好順序のプロファイルのみを情報源とするうえに，公理 I（無関連対象からの独立性）によってこの情報の使用限度さえ非常に低く設定する枠組みにおいて，社会的評価の完備性の要請はいかにも過大であることは否めない。そのため，パレート原理によって，強い社会的ランキングが，つけられない——別の表現をすれば，個人間で利害対立がみられる——選択肢のペアに対しては，一様に社会的な無差別関係を宣言する以外には匿名性を侵犯しないルールは存在不可能となってしまうのである。

このように，センは社会的選択の袋小路に対して責任を負うべき要因として，社会的評価の精密性や完備性を過剰に要求する理論家の完全性指向をしばしば名指しで攻撃している。不平等の測度の完備性を敢えて要求しないことを勧告する論脈でセンが述べた以下の主張は，彼のスタンスを鮮やかに例示しているように思われる：

> 伝統的な理論における「すべてか無か」のアプローチが棄却され，通常の完備な順序の恣意性が排除されれば，この分野における経験的な研究は非常に意義深い前進を遂げるであろうと，私は考えている。どのような二つの所得分布の間でも不平等の程度を完全に比較できる口達者な人と，その

ような比較をすべて「恣意的」なものだとして退ける賢しらな人とは，どちらも不平等の観念の基本的な点を見落としているように私には思われてならないのである。[Sen (1997a, 邦訳 pp.87–88)]

　したがって，精密性や完備性の要請を放棄することは，センにとっては決して敗北主義の容認ではない。むしろ，社会的な判断形成の情報的基礎の脆弱さを顧みずに，過剰な精密性や完備性を要請する理論家は，問題の真の性質を忘れた冒険主義に走っているというのが，センの批判を一貫して通底する考え方なのである。

7　おわりに

　アローが創始した社会的選択の理論に対するセンの貢献には，本章でこれまでに考察してきた論点とは全く異なるもう一つの次元がある。社会的評価の形成に際して《非厚生情報 (non-welfare information)》が担う重要な機能を鮮やかに指摘して，厚生経済学の情報的基礎に対するわれわれの強い関心を惹起したことである。

　センの論点を例示する最も単純な方法は，本書で今後繰り返して言及することになる《ケーキ分配の問題 (the problem of cake division)》を考察することである。三人の個人 1, 2, 3 に一つの同質的なケーキを分配する問題を考えて，以下の四つの代替的な分配方法を検討することにする。

$$x = (80, 10, 10), \quad y = (60, 20, 20),$$
$$z = (20, 40, 40), \quad w = (10, 45, 45).$$

ここでたとえば x は，このケーキの 80% が個人 1 に帰属して，個人 2 と 3 はそれぞれ 10% を受け取る分配方法を表現している。さて，アローの社会的選択の理論は，選択肢に対する個人的選好順序のプロファイルだけに社会的な選好順序の形成根拠を求めていた。全ての個人はケーキを好み，分配方法に関する個人的選好順序は彼が受け取る分配分のみに依存するものと仮定すれば，機会集合 $S = \{x, y, z, w\}$ 上の三人の個人の選好順序は以下のように与えられる：

1：x, y, z, w
2：w, z, y, x
3：w, z, y, x

いま，分配方法に関する社会的選好順序の構成ルールがアローの条件を満足するものとすれば，分配方法 x よりも分配方法 y の方が社会的に望ましいと判定される場合には，分配方法 z よりも分配方法 w の方が社会的に望ましいと判定される他はないことになる。なぜならば，$\{x, y\}$ 上の個人的選好順序の有り様と $\{z, w\}$ 上の個人的選好順序の有り様とは，定性的に全く同じであるからである。だが読者は，恐らくこの結論を承服し難いと考えるのではあるまいか。そのような読者が感じるいぶかしさの根底には，x から y への分配方法の変更は x に含まれる明瞭な《衡平性 (equity)》の欠如を部分的にせよ矯正しているのに対して，z から w への分配方法の変更はただでさえ不遇な個人 1 をさらに冷遇する措置であり，分配方法の二つの変更を同時に是認——あるいは否認——する社会的な判定方法には，大きな疑問符が付くという認識があるのではなかろうか。

　この例のエッセンスは次の点にある。アローの社会的選択の理論には，実のところ分配の衡平性とか，ひとの処遇に関する正義などを正当に考慮するための情報的な基礎が欠けている。分配問題を的確に考慮するためにはこの欠落を補って，適切な情報的基礎を再構築する必要があるのである。本書の第 4 章ではアローの正統的アプローチに対するこの主旨の批判を一層詳細に追求して，センの福祉と自由の理論の積極的展開の背景を解明することになるが，それに先立って第 3 章では，不平等の経済学と倫理学に対するセンのスタンスを説明することにしたい。

補論 A　単純多数決ルールの整合性の必要十分条件

　単純多数決ルール f^{MD} が社会的選択原理として満足すべき機能を備えていることを保証する条件はなにか。この問題は，単純多数決ルールが生成する社会的評価の二項関係 R^{MD} が推移性を満足することを保証する条件はなにかという問題と密接に関係してはいるが，必ずしもこの後者の問題と同一ではない。社会的選択がわれわれの考察の焦点であるという観点に立てば，選択を媒介する社会的評価の二項関係が推移的であることは，単純多数決ルールの機能が満足すべきものであるために必ずしも必要ではないとする立場にも，十分な理論的意義を認めることができるからである。この論脈で注目に値する事実は，準推移的な二項関係 R は，任意の非空有限集合 S に対して，R–最大集合 $G(S,R)$ が S の非空部分集合として確定すること——R が選好関係である場合には，任意の非空な有限機会集合 S のなかに，R に関して最善の選択肢が必ず存在すること——を保証できることである[11]。この事実に留意すれば，単純多数決ルールが生成する社会的評価の二項関係 R^{MD} が準推移性を満足するという要請には，同じ二項関係が推移性を満足するという要請に優るとも劣らない説得力があるといってよい。

　この補論では，推移性と準推移性という二つの鍵概念を用いて，単純多数決ルールが社会的選択原理として満足すべき機能を備えていると言えるために必要かつ十分な条件を解説することにしたい。以下で説明される必要十分条件はセン＝パタナイック [Sen and Pattanaik (1969)] および稲田 (1969; 1970) によって発見されたものであるが，まずそれに先立って二つの準備を整える必要

---

11)　任意の非空有限集合 S に対して R–最大集合 $G(S,R)$ が S の非空部分集合となるためには R の準推移性ですら過剰な要求であって，以下に定義する《非循環性 (acyclicity)》がそのために必要かつ十分な条件であることが知られている。まず，任意の正の整数 t ($3 \leqq t < +\infty$) に対して
$$x^1 P(R) x^2, x^2 P(R) x^3, \ldots, x^{t-1} P(R) x^t, x^t P(R) x^1$$
を満足する有限集合 $\{x^1, x^2, \ldots, x^t\}$ を次数 t の $P(R)$–サイクルと呼ぶ。いかなる次数の $P(R)$–サイクルも存在しない二項関係 R は非循環性をもつという。この概念およびその性質に興味をもたれる読者は Sen (1970a, Chapter 1*) を参照されたい。

がある。第一の準備は，無関心な個人——あらゆる選択肢を全く無差別であると考える個人——を分析の進路から排除しておくことである。第二の準備は，ある条件が社会的選択ルールの適切な機能のために十分であるとか必要であるとかいう表現に，的確な意味を賦与することである。

関心ある個人 (Concerned Individual)

選択肢のある集合に対して関心ある個人とは，その集合に属する選択肢の全てのペアに対して無差別であることはない個人のことである。

社会的選択ルールの適切な機能の十分条件

個人的選好順序のプロファイルに課されるある条件は，その条件を満足する限りで任意のプロファイルに対して，社会的選択ルールが適切に機能できる場合には，ルールの適切な機能のための十分条件であるという。

社会的選択ルールの適切な機能の必要条件

個人的選好順序のプロファイルに課されるある条件は，この条件が満足されないプロファイルに登場する個人的選好順序を適当な数の個人に指定しさえすれば，社会的選択ルールが適切に機能できなくなる場合には，ルールの適切な機能のための必要条件であるという。

十分条件にせよ必要条件にせよ，ここに与えられた定義が唯一の表現方法であるというわけでは決してない。事実，関心ある個人の過半数が全く同じ強い選好順序をもつ場合には，他の個人の選好順序がいかなるものであっても，単純多数決ルールは必ず推移的な社会的評価を生成することは明らかである。だが，ブラックやアローの伝統を継承して，個人的選好順序のタイプのみで単純多数決ルールの適切な機能を保証する条件を特徴付けようとする限り，ここで与えた十分条件と必要条件の定義は的確な考え方であるように思われる。

以下では，個人的選好順序のプロファイル $R = (R_1, R_2, \ldots, R_n)$ に対して，三つの独立な制約条件を導入することにしたい[12]。

---

12) これらの三つの制約条件が相互に完全に独立であることの証明に興味をもつ読者は，Sen (1970a, pp.174–175) を参照されたい。

価値制限性 (Value Restriction)

社会的選択肢の任意のトリプル $\{x,y,z\}$ のなかには，関心ある個人が全員一致して最悪ではないと判断するか，全員一致して最善ではないと判断するか，全員一致して中庸ではないと判断する選択肢が含まれている。すなわち，この選択肢を例えば x とすれば

$$[\forall i \in N : xP(R_i)y \vee xP(R_i)z] \vee [\forall i \in N : yP(R_i)x \vee zP(R_i)x]$$
$$\vee [\forall i \in N : \{xP(R_i)y \, \& \, xP(R_i)z\} \vee \{yP(R_i)x \, \& \, zP(R_i)x\}]$$

が成立する。

極論制限性 (Extremal Restriction)

社会的選択肢の順序付きの任意のトリプル $\{x,y,z\}$ に対して，$xP(R_i)y$, $yP(R_i)z$ という選好をもつ個人が少なくともひとり存在すれば，$zP(R_j)x$ という選好をもつ個人 $j \in N$ は $zP(R_j)y$, $yP(R_j)x$ という選好をもたざるを得ない。

社会的選択肢の任意のトリプル $\{x,y,z\}$ に対して極論制限性条件が満足されるのは，そのトリプルから構成された順序付きの任意のトリプルに対して，極論制限性条件が満足される場合である。

限定的合意 (Limited Agreement)

社会的選択肢の任意のトリプル $\{x,y,z\}$ のなかには，社会構成員が全員一致して x は y と少なくとも同程度に望ましいと判断する順序対 (x,y) が存在しなければならない。

単純多数決ルールが社会的選択原理として満足すべき機能を備えることを保証する基本定理は，Sen and Pattanaik (1969) および Sen (1970a, Chapter 10*) が確立した以下の二つの命題である。

センニパタナイックの定理 (1)

個人的選好順序の任意のプロファイルが，単純多数決ルールのもとで推移性を満足する社会的評価を形成できるための必要十分条件は，選択肢の任意のト

リプルが極論制限性条件を満足することである。

セン＝パタナイックの定理 (2)

個人的選好順序の任意のプロファイルが，単純多数決ルールのもとで準推移性を満足する社会的評価を形成できるための必要十分条件は，選択肢の任意のトリプルが価値制限性条件，極論制限性条件，限定的合意条件のうちの少なくとも一つの条件を満足することである。

セン＝パタナイックの定理の証明については Sen and Pattanaik (1969) および Sen (1970a, Chapter 10*) の参照を求めることにして，最後に次の事実を指摘してこの補論を閉じることにしたい。その事実とは，図 2–4 (b) のように決して異例ではない状況において，価値制限性条件，極論制限性条件，限定的合意条件はどれ一つとして満足されないことである。こうしてみると，多次元的な選択肢空間における社会的選択の問題に際しては，単純多数決ルールの満足すべき機能に対する期待は，多少とも切り詰める必要がありそうである。

補論 B　バーグソン＝サミュエルソン社会的厚生関数の構成可能性

与えられた個人的選好順序のプロファイル $\boldsymbol{R} = (R_1, R_2, \ldots, R_n)$ に対応するパレート準順序を

$$\rho(\boldsymbol{R}) := \cap \, R_i \text{ over all } i \in N$$

で定義する．プロファイル $\boldsymbol{R}$ に対応するバーグソン＝サミュエルソン社会的厚生関数は，(a) $\rho(\boldsymbol{R}) \subseteq R$, (b) $P(\rho(\boldsymbol{R})) \subseteq P(R)$ という二つの条件を満足するバーグソン＝サミュエルソン社会的厚生順序 R に対して，(c) xRy であるとき，そしてそのときにのみ，$u(x) \geqq u(y)$ を成立させる実数値関数のことである．ここで条件 (a), (b) はバーグソン＝サミュエルソン社会的厚生順序 R がパレート準順序 $\rho(\boldsymbol{R})$ の《順序拡張 (ordering extension)》であること，すなわちパレート準順序によって既に与えられている社会的な優劣判断は，全て正確にバーグソン＝サミュエルソン社会的厚生順序に反映されることを意味している．これに対して条件 (c) は，バーグソン＝サミュエルソン社会的厚生関数がバーグソン＝サミュエルソン社会的厚生順序の《数値表現 (numerical representation)》であることを意味している．

バーグソン＝サミュエルソン社会的厚生関数の構成可能性の問題に関しては，二つの問題を明確に区別する必要がある．第一の問題は，バーグソン＝サミュエルソン社会的厚生順序が与えられたとき，その順序を数値表現するバーグソン＝サミュエルソン社会的厚生関数を構成することが可能かという問題である．第二の問題は，与えられた個人的選好順序のプロファイルに対応するバーグソン＝サミュエルソン社会的厚生順序を構成することが可能かという問題である．

第一の問題に関しては，与えられたバーグソン＝サミュエルソンの社会的厚生順序の性質次第では，解答は一般に否定的にならざるを得ないことが知られている．例えば，社会的選択肢の集合 X が二つの実数の順序対 $\boldsymbol{x} = (x_1, x_2)$ の集合から構成され，任意の二つの社会的選択肢 $\boldsymbol{x} = (x_1, x_2)$, $\boldsymbol{y} = (y_1, y_2)$ に対して，バーグソン＝サミュエルソン社会的厚生順序が以下に述べる性質をもつ《辞書式順序 (lexicographic ordering)》である場合には，この順序を表現する実数値関数は決して存在しないことが知られている．

$$xRy \Leftrightarrow x_1 > y_1, \text{ or } [x_1 = y_1 \ \& \ x_2 \geqq y_2].$$

この事実の論証に興味をもたれる読者は，ジェラール・デブリュー [Debreu (1959)] あるいは鈴村 (1982a, pp.34–35) を参照されたい．だが，辞書式順序といえども立派な意味をもつ順序である．衣食足りて礼節を知るという主旨のこの順序付けを，一概に排除すべきであるとは思われない．したがって，第一の問題に対する解答が否定的であるからといって，バーグソン＝サミュエルソンが基礎をすえた厚生経済学にとって致命的な影響をもつとは考えられていない．むしろ致命的な重要性をもつ問題は，バーグソン＝サミュエルソン社会的厚生順序の構成可能性であるというべきである．

　この第二の問題に関しては，解答はもっと微妙である．まず，与えられた個人的選好順序のプロファイルに対応してバーグソン＝サミュエルソン社会的厚生順序が《存在》し得るかという問いに対しては，明瞭に肯定的な解答を与えることができる．どのような準順序が与えられても，それに対する順序拡張が必ず存在することが，一般的に保証されているからである．この主旨の順序拡張定理とその一般化に対して関心をもつ読者は，Suzumura (1983, Chapter 1) を参照して戴きたい．だが，あるものが存在するという保証と，そのものを構成する手続きが存在するという保証とは，全く別物であることに注意すべきである．そしてアローの一般不可能性定理が否定したのは，バーグソン＝サミュエルソン社会的厚生順序を構成する手続きであって，社会的な合理性，広範な適用可能性，必要情報の節約，パレート原理，独裁者の非存在という正当化原理を満足するものが一般的に存在する可能性だったのである．

第3章　不平等の経済学と倫理学

1　はじめに

　日本でいま所得分配の不平等化が進行しているという記述がなされ，しかもその進行速度は他の国々よりも著しく速いと指摘されたなら，ひとびとはどんな反応を示すだろうか。多くのひとびとは，そこに解決されるべき問題を見出して，不平等化を抑制する手段を講じることに同意するのではあるまいか。それでは，逆に日本では所得分配の平等化が進行しているという記述がなされ，しかもその進行速度は他の国々よりもはるかに速いと指摘されたなら，はたして同じひとびとは深く安堵するだろうか。

　不平等化を批判する立場は，平等性に固有の価値を認めることを必ずしも意味しない。急速な不平等化に対する批判の根底に潜むものが変化に対する漠然とした恐怖感であれば，急速な平等化という逆方向の変化に対しても，不平等化に対するのと同様な恐怖感が抱かれる可能性がある。このような反応は，ありうべき定常状態に関するなんらかの理想に裏付けられているわけではなく，急速な変化それ自体を忌避して，静謐な定常性に固有の意義を認める考え方に根差しているのかもしれない。

　これに対して，所得分配の平等性に固有の意義を認め，理想的な所得分配を想定することから翻って現状を批判するひとびともいる。だが，この立場をとるひとびとでも，平等性の規範を巡っては容易に意見の一致をみないのが通例である。所得の相対的な格差がより小さい分配方法の方が望ましいとか，低所得層における所得の相対的な格差がより小さい分配方法の方が望ましいとか，最低所得の絶対的な水準がより高い分配方法の方が望ましいなど，平等性の規範のスペクトラムはまことに広範かつ多彩である。

　さらにまた，所得分配という《帰結 (consequence)》のみに注目していたのでは，ある分配が倫理的な正統性をもつという判断を下すことは不可能だとするひとびともいる。彼らにとっては，実現された所得分配に先立って資源の果実を請求する権利の発生根拠（《権原 (entitlement)》）に注目することが，現

状に対して的確な評価をするために必要な手続き的前提なのである。とはいえ，等しくこの立場をとるひとびとでも，権原の具体的な所在を巡っては，容易に意見の一致をみないのが通例である。等しい《貢献 (contribution)》を行ったひとは資源の果実に対して等しい請求権をもつという考え方もあれば，等しい《必要 (needs)》をもつひとは資源の果実に対して等しい請求権をもつという考え方もある。また，他に先駆けて資源を発見したひとがその資源の果実に対して正統な請求権をもつとか，合法的な《手続き (procedure)》にしたがって資源を獲得・交換したひとがその資源の果実に対して正統な請求権をもつという考え方など，資源の果実を請求する権利の発生根拠を巡っては，異論の余地はきわめて広いのである。

これらの事情を背景として，センの『不平等の経済学』[Sen (1997a)] は「不平等はきわめて単純な観念であるが，同時にきわめて複雑な観念でもある」という印象的な記述から始まっている。この観念に深く切り込もうとすると，伝統的な厚生経済学やアローが創始した社会的選択の理論は，実のところほとんど完全に無力であることが判明する。そのためセンは，社会的選択の理論のパースペクティブの拡張と，道徳判断に関するメタ倫理学的な考察に基づいて，不平等の経済学の方法論的な枠組みの再検討を行ったのである。本章は，不平等に焦点を合せたセンの研究を，主として『不平等の経済学』に依拠して解説・評価することにあてられている。

センには平等主義者としての顔が確かにある。彼は，社会の安定性や効率性など，他の価値を追求するための手段として，平等性に《道具的価値 (instrumental value)》を認めるのみならず，ひとびとに対する平等な尊重と配慮それ自体に《内在的価値 (intrinsic value)》を認める立場に依拠するのである。彼のこのスタンスは，開発経済学や貧困・飢餓・飢饉に関する一連の研究，不平等の測定と評価の理論，所得分配に関する規範的要請の定式化などに，色濃く反映されている。彼の眼差しは，所得や富の集計された社会的総和にではなく，個々のひとびとの境遇，とりわけ不遇なひとびとの境遇に注がれているのである。

だが，センは平等性という社会的目標・価値を絶対視せず，他の社会的目標・価値との関連でその意義を相対化する確固とした視点をもっていることに注意すべきである。平等性に関する自己の関心や提案はいうまでもなく，他のひと

びとが平等性に対してもつ常識的・直観的な関心や提案，さらには平等性という社会的価値それ自体でさえ，数ある社会的目標・価値の一つの候補として批判的に吟味して，相対的な重みを付けるための一般的な枠組みを探究するのがセンの方法論なのである。

　センはなぜこのような方法論を採用するのだろうか。不平等の経済学が科学として価値中立的であることを意図してのことなのだろうか。われわれはそうは考えない。ロビンズの科学としての厚生経済学の方法論や，アローが創始した社会的選択の理論を発展的に継承するセンにとって，不平等の経済学は道徳的判断基準の社会的選択に関する実践的な取り組みの場に他ならない。道徳的判断は，判断主体がおかれた地位や環境に拘束されることなく，不偏性を備えたものであるべきである。また，道徳的判断は，個々の状況の変化に依存して妥当性を失うものであってはならず，普遍的な適用可能性を備えたものであるべきである。

　だが，想定されるありとあらゆる状況のもとで支配的な優位性をもつ道徳的判断を，状況の特定化に先立って一意的に定めることは，ほとんど不可能であることも認めざるを得ない。そうだとすれば，われわれに実行可能な最善の作業は，われわれの理性的な判断能力と社会構成員相互の十分な討議と合意を信頼して，想定される各々の状況に最も適合する部分的な道徳判断を積み重ね，それらの道徳判断を適正に重み付けて体系化する方法を発見する手続きを採用することである。

　これがセンの方法論に他ならない。社会思想家としてのセンの基本姿勢は，この方法論に如実に現れている。確かな学問的基盤をもちつつ，現実の経済・社会政策への関連性を喪失しない理論を追求するセンのスタンスを典型的に示す成果こそ，まさに彼の「不平等の経済学と倫理学」なのである。

2　不平等測度における記述性と規範性

　「不平等であることは正当化されるか」とか「より平等であることはより望ましいか」という道徳的な価値判断とは異なり，「現状は不平等であるか」とか「二つの状況のどちらがより平等であるか」といった事実判断は，価値中立的な記述性をもつものと通常考えられている。そして，記述的な不平等の測度として

は《変動係数 (coefficient of variation)》[1]や《ジニ係数 (Gini coefficient)》[2]などの統計的測度が用いられ，規範的な不平等の測度としては《アトキンソン測度 (Atkinson measure)》[3]のように特定化された（バーグソン＝サミュエルソンの）社会的厚生関数に明示的に依拠する測度が用いられてきた。不平等を客観的に記述すべき測度のなかに特定の価値判断が暗黙裡に入り込む危険性を思えば，この2分法にはそれなりの根拠があるようにも思われる。しかるに，社会的厚生関数に基づく規範的測度はいうまでもなく，通常は純粋に記述的と考えられている不平等測度でさえ，なんらかの規範的な判断を含意せざるを得ないことをセンは主張した。一般的にいって，所得分布に含まれる個人間格差を単一の実数値に集約する関数こそ不平等測度であるが，このような関数は――所得分布に含まれる不平等のさまざまな側面を単一の実数値に集約する仕組み次第で――不平等のある側面に強い光をあて，別の側面を相対的に軽視ないし無視せざるを得ないからである。以下ではこの事実をより詳しく，より具体的に考察することにしたい。

　二つの所得分布の不平等度を比較するということは，各個人に帰属する所得の個人間格差を《包括的 (comprehensive)》に比較することを意味している。ある所得分布 A を別の分布 B と比較する場合，あるひとの所得が減少する一

---

1) 所得分布 $\bm{y} = (y_1, y_2, \ldots, y_n)$ の平均 μ と分散 V を

$$\mu = (y_1 + y_2 + \cdots + y_n)/n$$
$$V = \{(\mu - y_1)^2 + (\mu - y_2)^2 + \cdots + (\mu - y_n)^2\}/n$$

と定義するとき，変動係数は

$$C = \mu V^{1/2}$$

によって与えられる。

2) ジニ係数は不平等の測度として頻繁に使用されてきた概念であり，後に本章第5節で詳しく述べるローレンツ曲線と密接な関連をもっている。ジニ係数 g を定義する方法はいくつかあるが，任意の二人の個人間所得格差の絶対値の算術平均という定義が標準的である。

$$\begin{aligned} g(\bm{y}) &= (1/2n^2\mu)\Sigma_{i,j=1,2,\ldots,n}|y_i - y_j| \\ &= 1 - (1/n^2\mu)\Sigma_{i,j=1,2,\ldots,n} \text{Min } (y_i - y_j) \\ &= 1 + (1/n) - (2/n^2\mu)\{y_1 + 2y_2 + \cdots + ny_n\}. \end{aligned}$$

ただし，ここで所得は逓降順に並べられているものとする。ジニ係数のこれらの表現の同値性を確認したい読者は，『不平等の経済学』の邦訳 p.38 に付された訳者註を参照されたい。

3) アトキンソン測度に関する詳しい解説は本章第4節を参照せよ。

方で他のひとの所得は増加して両者の間の所得格差は拡大するが，別の二人の個人の間では所得格差が縮小するというように，個人間の所得格差の複合的な変化が観察されるのが，例外というよりは通則である。このように複雑な場合にも，二つの所得分布のどちらが他方と比較して不平等であるかを明確に判定できるためには，どのような記述方法を採用すればよいのだろうか。

　所得分布が含む不平等性を計測する最も単純な測度は，所得の最高値と最低値との差を不平等の測度——《範囲 (range)》と呼ばれる測度——とするものである。この測度は，いかなる所得分布のペアに対しても「より不平等である」とか「同程度に（不）平等である」という判定を与え得るという意味で，完備性をもった測度である。だがこの測度は，所得の最高値と最低値にはさまれた広大な領域に位置するひとびとの所得状況を完全に無視するという意味において，余りにも粗雑な不平等測度であることは否定すべくもない。また，平均所得と各個人の所得との差の絶対値を集計した結果が総所得に占める比率を不平等の測度——《相対平均偏差 (relative mean deviation)》と呼ばれる測度——とする場合には，ともに平均所得を下回るか，ともに平均所得を上回る二人の個人の間で，相対的に高所得の個人から低所得の個人へと所得移転がなされても，移転前の所得分布と移転後の所得分布に含まれる不平等度の差異を，この測度は識別できないことになる。この難点を避けるために，任意の二人の個人間の所得格差の全貌に注目するにしても，これらの二項間格差を単に加算して作られる測度を用いて比較するだけでは，高所得者層における個人間所得格差と低所得者層における個人間所得格差との質的相違は，不平等の記述的測度に反映されずに終わるのである。

　二つの所得分布を比較して異なるランキングを与える二つの不平等測度は《両立不可能 (incompatible)》であるという。たとえば，最高値と最低値の差においてのみ相違する二つの所得分布に対して異なるランキングを与える二つの不平等測度は，明らかにこの意味で両立不可能である。この場合の両立不可能性は，最高値と最低値との差がより大きいという事実に関する判断の相違に起因するものと解釈できるが，このようなケースはさほど多くはない。しばしば問題となる両立不可能性は，むしろ判断に先立つ事実の《切り取り方》および複数の判断に対する《重み付け方》の相違に起因している。二つの所得分布のど

の部位の差異に着目するか，また各部位の差異に関する判断をどのように重み付けて最終的な集計値に反映させるかという点に相違があるために，各部位の差異に関する判断については矛盾がない場合でさえ，異なる総合的ランキングが与えられるケースがこれである。たとえば，所得階層を6分位に分ける場合，二つの所得分布AとBが下位の2分位と3分位の間と上位の2分位と3分位の間でいずれも異なっていて，いずれの差異も小さければ小さいほど望ましいという判断が共通に成立していたとしても，前者の差異を後者の差異よりも重視する場合とその逆の場合とでは，実数値で表現される不平等測度に集約した結果として，AとBに対する不平等ランキングが異なる可能性があることは明らかである。

　不平等を評価する際に，所得分布のどの部位の差異に着目するか，また各部位の差異をどのように重み付けるかという問題は，それ自体として規範性をもつ問題である。それだけに，本来は純粋に記述的・操作的な役割を担うはずの不平等測度でも，所得分布が含む不平等度を総合指標に集約する方法の選択を通じて，われわれは特定の規範的観点にコミットせざるを得ないことになる。センが指摘したのは，不平等測度における記述性と規範性との間に存在するこの不可避的な連関だったのである。

3　センの共通部分アプローチ

　実数値関数としての不平等測度は，より不平等な所得分布に対してより大きな不平等の測定値を指定することによって，あらゆる所得分布を序列付けることができる。しかも，ある不平等測度が特定の規範的観点に基づいて二つ以上の所得分布に与える序列関係は，実数の大小関係の推移性によって必ず整合的である。このように，実数値関数として定義される不平等測度が作り出す所得分布の序列関係は，完備順序の公理を満足するのである。だが，この序列関係の完備性と推移性は特定の規範的観点を具体化する不平等測度をひとつ固定する限りのものであって，他の規範的観点から眺めたときに直観に反する事態が発生する可能性まで，一般的に排除できるわけではない。だからこそセンは，記述的な不平等測度が暗黙裡に前提する規範的観点を明示化する必要性を強調したのである。

不平等測度に含まれる規範的観点とは，所得分布のどの部位で観察される差異をどの程度まで重視して総合的な不平等測度に反映させるかという観点を指すものだった。二つの測度が完全に同一の規範的観点を採用しているにも拘わらず，所得分布に対して異なる序列を与える場合には，どちらかの測度を棄却する他に選択肢はない。だが，二つの測度が異なる規範的観点を採用して，異なる角度から所得分布の不平等性を評価している場合には，各測度の適用範囲を的確に限定することによって，両者を部分的に両立させる可能性が開かれる。この可能性を追求する具体的な一例こそ，センが提唱した《共通部分アプローチ (intersection approach)》に他ならない。それぞれ固有の規範的観点を体現する複数の不平等測度が存在する場合には，これらの測度が定義する完備順序の共通部分——これを《共通部分準順序 (intersection quasi-ordering)》と呼ぶ——を定義すれば，各測度が定義する評価順序が，一致して承認する序列関係——すなわち，これらの測度の背後にある規範的観点が共通して支持する支配的な序列関係——のみを抜粋することができる。

　共通部分準順序に基づくアプローチには，個々の不平等測度が暗黙裡に採用する特定の規範的観点に全面的に依拠する危険性が避けられるという点で，明白な長所が備わっている。だがその反面，共通部分アプローチを採用する場合には相対的な不平等度に関する判断を保留せざるを得ない場合がしばしばあるという点で，このアプローチには明白な短所もある。だが，もともと合理的な異論の余地が存在する場合にさえ完備的な不平等測度を適用する慣行に批判的なスタンスをとるセンは，この明白な短所を熟知しつつも敢えてその明白な長所の方を重視して，共通部分アプローチを推奨するのである。

　共通部分準順序を構成する不平等測度の候補としては，どのような規範原理を満足する測度を取り上げるべきだろうか。センが最初に注目する規範原理は，人口と総所得が一定である場合に「低所得者から高所得者への（順位を逆転させない）所得移転は，他の条件に変わりがない限り，不平等の測定値を増加させる」という《ピグー＝ドールトン条件 (Pigou-Dalton condition)》である。彼が注目する第二の規範原理は，「同一規模の所得移転であっても，低所得水準にある個人間の所得移転は，高所得水準にある個人間の所得移転と比較して，不平等の測定値の変化に対する効果が大きい」という《所得水準に関する感応性

条件》である。

　ピグー＝ドールトン条件は，所得分布のあらゆる位置における高所得階層と低所得階層との間の格差を同列に扱う原理である。他の条件が一定である限り，高所得階層と低所得階層との格差が拡大さえすれば，その格差の拡大が所得分布のどの部位で起こるかとは無関係に不平等度は高まると判断するのがこの規範原理である。一方，所得水準に関する感応性条件は，所得分布の低い部分に位置する個人間の格差と高い部分に位置する個人間の格差を質的に区別して，前者の格差の変化を後者の格差の変化よりも相対的に重視して評価する規範原理である。

　ピグー＝ドールトン条件と所得水準に関する感応性条件は，不平等測度を分類する際の分水嶺として有効に機能してくれる。たとえば《対数標準偏差 (standard deviation of logarithms)》という測度[4]は所得水準に関する感応性条件を満足するが，ピグー＝ドールトン条件は満足しない。これに対して変動係数，ジニ係数，《タイルのエントロピー測度 (Theil's entropy measure)》[5]は，逆にピグー＝ドールトン条件を満足するが，所得水準に関する感応性条件は満足しない。また，ある測度が一つの性質を満足しない理由を論理的に追求すれば，その測度に固有な特異性を明示化することができる。たとえば，ジニ係数が所得水準に関する感応性条件を満足しない理由を追求すれば，この測度は所得移転の効果を判定する際に，所得《水準》ではなくて所得《順位》に依拠するために，通常は人数が多い中位所得階層における移転の効果を下位所得階層における移転の効果よりも高く評価する可能性があるという特徴的な事実が，明瞭に浮かび上がってくるのである。

　不平等測度を区分・識別するための分水嶺として機能する規範原理としては，

---

4) 対数標準偏差という不平等尺度は，所得の対数 $\log y_i$ と平均所得の対数 $\log \mu$ との乖離の標準偏差として定義される。

5) アンリ・タイル [Theil (1967)] は情報理論におけるエントロピー概念を巧妙に応用して，不平等のエントロピー測度 T を以下のように定義した：
　　$T = \Sigma_{i=1,2,\ldots,n} x_i \log n x_i.$
ただしここで x_i は個人 i に帰属する所得のシェアを表わしている。この測度は基本的には恣意的な性格のものだが，ジェームス・フォスター [Foster (1983)] はタイル測度に対する公理主義的な基礎付けを与えることに成功した。

ピグー＝ドールトン条件と所得水準に関する感応性条件以外にも，多くの候補を考えることができる。たとえば「全個人の所得が同一比率で増加する場合，不平等の測定値は不変のままに留まる」という規範原理——《平均からの独立性条件》——が考えられる。この規範原理は，個々人の所得が変化する場合でも，各個人の所得の比率に差異が生じない限り，不平等の評価においても差異が生じてはならないことを要請する。多くの不平等測度——相対平均格差，変動係数，対数標準偏差，ジニ係数，タイルのエントロピー測度など——は共通してこの性質を満足している。だが，この規範原理を課すことに関しては，有力な批判の余地がある。第一に，「同じ大きさの個人間所得格差であっても，平均所得がより低い社会においては相対的により大きなインパクトが認められるべきである」という批判がある。この批判は，「貧しきを憂えず等しからざるを憂える」ひとに対しては，とりわけ強いアピールをもつかもしれない。第二に，「個人間の相対的な格差のみならず，最小所得の絶対的水準をも問題にすべきだ」という批判も根強く存在している。それだけに，適格な不平等測度が共通して満足すべき規範原理としては，平均からの独立性条件の説得力は弱いことを認めざるを得ないように思われる[6]。

　平均からの独立性条件のように，着目する観点の妥当性に関する判断の相違が問題になる規範的な要請は，ピグー＝ドールトン条件のように，着目する観点に関する常識的な認識の一致が得られやすい要請と比較して，より規範性が強い要請であると考えられる。たとえ分析者自身がこの性質を支持している場合でも，このように強い規範性をもつ条件を不平等測度が共通に満足することを必ず要請すべきかと尋ねれば，その解答は決して自明ではないというべきである。

---

[6] センが『不平等の経済学』において検討対象としたその他の規範原理の代表例としては，《複製に関する不変性 (replication invariance)》と《サブ・グループに関する整合性 (subgroup consistency)》を挙げることができる。この前者は「各所得水準に属する人口が同一比率で変化しても，不平等の測定値は不変に留まる」ことを要求する原理であり，後者は「社会の一部を構成するサブ・グループ内で不平等度が変化する場合には，社会全体の不平等度も同じ方向に変化する」ことを要求する原理である。これらの原理については，本章第5節で相対的な不平等測度のクラスとローレンツ部分順序関係との間に成立する注目すべき性質を説明する際に，改めて述べる機会がある。

本節では，純粋に記述的であると考えられている測度が暗黙のうちに含まざるを得ない規範的な性質を明示化して，その問題点を指摘してきた。これに対して（バーグソン＝サミュエルソンの）社会的厚生関数に基づく所得不平等の測定理論は，不平等測度が体現する特定の規範的観点を，社会的厚生関数が満足すべき公理として明示化するアプローチを採用している。次節ではこのアプローチの検討に転じることにしたい。

4　社会的厚生関数アプローチ

　不平等測度と社会的厚生関数との関係は明らかに双方向的である。一方では，ある不平等測度が所得分布 A を所得分布 B よりも「より不平等である」と判定する場合には，「より不平等である」ことを「社会的厚生が相対的に低い」ことと読み替えれば，所得分布の集合に対して定義される社会的厚生関数を構成することができる。他方では，なんらかの規範的判断を表現する社会的厚生関数が与えられた場合，ある所得分布のもとでの社会厚生は別の所得分布のもとでの社会厚生よりも低いという事実を適切に指数化することによって，新たな不平等測度を構成することができる。このように考えれば，不平等測定の分野において社会的厚生関数アプローチが精力的に開発されてきた理由は，十分に理解することができる。

　この論脈における《個人主義的な社会的厚生関数 (individualistic social welfare function)》は，ひとびとが所得から得る効用——快楽，満足，幸福——を表わす個人的な効用関数を媒介項として，任意の所得分布のもとでの社会的厚生を実数値で表現する関数である。この関数は，各々の所得分布からひとびとが獲得する個人的な効用を適切にウエイト付けて，社会的厚生に集約する規範的な判断原理を表現したものだと考えることができる。

　社会を構成する個人の数が n であり，個人 i の効用関数が $u_i(y_i)$ で与えられる場合には，所得分布ベクトル $\boldsymbol{y} = (y_1, y_2, \ldots, y_n)$ に対して定義される個人主義的な社会的厚生関数は

$$W(\boldsymbol{y}) = F(u_1(y_1), u_2(y_2), \ldots, u_n(y_n))$$

と表現することができる。明らかに，所得分布ベクトル $\boldsymbol{y}$ のもとで個人 i が獲得する所得 y_i は，彼の効用関数 u_i を経由してのみ，社会的厚生 $W(\boldsymbol{y})$ に影響

することができる。

　個人主義的な社会的厚生関数の最もよく知られた一例は，古典的な功利主義哲学に基づいたベンサム型の社会的厚生関数である。個人 i の効用関数が $u_i(y_i)$ で与えられる場合，この社会的厚生関数は以下のように表現される：

$$W^B(\boldsymbol{y}) = u_1(y_1) + u_2(y_2) + \cdots + u_n(y_n).$$

　ヒュー・ドールトン [Dalton (1920)] は，いかなる経済的不平等の測度も必ず経済厚生に関係するべきであるという信念に基づいて，ベンサム型の社会的厚生関数を用いて規範的な不平等測度を構成した。彼が導入した測度は，実際の所得分布 $\boldsymbol{y}$ のもとで得られる総効用の水準と，社会的厚生関数を最大化するという意味で《最適》な所得分布のもとで得られる総効用の水準との比較に依拠している。ドールトンは，所得の限界効用が厳密に逓減する個人的な効用関数——すなわち，厳密な凹性をもつ効用関数——を全ての個人が共有することを仮定したため，ベンサム型の社会的厚生関数を最大化する最適な所得分配は，全個人に所得を均等に分配することに帰着する[7]。この均等分配所得を μ とすれば，ドールトンの不平等測度 d は

$$d(\boldsymbol{y}) = 1 - W^B(\boldsymbol{y})/nu(\mu)$$

によって定義される。

　1970年代に不平等の経済学のルネッサンスをもたらしたアンソニー・アトキンソン [Atkinson (1970)] が考案した不平等の規範的測度は，ドールトン測度を一般化して，これを幾分改善したものである[8]。彼はドールトンが個人的な効用関数に課した厳密な凹性という強い要請を凹性——限界効用の非逓増——

---

7) 全ての個人が厳密な凹性をもつ効用関数 $u(y_i)$ を共有している場合には，一定の総所得を個人間で適切に分配してベンサム型の社会的厚生関数を最大化しようとすれば，各個人の所得の限界効用を均等化する必要がある。効用関数は厳密な凹関数なので，この事実は最適な所得分配のもとでは全ての個人が同じ所得を得るべきことを意味することになる。

8) ドールトン測度に対するアトキンソンの批判点の一つは，ベンサム型の社会的厚生関数が前提する基数的効用関数は，任意の正一次変換を行っても差し支えないはずであるのに，ドールトン測度は変換方法の選択次第で恣意的な値をとってしまうという事実であった。アトキンソン測度はこの恣意性を免れているというのが，ドールトン測度と比較してアトキンソン測度が実現した一つの改善点であるとされている。だが，ドールトン測度が定義する所得分布の順序関係は基数的効用関数の正一次変換によって影響を受けないのだから，アトキンソンの指摘がどの程度までドールトン測度の欠陥を衝いたものであるかといえば，多

にまで弱め，もし全員がその所得水準を享受すれば実際の所得分布がもたらす社会的厚生と等しい社会的厚生がもたらされる所得水準として，《均等分配等価所得》という概念を新たに導入した。定義によって，アトキンソンの均等分配等価所得 y_e は

$$nu(y_e) = W^B(\boldsymbol{y})$$

という性質をもっている。すなわち，全員が所得 y_e を得た場合に達成される社会的厚生の水準は，実際の所得分布 $\boldsymbol{y}$ がもたらす社会的厚生の水準と一致するのである。均等分配等価所得 y_e と，実際の所得分布 $\boldsymbol{y}$ のもとでの平均所得 μ を用いれば，アトキンソンが導入した規範的な不平等測度 a は

$$a(\boldsymbol{y}) = 1 - (y_e/\mu)$$

によって定義される。

　ドールトンとアトキンソンが社会的厚生関数を用いて導入した不平等の規範的測度については，ここでいくつかの批判的な注釈を与えておく必要がある。

　（a）　ベンサム型の社会的厚生関数の最大化を目標として一定額の総所得を分配すれば，全ての個人が同一の所得分配を得ることは事実だが，だからといって功利主義を平等主義的な評価原理であると考えるのは，完全な誤解である。最適な所得分配が均等な所得分配になるという結論は，全ての個人が厳密な凹性をもつ効用関数を共有するという極端な単純化の仮定によってもたらされる偶然的な結果に過ぎないからである[9]。試みに，この単純化の仮定を放棄して，いかなる所得水準に対しても個人1は個人2のちょうど2倍の効用を享受できるものとせよ。そのとき，二人の個人の効用の総和を最大にする所得分配は，個人1に個人2よりも多くの所得を与えることになる。なぜなら，個人1は個人2よりも社会的厚生を作る《効用生産機械(utility machine)》としての性能が高いため，功利主義原理は個人1に対して個人2よりも多くの所得を与えることによって，明白に不平等な分配方法を支持するからである。個人2が生まれつきのハンディキャップを負うために個人1より一様に低い効用しか享受で

　　分に疑問の余地があるといわざるを得ない。この点に関しては，『不平等の経済学』の邦訳 p.46 を参照せよ。

[9]　功利主義原理と平等主義との関係に関する以下の議論は，基本的に『不平等の経済学』の邦訳 pp.20–25 に依拠している。

きない場合でさえ，功利主義原理は生得のハンディキャップを埋め合わせるために個人2を優遇する所得分配を推奨するどころか，逆に個人1を優遇する所得分配を推奨することになるのである。この事実は，功利主義原理に内在する不平等主義的な特徴として，大いに強調と注目に値する。この事実を踏まえて，平等性に関連する道徳判断の枠組みとして功利主義は完全に失格であることを決定的に印象づけるために，センは以下のような弱い平等主義的な要請を定式化している：

衡平性の弱公理 (weak equity axiom)

所得のどの水準に対しても，個人iの効用は個人jの効用を下回るものとせよ。そのとき，所与の総所得をiとjを含むn人の個人の間で分配する際には，最適な所得分配は個人jに対するよりも個人iに対してより多くの所得を与えなければならない。

社会的厚生判断に平等主義的な考慮を取り入れるチャネルの興味深い一例として，よく知られた衡平性の弱公理は，許容できる社会的厚生関数のクラスに対して，ある種の制約を課す機能を果たしている。だが，相対的に不遇な個人に与えられるべき所得補償の額にはいっさい触れず，単に最適な所得分配においては——たとえ僅かでも——不遇な個人の窮状に対する補償が実現されるべきだと主張する点で，衡平性の弱公理の要求内容は確かにかなり緩やかである。それだけに，功利主義的な社会的厚生関数が衡平性の弱公理さえ侵犯する可能性をもつという事実は，公平性に関わる社会的厚生判断の原理として功利主義が全く不適切であることを，明瞭に示唆するものだといってよい。

（b）アトキンソンが用いた社会的厚生関数は，ドールトンと同じく功利主義的な形式をもっている——したがって，ドールトン測度との関連で述べた功利主義批判はアトキンソン測度に対してもそのまま妥当する——ように思われるかもしれない。だが，慎重なアトキンソンは，$W^B(\boldsymbol{y})$を構成する関数$u_i(y_i)$を個人iの効用関数と呼ぶことを注意深く避けている。おそらくアトキンソンにとって，この関数は個人iの効用関数の単調増加変換であり，社会的厚生に対する個人iの効用の寄与部分を表現するものと解釈されるべきである。そう

だとしても，アトキンソンが用いた社会的厚生関数には，少なくとも二つの重要な問題点が含まれている[10]。

第一に，ドールトンが要請した $u_i(y_i)$ の厳密な凹性を単なる凹性に弱めたことは，不平等測度の適用可能性を拡大する有効な一歩ではあるが，弱い意味の凹関数には $u_i(y_i) = y_i$ という一次関数も含まれている。この場合には，二人の個人に対する三つの分配方法 $(0, 10), (5, 5), (10, 0)$ は，アトキンソン測度によれば全く同じ不平等度をもつことになってしまう。これは通常の言語感覚で表現される不平等性の概念とは，全く隔絶した判定だといわざるを得ない。

第二に，アトキンソンの個人主義的な社会的厚生関数はベンサム流の功利主義とは確かに一線を画しているが，社会的厚生を各個人の寄与部分の総和と考える定式化——《加法的分離性 (additive separability)》の仮説——それ自体にも，問題がなくはない。所得分配という特定の論脈で加法的分離性を満足する社会的厚生関数を公理化して，加法的分離性の必要十分条件を明らかにした浜田宏一 [Hamada (1973)] の定理によれば，社会的厚生の構成成分として各個人の効用を表現する関数が他の個人の効用ないし所得に依存することを，浜田の公理系は許容しない。《相対的窮乏 (relative deprivation)》の考え方を一挙に排除する主旨の加法的分離性をもつ社会的厚生関数に依拠して不平等の規範的測度を構成したアトキンソンのアプローチは，不平等の経済学のフレームワークを余りにも狭隘な枠内に閉じ込める危険性を潜めている。

ドールトン＝アトキンソンの個人主義的な社会的厚生関数アプローチに対するこれらの厳しい批判を踏まえ，所得分配ベクトル $\boldsymbol{y} = (y_1, y_2, \ldots, y_n)$ に直接的に依存する（必ずしも個人主義的ではない）社会的厚生関数 $W(\boldsymbol{y})$ を用いて，センは不平等の一般的な規範的測度を定義した。まず，一般化された均等分配等価所得 y_f を

$$W(y_f, y_f, \ldots, y_f) = W(\boldsymbol{y})$$

によって定義する。y_f は，全員がその所得を得れば実際の所得分配ベクトル $\boldsymbol{y}$ が与える社会的厚生と同じ社会的厚生が達成される所得水準である。社会的厚生関数 $W(\boldsymbol{y})$ の形状に対しては，個人所得の増加関数であること，所得分配ベ

---

[10] アトキンソン測度に関する以下の批判的考察は，基本的に『不平等の経済学』の邦訳 pp.47-51 に依拠している。

クトルの対称的な準凹関数であること以外には，全くなんの制約も課されていない[11]。そのとき，センの不平等測度 s は

$$s(\boldsymbol{y}) = 1 - (y_f/\mu)$$

と定義される。仮定により $W(\boldsymbol{y})$ は対称的な準凹関数なので，y_f はいかなる所得分布 $\boldsymbol{y}$ に対しても平均所得 μ より小さいか，それと等しい値をとる。明らかに，$W^B(\boldsymbol{y}) = W(\boldsymbol{y})$ となる特殊ケースでは，アトキンソン測度 a とセン測度 s は当然ながら一致する。

　所得分配の不平等度を測定する手段としてセン測度がもつ大きなメリットは，この測度がドールトン測度やアトキンソン測度が拘束されていた個人主義的で加法的に分離可能な社会的厚生関数のフレームワークを脱却して，社会的厚生関数の選択に関して大きな自由度を認めている点に求められる。確かにセン測度は社会的厚生関数の選択に全面的に依存しており，この事実に危惧の念を抱くひとがいるかもしれないが，「異なる個人あるいはグループの間の利害対立の状況に関して，いかなる規範的な勧告を行う際にも，価値判断の明示化はその重要な一部をなすものである」[Sen (1997a, 邦訳 p.55)] から，この特徴は必ずしもこのアプローチの致命的な弱点であるとは限らない。むしろ，前提となる社会的厚生関数を明示化した分析は，暗黙の価値前提の含意をそれとなく抽出する分析よりも，むしろ健全な研究手続きであるというべきかもしれない。

　問題はむしろ，社会的厚生関数が表現する厚生判断は，どのようなプロセスないしルールによって形成されると考えるべきかという点にある。第 2 章で説明したように，社会的厚生判断の形成プロセスが，代替的な社会的選択肢に対する個人的選好順序のみを情報的基礎として，アローの意味で民主的・情報節約的な手続きを経るべきものであるとすれば，社会的評価の形成原理として論理的に可能なルールは，独裁者による決定原理でしかあり得ないことが確認さ

[11) 個人の番号の集合 $N = \{1, 2, \ldots, n\}$ の上で定義される任意の一対一写像を σ とする。関数 $W(\boldsymbol{y})$ が対称関数であるというのは，

$$W(y_1, y_2, \ldots, y_n) = W(y_{\sigma(1)}, y_{\sigma(2)}, \ldots, y_{\sigma(n)})$$

が成立するとき，そしてそのときのみである。また，関数 $W(\boldsymbol{y})$ が準凹関数であるというのは，任意の実数 ω に対して集合

$$\{\boldsymbol{y} | W(\boldsymbol{y}) \geqq \omega\}$$

が凸集合であるとき，そしてそのときのみである。

れている（アローの一般不可能性定理）。アローの否定的な結論を回避するひとつの脱出路は，センの示唆にしたがって社会的厚生評価の無差別関係に対する推移性の要請を放棄して，厳密な選好関係の推移性——準推移性——を要請するに留める方向に開かれている。センが示したように，社会的合理性の要求をこの程度にまで譲歩すれば，定義域の《広範性》，《パレート原理》，《無関連対象からの独立性》，《非独裁性》の四つの公理を満足する社会的な評価形成ルールで，結果的に形成される社会的評価関係が準推移性を満足するものが存在するからである。だが，この可能性定理を確立するためにセンが用いたルールは，パレート原理によって優劣比較がつかない選択肢を全て無差別と判定する《パレート拡張ルール》だった。それのみか，独裁者が存在しないという最小限の要請をわずかに強めて，これを社会的な評価形成ルールは全ての個人を対等に処遇すべきことを要請する《匿名性》の公理で置き換えるならば，パレート拡張ルールを除いて適格なルールは全く存在し得ないことになる。この最後の結論がもつ含意は重要である。ある個人が一つの選択肢を他の選択肢よりも選好すれば，他の全ての個人が逆の選好を表明していても，二つの選択肢は社会的な観点からは無差別であると評価される他はないことになるからである。したがって，われわれは分配の衡平性に関する判断をいっさい放棄して，パレート効率性を社会的最適性の必要十分条件であると認めざるを得ないという意味で，分配に関する規範的な判断の停止状態に追い込まれてしまうことになる。

　この問題の根源は，分配の衡平性に関わる社会的評価の形成に際して効用の個人間比較をいっさい遮断するアローの分析的な枠組みそれ自体に求められるべきである——これが『不平等の経済学』におけるセンの基本的な立場である。分配の衡平性や正義に関して意味ある発言をしようとすれば，なんらかの意味で個人間比較を行うことは不可避であるだけに，センのこの考え方には強い説得力が備わっているように思われる。

　規範的な社会的判断の情報的基礎という重要問題に関しては，本章第6節でもう一度立ち返って検討を深めることにする。

5　ローレンツ部分順序と不平等の完備測度の構造

　不平等測度に関する研究において中心的な役割を担ってきた重要な概念は，《ローレンツ曲線 (Lorenz curve)》である。この曲線は，最も貧困な個人から最も裕福な個人に向かって人口のパーセンテージを横軸に測り，下から測って $\alpha\%$ ($0\leqq \alpha \leqq 100$) のひとびとが享受する所得のパーセンテージを縦軸に測って作られたものである。当然のことながら，人口の 0% を占めるひとびとは所得の 0% を享受し，人口の 100% を占めるひとびとは所得の 100% を享受するのだから，ローレンツ曲線は各辺の長さが 1 である正方形の左下のコーナーから右上のコーナーに向けて描かれることになる。もし所得分配が完全に平等であればローレンツ曲線は対角線そのものに一致するが，少しでも不平等な所得分配が実現している場合には，低所得者層はその人数が総人口に占めるパーセンテージ以下の所得のパーセンテージしか受け取っていないため，ローレンツ曲線は絶対均等線＝対角線の下側に懸垂した曲線となって，その傾きは全人口のうちで相対的に裕福なグループに移るに伴って逓増し続けることになる。明らかに，ローレンツ曲線と絶対均等線との乖離が大きければ大きいほど，直観的な意味で所得分配の不平等度は大きいと考えることができる。

　図 3–1 には x, y, z という三本のローレンツ曲線が描かれている。われわれ

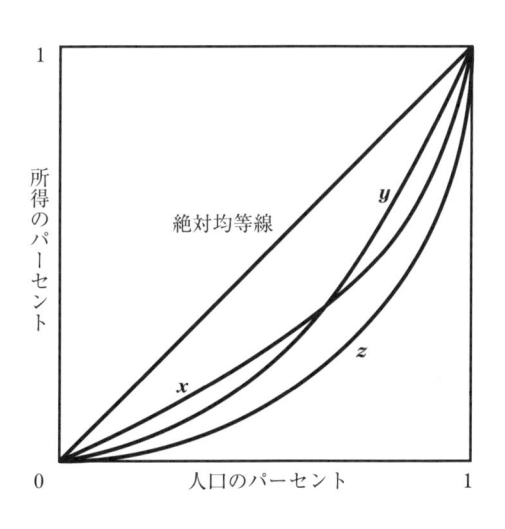

図 3–1　ローレンツ曲線とローレンツ部分順序

の直観と整合的な平等性の測度として，ある所得分布のローレンツ曲線が他の所得分布のローレンツ曲線よりも厳密に内側に位置する——別の表現をすれば，どの人口パーセンテージでみても，前者は後者よりも絶対均等線に一層接近している——という関係を考えてみよう。「厳密に内部に位置する」という二項関係を ℓ で表わせば，図 3–1 の場合には $x\ell z, y\ell z$ が成立していることになる[12]。だが，ローレンツ曲線 x とローレンツ曲線 y は交差しているので，二項関係 ℓ によって x, y の相対的な不平等度を比較することは不可能である。したがって，この二項関係は推移性を満足するが，完備性は満足しないのである。以下ではこの二項関係 ℓ を指して《ローレンツ部分順序 (Lorenz partial ordering)》と呼ぶことにする[13]。この部分順序を媒介項として，新たな二項関係 L を任意の所得分布 x, y に対して

$$xLy \Leftrightarrow x = y \vee x\ell y$$

によって定義すれば，L は所得分布の集合上の準順序となる。以下ではこの準順序 L を《ローレンツ弱優越関係 (Lorenz weak dominance relation)》と呼ぶことにしたい。

ローレンツ部分順序 ℓ およびローレンツ弱優越関係 L は，記述的であるか規範的であるかを問わず，不平等測度の性質を明らかにするうえで決定的に重要な役割を果たすことが知られている。

記述的な測度に関して著名なひとつの事例は，ジニ係数とローレンツ部分順序との関係である。事実，ある所得分布 x のジニ係数 $g(x)$ を導入する最も直観的な方法は，絶対均等線と x のローレンツ曲線が囲む領域の面積が絶対均等線の下側の三角形の面積に対して占める割合として $g(x)$ を定義する方法である。この定義によれば，二つの所得分布 x, y に対して $x\ell y$ が成立すれば，$g(x) < g(y)$ という不等式が必ずしたがうことは明らかである。

だが，ジニ係数はいかなる所得分布に対しても不平等度を実数値で表現でき

---

[12] 二つの所得分布 x, y に対して二項関係 $x\ell y$ が成立するという表現の意味内容を正確に述べれば，x のローレンツ曲線がどの点においても y のローレンツ曲線の外側に位置することはなく，少なくともある点では後者の厳密な内側に位置するということである。

[13] 二項関係 R が部分順序であるという表現は，R が推移性と《非対称性 (asymmetry)》——任意の選択肢 x, y に対して，xRy が成立すれば $\neg\, yRx$ でなくてはならない——を満足する場合に用いられている。

るという意味で，完備性をもつ不平等測度である。したがって，ローレンツ曲線が交差するためにローレンツ部分順序が沈黙を守らざるを得ない二つの所得分布 x, y に対してさえ，ジニ係数はこれらの所得分布を $g(x)$ と $g(y)$ の大小関係に応じて順序づけることができる。完備性をもつ全ての不平等測度が共有するこの特徴を捉えて，センは「標準的な測度はどれも完備な順序づけを要請するために，不完備な序列を完備な順序へと拡張する過程において，どうしてもある種の恣意性が入り込みがちである。これらのいずれの測度にせよ，本来的に不完備な序列であるほかはない概念に対して完備な順序としての表現を与えようとする指向のために，いささか愚かな結論が導かれてしまうのである」[Sen (1997a, 邦訳 p.58)] という警告を発している。

この警告に鑑みて興味深いローレンツ弱優越関係の特徴付けが，第 3 節で導入した不平等測度に関する共通部分アプローチ——異なる不平等の記述的測度が定義する完備順序の共通部分に着目して，不完備ではあるが恣意性の余地の少ない準順序を形成するアプローチ——を用いて与えられている。ジェームス・フォスター [Foster (1985)] が確立したこの特徴付けによれば，ローレンツ弱優越関係は全ての《相対的》な不平等測度のクラスから生成される完備順序の共通部分準順序に他ならないのである。ただし，ここでいう《相対的》な不平等測度とは，個人間の《相対的》格差のみに専ら関心を集中する不平等の完備測度であって，変動係数，ジニ係数，タイル測度などはその代表的な数例である。

ここで登場する《相対的》な不平等測度のクラスを精確に定義するためには，公理主義的なアプローチを採用すればよい。まず，《対称性条件》（所得を個人間で交換することによって，ある所得分布ベクトル x から別の所得分布ベクトル y が得られる場合には，不平等の測定値は x と y の間で不変に留まる），《複製に関する不変性条件》（ある所得分布ベクトル x を任意有限回だけ複製することによって別の所得分布ベクトル y が得られる場合には，不平等の測定値は x と y の間で不変に留まる），《平均からの独立性条件》（全個人の所得が同一比率で増加する場合には，不平等の測定値は不変に留まる）および《ピグー＝ドールトン条件》（低所得者から高所得者への順位を逆転させない所得移転は，不平等の測定値を増加させる）という四つの公理を満足する不平等測度の全体を《相対的》な不平等測度のクラスと定義して，Θ という記号で表現する。そ

のとき，任意の相対的不平等測度 $\theta \in \Theta$ を用いて二つの所得分布 $\boldsymbol{x}, \boldsymbol{y}$ に対して

$$\boldsymbol{x} R_\theta \boldsymbol{y} \Leftrightarrow \theta(\boldsymbol{x}) \leqq \theta(\boldsymbol{y})$$

によって二項関係 R_θ を定義すれば，R_θ は完備順序となる．フォスターの定理によれば，これらの完備順序の共通部分はローレンツ弱優越関係と一致せざるを得ないのである．

したがって，ある相対的な不平等測度が「所得分布 $\boldsymbol{x}$ は別の所得分布 $\boldsymbol{y}$ より不平等である」と判定しているにも拘わらず，$\boldsymbol{y}\ell\boldsymbol{x}$ というローレンツ部分順序関係が成立しなければ，この不平等測度による判定は全ての相対的な不平等測度によって共通に支持されるものではない――すなわち，異なる観点をもつ相対的な不平等測度によって，異なる判定が下される可能性がある――ことになる．別の表現をすれば，ローレンツ部分順序関係をチェックしさえすれば，ある相対的な不平等測度による判定は相対的測度のクラス全体が共有する頑健な判定であるか，それともこの特定の測度に固有な――癖のある――判定であるかを確認できるわけである．

ローレンツ部分順序関係が規範的な不平等測度の特徴付けに際しても重要な役割を果たすことは，アトキンソン [Atkinson (1970)] によって最初に明らかにされた[14]．彼は，ベンサム型の社会的厚生関数 $W^B(\boldsymbol{y})$ に依拠しつつ，全ての個人の効用関数は同一で厳密な凹関数であることを仮定して，以下の重要な定理を確立したのである．

アトキンソンの定理 (Atkinson's Theorem)

（a） 所得分布 $\boldsymbol{x}$ のローレンツ曲線は所得分布 $\boldsymbol{y}$ のローレンツ曲線の厳密に内側に位置しており，しかも総所得は両分布において等しいものとせよ．そのとき，個人的な効用関数が――厳密な凹関数である限りにおいて――いかなる関数形をとろうとも，必ず $W^B(\boldsymbol{x}) > W^B(\boldsymbol{y})$ が成立する．

---

14) アトキンソンの定理および後述するダスグプタ＝セン＝スターレットの定理 [Dasgupta, Sen and Starrett (1973)] に対しては，先行するセルジュ・コルムの論文 [Kolm (1969)] によって基本的には同じ定理が既に論証されていたことに留意したい．本書では標準的な文献にしたがって記述を進めることにするが，コルムの先駆者的な貢献に対する正当な評価が確立されるべきことには疑いの余地がない．

(b)　個人的な効用関数が——厳密な凹関数である限りにおいて——いかなる関数形をとろうとも必ず $W^B(\boldsymbol{x}) > W^B(\boldsymbol{y})$ が成立する場合には，$\boldsymbol{x}\ell\boldsymbol{y}$ が成立していなくてはならない。

　アトキンソンの定理 (a) のメッセージは非常に重要である。この定理によれば，社会的厚生関数が功利主義的な加法的分離可能性を満足する限り，個人的な効用関数の精確な形状とは関わりなく，ローレンツ部分順序関係による序列から社会的厚生による序列を直接導くことができる。定理 (b) のメッセージも同様に興味深い。この定理によれば，個人的な効用関数の精確な形状とは関わりなく，功利主義的な社会的厚生関数が二つの所得分布に明確な序列を付けることができるための必要条件は，ローレンツ部分順序関係によってこれらの所得分布に明確な序列が付けられることである。このように興味深いメッセージをもたらすアトキンソン定理であるだけに，定理の結論がどの程度まで彼が設けた制約的な仮定に拘束されているかを確認することには，格別の興味がある。なかでも，加法的分離可能性を満足しない社会的厚生関数に対するアトキンソン定理の成立可能性，比較の対象となる二つの状況が総所得水準，平均所得水準あるいは人口などに関して相違している場合におけるその成立可能性などは，不平等度測定の理論の射程距離を知るためにも，徹底して追求するに値する問題である。センはまさしくその主旨の研究を先駆者的・積極的に推進したのである。

　社会的厚生関数の形状に関連してアトキンソン定理を一般化した初期の代表的文献は，パーサ・ダスグプタ，アマルティア・セン，ディヴィッド・スターレットの共同論文 [Dasgupta, Sen and Starrett (1973)] である。彼らは，所得分布 $\boldsymbol{y}$ に直接的に依存する——必ずしも個人主義的ではない——社会的厚生関数 $W(\boldsymbol{y})$ を前提して功利主義的な分析枠組みを脱却したうえで，社会的厚生関数の厳密な凹性の仮定も厳密な準凹性に緩和して，アトキンソン定理を以下のように一般化することに成功したのである。

ダスグプタ＝セン＝スターレットの定理

　社会的厚生関数 $W(\boldsymbol{y})$ は所得分布 $\boldsymbol{y}$ の対称関数であって，厳密な準凹性を

満足するものとせよ。そのとき，総所得が等しい二つの所得分布 x, y に対してローレンツ部分順序関係にしたがって $x \ell y$ であれば，$W(x) > W(y)$ が必ず成立する。また，もし $x \ell y$ が成立しなければ，$W(x) \leqq W(y)$ を満足する社会的厚生関数 $W(y)$ が少なくとも一つ存在する。

この定理によれば，所得分布 y のローレンツ曲線が所得分布 x のローレンツ曲線の厳密な内側に位置すれば，対称的で厳密な準凹性をもつ任意の社会的厚生関数に対して，y は x よりも高い社会的厚生をもつことになる。ローレンツ部分順序関係が不平等測度への規範的アプローチにおいて果たす重要な役割は，ダスグプタ＝セン＝スターレットが得たこの定理によって，ひとまず十分に明らかにされたといって差し支えない。

アトキンソン定理が対象とした平均所得を固定する比較を拡張して，ローレンツ部分順序関係を平均所得が一定でない場合へと拡張することは非常な難問だが，アンソニー・ショロックス [Anthony Shorrocks (1983)] はローレンツ曲線に平均所得を乗じて定義される《一般化されたローレンツ曲線》という巧妙な概念を駆使して，アトキンソン定理の有意義な拡張に成功した。また，人口の可変性を許容してアトキンソン定理を拡張するとか，価格変化に対応して不平等比較の枠組みを拡張するなど，さまざまな方向に不平等の経済分析をさらに拡充する重要な試みが，センの『不平等の経済学』の初版によって先鞭を付けられている。この先駆者的な試みに触発されて展開された膨大で緻密な研究については，『不平等の経済学』拡大版の補論——特に **A.3**，**A.4**，**A.5**——を参照して戴くことにする。

本節を閉じる前に，ひとつの注意を書き添えておきたい。アトキンソンの定理とダスグプタ＝セン＝スターレットの定理は，ある所得分布のローレンツ曲線が別の所得分布のローレンツ曲線の厳密な内側に位置するという事実に対して，不平等の規範的評価の観点から決定的な重要性を付与しているように思われる。しかし，ローレンツ部分順序関係 $x \ell y$ が成立することを論拠として x が y より社会的厚生の観点から一層望ましい分布であると結論する判断は，「さしあたり正当に思われる論拠が存在する」という意味で《非強制的な判断 (non-compulsive judgements)》であるに過ぎず，反論の余地を残さない《強

制的な判断 (compulsive judgements)》ではないことに注意すべきである[15] 事実，平均所得が変化する状況ではローレンツ部分順序関係に依拠する規範的判断に異論の余地があることに，われわれは既に読者の注意を喚起しておいた。だが，他の論拠に基づいてこの判断を覆そうとする論者の側にその挙証責任を負わせるべきだと考える程度には，ローレンツ部分順序関係に重要性を承認する考え方が，広く共有されているのが現状であるといって差し支えないのである。

6　道徳判断の基礎と構造

所得不平等の計測と評価を巡る本章の議論は，道徳判断の基礎と構造に関するセンの考え方を，具体の相のもとに解き明かす役割を果たしてくれる。本節では，センの考え方の要諦を二つの問題に即して説明してみたい。

まず《道徳判断の情報的基礎》という問題を取りあげたい。一般に，道徳判断はその情報的基礎として特定のタイプの情報を積極的に活用するが，別のタイプの情報を——意図的に，あるいは結果的に——軽視する傾向をもっている。そのため，ある道徳判断を採用するという決定は，その判断の形成に際してあるクラスの情報には体系的に依拠するが，別のクラスの情報は軽視ないし排除するという意思表示を意味せざるを得ないことになる。

道徳判断の情報的基礎を分類する方法にはいくつかの分岐点がある。代替的な選択肢からひとびとが享受する効用に専ら道徳判断を基礎づける伝統的な厚生経済学の立場に関心を絞っても，なお二つの重要な分岐点がある[16]。第一の分岐点は，効用を序数的な概念として処理するか，あるいは基数的な概念として処理するかという選択である。第二の分岐点は，効用を個人間で比較可能な概念として処理するか，あるいは個人間で比較不可能な概念として処理するかという選択である。

例えば，個人の効用の社会的な総和を道徳判断の基準とする功利主義は，基数的で単位比較が可能な効用を情報的基礎とする判断原理である。これに対し

---

15) 強制的判断と非強制的判断との区別とその機能に関する一層詳しい議論は，Sen (1967) によるオリジナルな貢献に基づいて，本章第6節の後半部分で与えられることになる。
16) 道徳原理の情報的基礎を個人的な効用情報のみに求める立場は《厚生主義 (welfarism)》と呼ばれている。この立場を一層広範な情報的枠組みのなかに位置付けてその特徴と限界を検討する作業は，第4章において体系的に行われることになる。

て，獲得する効用が最も低いという意味で最も不遇な個人の境遇を道徳判断の基準とするレキシミン原理は，序数的で水準比較が可能な効用を情報的基礎とする判断原理である。情報的基礎にみられるこの差異は対照的だが，功利主義原理とレキシミン原理は完備性をもつ道徳判断を生成するという点では一致している。レキシミン原理と同じく序数的で水準比較が可能な効用を情報的基礎とするセンの衡平性の弱公理は，相対的に不遇な個人になにがしかの社会的補償の支払いを要求する点では，効用の社会的総量にのみ価値を認める功利主義原理と真っ向から対立するが，最も不遇な個人の境遇に視点を絞るレキシミン原理とは一致して，分配の正義に配慮する道徳判断の原理である。だが，功利主義原理とレキシミン原理はいずれも完備性をもつ道徳判断を生成するのに対して，センの衡平性の弱公理が生成する道徳判断には，完備性という論理的な性質が欠けている[17]。

効用情報を越えて道徳判断の原理の情報的基礎を拡大する場合には，それぞれの情報的基礎と適合的な原理の可能性は，さまざまな方向に拡大されることになる。合理的な個人であれば共通して所望する《社会的基本財》の賦存量に注目するジョン・ロールズの正義の理論 [Rawls (1971/1993)]，正当な手続きにしたがう資源の取得と移転の原理に依拠するロバート・ノージックの権原理論 [Nozick (1974)]，消極的自由との整合性に基礎付けられた自由尊重主義の原理などは，さまざまな情報的基礎に立つ道徳判断の原理の顕著な数例であるに過ぎないのである。

これらの道徳判断の原理には，相互に対立・矛盾する可能性が含まれている。だが，これらの原理を否応なくしたがうべき強制的な判断としてではなく，他の論拠に基づく規範的な判断によって制約されうる非強制的な判断として解釈すれば，複数の道徳判断を要素とする複合的な道徳構造を構成することができるのではないか。これがセンの基本的な発想だったのである。

---

[17] 道徳判断が完備性を満たさないということは，判断原理としては要請が弱いことを意味している。ところで，判断原理としての要請が弱いという事実は，生成される道徳判断の欠陥を意味するのだろうか。センはこの設問に答えて必ずしもそうとは限らないと主張している。他の道徳判断との両立可能性を模索するスタンスを採用する限りにおいて，衡平性に関する必要最小限の要請を結晶化することにこそ，むしろ大きな意義があると考えられるからである。

異なる道徳判断の間の矛盾を解消する方法として自然に考えられるのは，支配的な道徳判断——すなわち，あらゆる道徳判断がもたらす順序付けの共通部分——に着目する方法である[18]。各々の判断が完備順序を指定するものであれば，それらの共通部分に属するランキングは推移性を満足する準順序となる。この共通部分準順序は全ての社会的選択肢を完全に順序付けることはできないが，選択肢のある範囲において，異なる種類の道徳判断が共通して支持する支配的な道徳判断を析出することができる。

　異なる道徳判断が全ての選択肢の順序付けに関して矛盾する場合には，支配的な準順序は内容空虚な観念とならざるを得ない。このような場合には，さまざまな道徳判断をなんらかの正当な手続きによって総合する必要がある。総合の手続きの候補としては，さまざまな道徳判断の間に代替性を認めずにヒエラルキー型の辞書式順序付けを構成する方法とか，さまざまな道徳判断の間に代替性を認めて適切な重み付けによって集計する方法などが，考えられる。前者は——自由に優先性を付与するロールズの正義理論が代表するように——さまざまな道徳判断を厳格に階層化する方法である。これに対してセンは，道徳判断の間に一定の代替性を仮定して，適切な重み付けでこれらの判断を集計する方法を推奨している。この方法は，代替性や伸縮性を認めないヒエラルキー構造と比較して，はるかに柔軟な分析的枠組みを提供することは間違いない。だが，そのような重み付けは，はたして論理的に可能なのだろうか。

　この問題を検討するためには，道徳判断の構造に関するセンの哲学的考察を紹介する必要がある。彼の議論の主な内容は，1960年代の後半に書かれた論文「指令的判断の性質とクラス」[Sen (1967)] で展開されている。この論文でセンは，メタ倫理学者リチャード・ヘアによって展開された《普遍的指令主義 (universal prescriptivism)》[Hare (1952; 1963)] の議論を手掛かりとして，道徳判断の性質と構造を解明する作業を行ったのである。

　ヘアの普遍的指令主義は，道徳的な言語や判断に関する次のような考え方を

---

18) 支配的な準順序の構成方法には，いくつかのヴァリエーションが考えられる。第一の方法は，全ての基準によって推奨されるランキングを採用する《確証型の支配的ランキング》である。第二の方法は，ある基準によって推奨され，他の全ての基準と矛盾しないランキングを採用する《許容型の支配的ランキング》である。考察の対象となる判断基準が全て完備性をもつ場合には，両者の差異は明らかに消滅する。

表現している。まず,「べし」「よい」「悪い」など道徳的な言語に共通する特徴は,単に個別的な事象の記述には留まらず,行為や選択に関する一般化可能な指図を与える点に求められる。そして,道徳的な言語によって表現される価値判断は,たとえ具体的な事例に関する個別的な判断として表明される場合でも,必ずなんらかの普遍的な基準——行為や選択の原則——を前提するものであって,同一の基準を満足する全ての事例に対して普遍的に適用可能である点にその最大の特徴をもっている。

　ヘアのこの考え方を基本的に受け容れながらも,センは三つの視点から道徳判断のクラスの再分類を試みている。第一の視点は《純粋な指令的判断 (purely prescriptive judgements)》対《評価的判断 (evaluative judgements)》という対比である。前者は行為や選択に関する指図を与えるが,記述的な意味は全く含まない判断であると定義されるのに対して,後者は指図と記述的意味の両者を含む判断であると定義される。たとえば「不平等は是正されるべきである」という道徳判断は,不平等の是正を指図する純粋な指令的判断である。これに対して「ある所得分配は看過できないほど不平等である」という道徳判断は,「この所得分配は著しく不平等である」という記述的な意味と,「この所得分配に含まれる不平等は是正すべきである」という指図的な意味の双方を含む評価的判断であると考えられる。

　センが導入した第二の視点は,本章でこれまでに言及する機会があった《強制的判断 (compulsive judgements)》対《非強制的判断 (non-compulsive judgements)》という対比である。強制的判断とは,他のいかなる判断や,いかなる理由が示されても,譲歩の余地が全く存在しない判断のことである。したがって,ある強制的判断を受容することは,その判断の指令に直ちにしたがってある行為や選択を行うべきことを意味している。これに対して非強制的判断とは,それを拒否する正当な理由が存在しない限りにおいて,その判断が与える指図にさしあたりしたがうことを要請する判断のことである。したがって,ある非強制的判断を受容したからといって,その判断の指令に直ちにしたがってある行為や選択を行うべきことを,必ずしも意味しない。ひとは,非強制的判断の指令にひとまずしたがうべき正当な理由があることを承認しつつ,他の理由を根拠としてその判断の指令にしたがわなくても,なんの矛盾もきたすことはな

いのである。

　センが導入した第三の視点は，《基本的価値判断 (basic judgements)》対《非基本的価値判断 (non-basic judgements)》という対比である。基本的価値判断とは，生起すべき事象に関する想定をどのように改訂しても，それによって変更されることが決してない判断である。これに対して非基本的価値判断とは，想定される生起事象次第では変更される可能性のある価値判断に他ならない。たとえば，あるひとが「価格指数をベースに測定された国民所得の増加は，経済状況の改善を意味する」という評価的判断を述べたとき，われわれは次のような質問を投げかけて，この判断の頑健性を確認することができる：「たとえ貧者が一層貧困になり，富者が一層富裕になる場合でも，あなたは同じ判断を維持し続ける覚悟がありますか」と。この質問に応答して彼が当初の判断を改訂すれば，この判断は非基本的価値判断であったことになる。だが，彼が当初の判断を維持し続けたとしても，この判断が基本的価値判断であったことが，それで直ちに確認されるわけではない。提起されるいかなる質問に対しても当初の判断を維持し続けた場合にのみ，この判断が基本的価値判断であったことを確認できるからである。実際には，生起する事象に関する全ての可能性を想定することは，ほとんど不可能であることはいうまでもない。したがって，「これは基本的価値判断ではない」と言明することは可能であっても，「これは基本的価値判断である」と言明することは非常に難しいと認めざるを得ない。

　センが導入したこれら三つの視点を複眼的に用いれば，個々の道徳判断がもつ特異性を印象的に浮かび上がらせることができる。ある道徳判断は，生起すべきあらゆる事象を想定しても決して覆されることがない基本的判断であったとしても，異なる理由に基づく他の基本的判断によって制約される非強制的な判断である可能性は残されている。これとは逆に，ある道徳判断はいかなる理由に基づく他の判断によっても覆されることがない強制的な判断であったとしても，その判断が依拠する生起事象に関する想定が限られたものであるために，実際には非基本的判断に過ぎない場合もあり得る。ただし，評価的判断は生起事象に関する特定の記述を含む点において必ず非基本的判断である他はないが，その逆は必ずしも成立しないことには注意すべきである。

　道徳判断の性質に関するセンのこの考察は，異なる道徳判断の整合化あるい

は重み付けという課題との関連で，とりわけ重要な意義をもっている。一例として，功利主義的な道徳判断を取り上げてみることにしたい。功利主義的な道徳判断は，特定の事実的前提——すなわち，ひとの行為や選択の動機はおしなべて快楽・欲求・幸福への関心にあり，これらの関心事を最大限に充足することがひとの目的であるという前提——に依拠する強制的判断として主張されることがある。この場合には，功利主義的な道徳判断は特定の事実的前提に依拠する非基本的判断であるから，異なる事象——ひとが快楽・欲求・幸福への関心以外の動機に基づいて行動する事象——を想定することによって，その適用範囲を狭めることができる。これに対して功利主義的な道徳判断は，いかなる特定の事実的前提からも独立した普遍的な指図を与える基本的判断として主張される場合がある。だがその場合でも，功利主義的な道徳判断は直ちに強制的判断であることを意味するわけではない。他の異なる根拠に基づく道徳判断によって，その適用範囲を狭める余地を確保しておくことはつねに可能なのである。

　功利主義を擁護して，幸福に基づく道徳判断は公正に基づく道徳判断と矛盾しないと主張したジョン・スチュワート・ミル [Mill (1861)] の議論にも，二つの異なる解釈があり得ることをセンは指摘した。第一の解釈は，真の幸福は公正に依拠しており，真の公正は幸福に依拠しているから，両者が事実的に矛盾することはないとして，幸福に基づく道徳判断を強制的かつ非基本的な価値判断と理解する方法である。第二の解釈は，公正に基づく道徳判断と矛盾しない限りにおいて幸福に基づく道徳判断を適用するというように，幸福に基づく道徳判断を非強制的かつ基本的な価値判断と理解する方法である。ミル自身は幸福と公正は矛盾しないことを事実的前提とする前者の立場を採用しているようだが，もしそうであればそれと異なる事実的前提を想定する——すなわち，公正と矛盾する可能性を含む一層広義な幸福概念を想定する——ことにより，幸福に基づく道徳判断の適用範囲を狭めることが可能になるのである。

　いずれの解釈によるにせよ，功利主義的な道徳判断の適用範囲を狭めることができれば，個人間分配の不平等性に関する道徳判断と社会的総効用に注目する道徳判断を，両立させる可能性が開かれることになる。この議論は，不平等に関するさまざまな道徳判断の間の両立可能性の問題に対しても，全く同様に適用可能である。事実，不平等に関する道徳判断の多くは，指令的意味と記述

的意味の双方を含む評価的判断なので非基本的判断である。それらはまた，非強制的判断でもあると解釈できる[19]。したがって，不平等に関する道徳判断は，それが内包する記述的な意味によって自らを正当化する一方において，異なる事態の想定や異なる正当化理由によって，その判断の適用範囲を制約する十分な可能性をもっている。センが『不平等の経済学』で与えた以下の言明は，不平等に関する道徳原理の性質を論じたこのような考察に基づいているのである：

> たとえ規範的な指標として不平等の測度を捉える場合でも，不平等の測度は「非強制的」な判断として——すなわち，なにかを勧告するにせよ，絶対的な強制力を含まない勧告として——理解されるのが最善である。このことは，不平等度の序列付けは一応の議論として取り扱われるべきであって，必要とあらば状況に応じた特別の考慮を評価のなかに取り入れて，評価を補足すべきことを意味している [Sen (1997a, 邦訳 p.87)]。

このように，道徳判断の性質を普遍的・指令的な判断であると同時に非基本的あるいは非強制的な判断であるものと理解することは，異なる正当化根拠をもつ道徳原理を相互に整合化するための重要なステップである。だがそれはあくまで最初の一歩であるに過ぎない。もし仮に，ひとが自ら表明する道徳判断が普遍的な妥当性をもたないアド・ホックな言明であることに満足してしまえば，あるいは道徳判断といえども所詮は記述的な意味しかもたないと開き直ってしまえば，さらには新たな生起事象の想定や異なる根拠に基づく他の道徳判断によって自己の道徳判断が制約される可能性に無自覚であるならば，複数の道徳判断を適切に整合化する道は閉ざされてしまうからである。

この事実に留意すれば，道徳原理の整合化を実現するためには満足されるべき三つの必要条件があることが判明する。第一の条件は，各個人が責任主体的に普遍性と指令性を本質とする道徳判断を形成して，社会政策の設計という共同目的の遂行に参加することである。第二の条件は，各個人が形成した道徳判断の性質やその判断が依拠する基準を開示して，形成された判断の適正さに関

---

[19] 「公正である」「正義に適う」など多くの道徳的言語は，同様な性質をもつと考えられる。Sen (1967, p.62) を参照せよ。

して公共的な批判や精査を受けることである。第三の条件は，公共的批判や精査を通過したさまざまな道徳判断を互いに整合化し，適切に重み付けて総合化するために，最も適切な重み付けの方法を社会的に選択・決定することである。多様な個別的情報の集計手続きに関して公理主義的な検討を行う社会的選択の理論と，道徳判断の性質と構造に関するメタ倫理学の双方に依拠しつつ，道徳原理の整合化の基礎に透徹した分析のメスを入れたセンが最後に到達した境地は，責任主体性を担う個人と《討議的民主主義 (deliberative democracy)》[Sen (1999b, p.329, n.9)] に対する強い信頼と，それを支持する新たな社会的選択の理論の展望だったのである。

7　おわりに

われわれが《平等性 (equality)》という価値を原理的に検討しようとする際に，避けて通ることが許されない二つの基本的な問いかけがある。その第一は，われわれはなぜ平等性を経済学的・倫理学的な検討課題に取り上げるべきかという素朴な問いかけである。「なぜ平等性を問題とするべきか (Why Equality?)」というこの問いかけに対しては，センは『不平等の経済学』の初版まえがきにおいて，簡潔で説得的な解答を与えている：

> 不平等はきわめて単純な観念であるが，同時にきわめて複雑な観念でもある。ある意味で不平等はあらゆる観念のうちで最も単純なものであり，他のいかなる観念も到底および得ない強い説得力をもってひとびとを行動に駆り立ててきた。だが，別の意味では不平等はきわめて複雑な観念であるため，不平等に関する主張は著しく論争的な性格を帯びることになる。古くから不平等が哲学者，統計学者，政治学者，社会学者，経済学者の熱心な研究の対象とされてきたのは，まさにそれゆえにである [Sen (1997a, 邦訳 p.i)]。

第二の問いかけは，平等性が詳細な検討に値する社会的価値であることを承認するとしても，一体われわれは人間生活のどの側面に関する平等性を検討に値する問題として考察するべきかというものである。「なにに関する平等性か

(Equality of What?)」というこの問いかけに対して,『不平等の経済学』は正面から答えてはいない。センの考察の大部分は,当初から所得分配の平等性のみに絞られているからである。だが,「所得はひとびとが享受する真の機会に影響する数多くの要因のうちのひとつであるに過ぎない。…… さまざまなひとびとが享受する真の機会は,ひとそれぞれの境遇——年齢,障害,罹病の難易度,特殊な技能,性,妊娠など——の差異に大きく影響され,自然的・社会的な環境——伝染病の状況,汚染の範囲,地域犯罪の蔓延など——の格差にも影響される。このような状況では,経済的不平等を理解するために所得分布の不平等のみに注目することは,明らかに不適切なのである」[Sen (1997a, 邦訳 p.219)]。ひとびとの真の機会に関する平等性の概念を確立して,福祉の経済学の基礎を構築するためには,われわれの分析の概念的枠組みを大幅に拡充する必要があることは明らかである。

　福祉の経済学の基礎構築を目指して,われわれの分析の概念的枠組みを拡充すべき大きな理由がもうひとつある。『不平等の経済学』のように所得不平等に関心を絞る場合でも,個人主義的な社会的厚生関数アプローチを採用するときには,さまざまな所得分布からひとびとが享受する主観的効用が道徳判断の情報的基礎として用いられている。効用の社会的総和を道徳判断の基準とする功利主義原理はいうまでもなく,功利主義に対する強力な攻撃武器としてセンが導入した衡平性の弱公理でさえ,道徳判断の情報的基礎は専らひとびとが享受する効用に求められている。だが,衡平性の弱公理が平等性という価値の観点からなぜ説得力をもつかといえば,効用の次元で捉えられる相対的な不遇という観念の背後に——生得のハンディキャップのように,社会的配慮に値する——非厚生主義的な個人間差異が潜んでいるからに他ならない[20]。効用情報の背後でブラック・ボックスに閉じ込められている非厚生情報を解放して,非厚生主義的な分析的枠組みを発展させるべき第二の理由がここにある。

---

20)　この事実を理解するためには,衡平性の弱公理が前提する個人iの相対的不遇が,彼の生得的ハンディキャップに起因する場合と,彼が贅沢で自堕落な生活慣習から後天的に身に付けた高価な嗜好に起因する場合とを考慮して,公理が直観的な説得力をもつかどうかを考えてみればよい。前者の状況で公理の説得力を率先して承認するひとであっても,後者の状況でも依然として公理の要請に賛同し続けるかといえば,非常に疑わしいというべきではあるまいか。

次章では，厚生主義に立脚する正統派の厚生経済学と社会的選択の理論に対するセンの全面攻撃を紹介して，新たな福祉の経済学が目指すべき方向性の模索を開始することにしたい。

第4章　厚生主義・権利・自由
正統派理論への批判

1　はじめに

　規範的経済学に対するセンの積極的貢献は，経済的不平等・貧困・生活水準の測定理論の構築とその具体的な適用，アロー以降の社会的選択の理論の精緻化とその射程距離の飛躍的な拡大，個人の自由と権利に基本的な視座を定めた新たな福祉と開発の経済学の展開など，まことに多岐にわたっている。これらの分野でセンがすえた最初の道標を辿って推進されてきた最近の研究は，すでに不可逆的な潮流を形成しつつあるといって差し支えない。センが先駆者として推進してきたこれらの積極的な研究の背景には，正統派の規範的経済学の基礎に対して彼が一貫して提起してきた厳しくも透徹した批判があり，この批判には二本の基本的な柱がある。

　その1。ピグーが掲げた創業の理念とは裏腹に，正統派の規範的経済学は人間生活の改良の道具を探求する実践科学としては多くの果実を生み出したとは言えそうにない現状にある。この事態に対して最大の責めを負うべき要因のひとつは，正統派の規範的経済学の情報的基礎が著しく狭隘だという事実である。この情報的制約には三つの異なる側面がある。
（1）《厚生主義（welfarism）》の観点：経済システムの成果を評価する際に，システムがもたらす帰結に排他的に注目して，その手続き的な特性を完全に無視する《帰結主義（consequentialism）》の観点に依拠するのみならず，帰結の価値を評価する際には，その帰結が各個人にもたらす効用ないし厚生のみを評価の視野に取り入れて，帰結の非厚生的な特徴を無視する考え方。
（2）《序数主義（ordinalism）》の観点：個人的厚生の基数的な意義を一切否定して，厚生とは単に選択肢に対する選好の序数的な数値表現であるとする考え方。
（3）《個人間比較不可能性（interpersonal non-comparability）》の仮定：個人的厚生の水準にせよ測定単位にせよ，個人間でその大小を比較することに対

して操作的な意義を全く認めない考え方。

センによれば、これら三つの情報的制約を受け容れることによって、正統派の規範的経済学は個人の福祉に関して意義ある考察を行う資格を自ら放棄したに等しい状況に陥っている。アローが樹立した一般不可能性定理は、このように狭隘な情報的基礎に立てば有意義な社会的厚生判断を形成することは論理的に不可能であることを異論の余地なく立証したという意味で、非常に積極的なメッセージを含む命題なのだと考えられる。

その2。正統派の規範的経済学は、個人の選好に異様に苛酷な重荷を課している。事実、この理論に登場する個人は選択肢に対してたった一つの選好順序をもち、彼の《利害（interest）》はこの選好順序によって表現され、彼の《厚生（welfare）》の改善・改悪も同じ選好順序の階梯を上昇するか下降するかによって把握される。彼の《選択（choice）》行動さえ、同じ選好順序によって表現される。すなわち、所与の機会集合から彼が選ぶ選択肢は、その機会集合に所属する選択肢のなかで彼の選好順序から見て最善と判断される選択肢だというのが、正統派の規範的経済学が前提する合理的選択理論の標準的シナリオなのである。厚生経済学の貧困の一つの原因は、ひとびとの動機の根底にたった一つの選好順序をすえる正統派の規範的経済学の慣行——《合理的な愚か者（rational fool）》のパラダイム——に深く根差している。

本章の課題は、正統派の規範的経済学に対するセンの批判を検討して、新たな福祉の経済学の建設作業の足場を固めることである。第2節では社会的評価形成の情報的基礎を分類して、帰結的観点と非帰結的観点を的確に位置付ける作業を行いたい。この作業を通じて、個人間で比較不可能な序数的厚生概念を経由して帰結を評価する厚生主義の観点が、正統派の規範的経済学の射程距離をいかに狭めてきたかという点が明らかにされる。第3節では、新旧の厚生経済学とアローの社会的選択の理論を通底する《厚生主義的帰結主義（welfarist-consequentialism）》の観点に含まれる問題点を結晶化するために、いくつかの寓話的事例を検討する。法哲学者ロナルド・ドウォーキン、政治哲学者ジョン・エルスター、経済学者・倫理学者アマルティア・センによって語られたこれらの

寓話的事例は，厚生主義的帰結主義の観点からしたがう奇妙で承服しがたいインプリケーションを暴露するためには確かに有効だが，正統派の規範的経済学の情報的基礎に対する全面攻撃の武器としては，やや迫力不足であることは否めない。第4節では，厚生主義的観点に立つ最も基本的な要請であるパレート原理は，非厚生主義的な観点に立つ原理として強い説得力を備えた個人の自由主義的な権利の社会的尊重の要請とは，論理的に両立不可能であるという主旨の《パレート派リベラルの不可能性（Impossibility of a Paretian Liberal）》定理を検討する。センが指摘したように，この不可能性定理は厚生主義的観点と非厚生主義的な観点との原理的な対立を示している点において，規範的な経済学の情報的基礎を考えるうえで決定的な重要性をもっている。それだけに，この不可能性を回避・解消するため多くの理論的工夫が提案されたことは当然だが，本書ではセンと鈴村によって定式化された一つの理論的工夫を紹介・論評することに留めたい。ところで，センの厚生主義批判の最大の武器となったパレート派リベラルの不可能性定理ではあるが，センによる個人の自由尊重主義的な権利の定式化には，それ自体として深刻な問題点が含まれている。第5節ではこの問題点を指摘して，代替的な権利論である《ゲーム形式の権利論（game form approach to rights）》を紹介するが，実はセンによる厚生主義批判のエッセンスは，ゲーム形式の権利論においても依然として成立する。厚生主義的観点と非厚生主義的な観点との原理的な対立というセンの問題提起は，個人の自由尊重主義的な権利の定式化を巡る論争を越えて，その重要性を維持し続けるのである。第6節はセンの《合理的な愚か者》批判を検討して，社会的な論脈における個人の厚生評価の基礎，利害関心の根拠，選択行動の動機の多様性に対して，読者の注意を喚起することにあてられる。第7節では，選択機会の内在的意義と選択手続きの内在的意義に注目して，厚生主義のみならず帰結主義の境界さえ越える観点に立つアプローチの必要性と可能性を示唆することにしたい。最後に第8節は，本章で検討される正統派理論に対するセンの批判を要約して，彼の批判を踏み台として開始された新たな福祉の経済学の建設作業を予告することにあてられる。

2　帰結的観点と非帰結的観点

　新旧の厚生経済学および社会的選択の理論には——その他の面では顕著な相違があるにも拘わらず——共通する一つの顕著な特徴がある。これらのアプローチを通底する《厚生主義的帰結主義（welfarist-consequentialism）》がそれである。この考え方の意義と限界を的確に理解するためには，社会的評価に関わる帰結的観点と非帰結的観点を対比することから始める必要がある。

　《帰結主義（consequentialism）》とは，あるシステムないし政策の善悪を判断する際に，そのシステムないし政策が結果的にもたらす《帰結（consequence）》に専ら関心を集中して，この帰結的観点から遡ってシステムないし政策の善悪を判断する立場を指している。これに対して《非帰結主義（non-consequentialism）》とは，あるシステムないし政策の善悪を判断する際に，そのシステムないし政策が結果的にもたらす帰結の善悪もさりながら，その帰結の背後にあるさまざまな非帰結的な特徴——実際に選択された帰結以外に潜在的には選択可能であった選択肢の《機会集合（opportunity set）》や，帰結の実現を媒介した《選択手続きないし選択メカニズム（choice procedure or choice mechanism）》など——の内在的な意義にも配慮して，非帰結的観点を取り入れてシステムないし政策の善悪を一層広範な情報的基礎に依拠して判断する立場を指している。当然のことながら，非帰結主義的な判定方法といえども，一般的には帰結の是非を全く考慮の外に放置するわけではない。帰結の是非を全く不問に付して，システムないし政策に内在する非帰結的な特徴のみに即応してその是非を判定するという意味で極端に非帰結主義的な観点に立つ判定方法は，特に《義務論的（deontological）》な判定方法という名称で区別されている。

　帰結主義的な観点に立つ判定方法それ自体の内部にも，一つの重要な分岐点がある。あるシステムないし政策がもたらす帰結を評価する際に，その帰結からひとびとが得る厚生に専ら注目して，厚生の物差しに反映されない帰結の特徴はおしなべて無視する立場は，特に厚生主義的帰結主義と呼ばれている。この立場に依拠する論者がシステムないし政策の是非に関する判断を形成する際には，帰結に関する情報が影響を与え得るチャネルは《厚生（welfare）》というフィルターを通過するものに限られるのである。これに対して，ある帰結からひとびとが得る厚生に関する情報もしかるべく考慮するにせよ，帰結に関する非厚生

情報もまた考慮に取り入れてシステムないし政策の是非を評価する立場の総称として，以下では《非厚生主義的帰結主義（non-welfarist-consequentialism）》という表現を用いたい．

　厚生主義的帰結主義の内部でも，厚生の個人間比較の可能性を巡って一層の細分化を行うことが可能であり，その区別はしばしば重要でもある．さらにそれぞれのサブ・カテゴリーの内部にも，厚生情報を基数的に解釈するか序数的に解釈するかに応じて，一層の分岐点を設けることができる．

　非厚生主義的帰結主義の内部にも，帰結的観点からシステムないし政策の是非を判定する際に，厚生情報に追加して——あるいはそれと代替的に——考慮に入れるべき非厚生情報としてなにを採用するかに応じて，さまざまな立場が区別されることは当然である．非厚生主義的帰結主義の立場を代表する研究としては，ジョン・ロールズ [Rawls (1971)] が構築した正義の理論，ロナルド・ドウォーキン [Dworkin (1981b)] が提唱した平等論，現在アマルティア・セン [Sen (1980; 1985a)] が精力的に開発中の潜在能力理論などを挙げることができるが，彼らが厚生情報に関心を絞ることを拒絶して新たに採用に踏み切った非厚生主義的観点に立つ情報源は，ロールズの《社会的基本財（social primary goods）》，ドウォーキンの《資源（resources）》，センの《機能と潜在能力（functionings and capabilities）》など，まさに帰結に関する非厚生情報であったのである．

　システムや政策に関する判断の情報的基礎に注目する以上の議論を簡潔に整理したのが図 4–1 である．この図を一瞥すれば明らかなように，新旧の厚生経済学および社会的選択の理論は，いずれも厚生主義的帰結主義の観点に依拠している．一方における《旧》厚生経済学，他方における《新》厚生経済学と社会的選択の理論を分離する分水嶺は，ひとえに厚生情報の基数性・序数性と，個人間比較可能性に関する想定の差異にある．規範的な社会的判断の情報的基礎が厚生主義的帰結主義によって特徴付けられるという決定的な一点に関する限り，新旧の厚生経済学および社会的選択の理論は，実は完全に軌を同じくしているのである．この共通の情報的基礎の狭隘さこそ，伝統的な厚生経済学の貧困——およびアローがその一般不可能性定理によって明らかにした民主的・合理的な社会的評価形成の困難性——の根底に潜む要因だという認識は，次第に

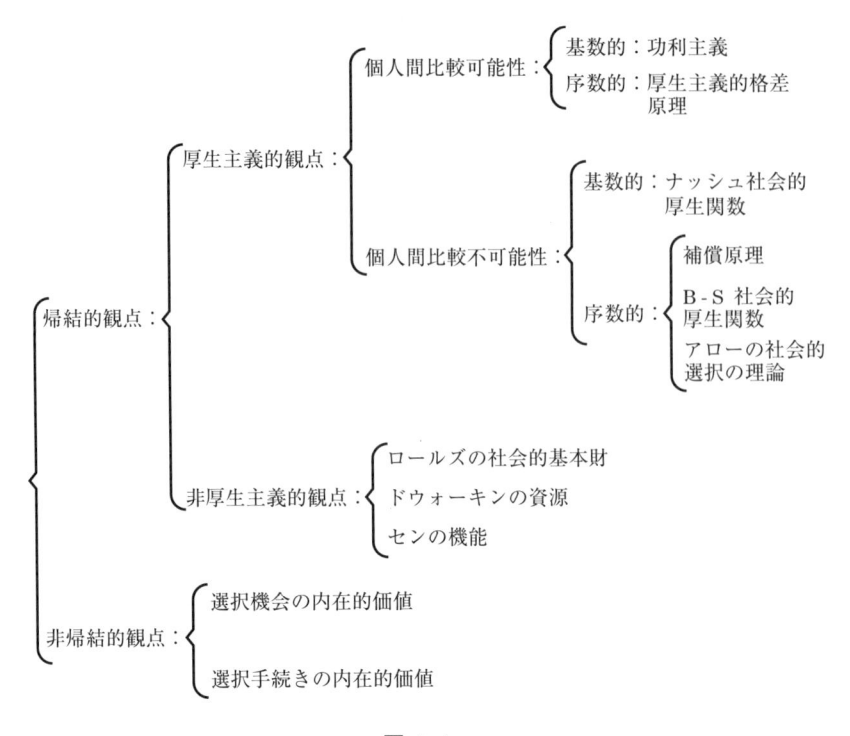

```
                                        ┌ 基数的：功利主義
                   ┌ 個人間比較可能性 :┤
                   │                    └ 序数的：厚生主義的格差
                   │                             原理
        ┌厚生主義的観点:┤
        │          │                    ┌ 基数的：ナッシュ社会的
        │          │                    │        厚生関数
        │          │                    │
        │          └ 個人間比較不可能性:┤       ┌ 補償原理
        │                               │       │
帰結的観点:┤                               └ 序数的┤ B-S 社会的
        │                                       │ 厚生関数
        │                                       │
        │                                       └ アローの社会的
        │                                         選択の理論
        │
        │                   ┌ ロールズの社会的基本財
        │                   │
        └非厚生主義的観点:┤ ドウォーキンの資源
                            │
                            └ センの機能

            ┌ 選択機会の内在的価値
非帰結的観点:┤
            └ 選択手続きの内在的価値
```

図 4–1

多くの厚生経済学者によって共有されつつある。次節では，厚生主義的帰結主義のなにが問題なのかを直観的な事例の検討を通じて簡潔に述べて，厚生経済学の貧困から脱出する一つの可能な方向を模索する契機とすることにしたい。

3　厚生主義的帰結主義のなにが問題か

　厚生主義的帰結主義に含まれる問題点を剔出するためには，基本的に二つの論証方法がある。第一の方法は，われわれの直観に訴える事例を挙げて，その具体的な論脈で厚生主義的帰結主義が承認しがたいインプリケーションをもたざるを得ないことを寓話的に示す方法である。この第一の方法を，以下では《事例含意的な批判（case-implication critique）》と呼ぶことにする。第二の方法は，厚生主義的帰結主義に立脚するある基本的な原理が，異なる情報的基礎に立脚する別の基本的な原理と必然的に衝突せざるを得ないことを論証して，

厚生情報のみを情報的基礎とする判断基準には本質的な欠陥があることを論理的に立証する方法である。この第二の方法を，以下では《原理対立的な批判（conflicting principles critique）》と呼ぶことにする。本節では厚生主義的帰結主義に対する二つの事例含意的な批判を提出することによって，この立場の維持可能性に対して直観に訴える問題提起を行うことにしたい。次節では，厚生主義的帰結主義に対してセンが最初に提起した原理対立的な批判——パレート派リベラルの不可能性——を検討して，厚生主義によって画された境界線を厚生経済学と社会的選択の理論の領域設定として絶対視すべきではないとする主張を，別の観点からさらに補強する。これら二つの方法に基づく厚生主義批判は，厚生経済学と社会的選択の理論の展開過程で重要な歴史的機能を果たしてきたものである。

事例含意的な批判（1）：狐と酸っぱい葡萄 [Elster (1983)]
　イソップ寓話集のなかに，狐と酸っぱい葡萄の物語がある。葡萄園を通りかかった狐が，どう足掻いても葡萄をもぎとれず，また彼に葡萄を与えてくれる好意的なひともいないことを十分承知のうえで，「あんな葡萄は欲しくない——どうせ酸っぱいに決まっている」と吐き捨てて立ち去る有名な物語である。

　選択行為の合理性に関する興味深い著書 [Elster (1983)] のなかで，政治哲学者ジョン・エルスターはこの寓話から次のような教訓を汲み上げている：

> 功利主義者にとっては，あの葡萄は酸っぱいと考えている狐が葡萄の消費配分から排除されたとしても，なんの厚生上の損失もないことになるだろう。だが，狐があの葡萄は酸っぱいと主張した根拠には，その葡萄の消費から自分は排除されているという彼の確信があることは間違いない。そうだとすれば，狐が自ら表明した選好を根拠にして，彼に葡萄を与えない配分を正当化することは難しい。

　この寓話の狐のように，選好を環境に適応して調節する行為の背景には，到底満足されない欲望を持ち続ける場合には逃れ得ない緊張感・失望感・挫折感を避けようとする衝動があるのだから，システムあるいは政策の正義や衡平性

を判断するための情報的基礎として厚生主義的帰結主義の観点に専ら依拠する立場には，根本的な難点が含まれていることになる．

同様に，セン [Sen (1985a)] も「われわれが敢えて欲求したり，獲得できない場合に苦痛を覚えたりするものには，『実行可能性』や『実際的な可能性』という考慮が作用せざるを得ない．われわれが実際に獲得するもの，あるいはわれわれが獲得できると理性的に期待するものに対してわれわれが示す反応には，しばしば苛酷な現実との妥協が含まれがちである」と述べて，社会的な厚生判断の認識論的基礎としてみるとき，厚生主義的帰結主義の観点には重大な欠陥が含まれていることを指摘している．‖

事例含意的な批判（2）：ハンディキャップと高価な嗜好 [Dworkin (1981a)]
法哲学者ドウォーキンは，彼の資源の平等論 [Dworkin (1981b)] を動機付けるために，その対極に位置する平等論である厚生の平等論を批判的に検討した．彼の批判の出発点は次のような寓話である：

> ある裕福な父親が数人の子供をもつものとせよ．そのうちのひとりは盲目であり，もうひとりは高価な嗜好をもつプレイボーイである．第3子は高価な野心を抱いて政治家を志望しているが，第4子は控え目なニーズしかもたない詩人であり，第5子は高価な素材を用いる彫刻家である，等々．そのときこの父親は彼の遺言をいかに書くべきか．

この父親が子供達の福祉に無関心ではない限り，彼は受取る遺産から各々の子供がどの程度の厚生を得ることになるかを考慮して，その遺言の内容を決めるはずである．まず，盲目というハンディキャップを負って誕生した子供は，同じ所得水準のもとでは先天的なハンディキャップをもたない他の子供よりも一様に低い厚生しか享受できないため，遺産相続に際してそのハンディキャップを補塡する主旨の補償の支払いを受ける資格があるように思われる．だが，高価な嗜好をもつプレイボーイも，同じ所得水準のもとでは廉価な嗜好をもつ子供と比較して一様に低い厚生しか享受できないかもしれない．もしそうだとすれば，そして遺産分配を決定する情報的基礎として厚生情報だけが使用可能で

あるならば，高価な嗜好をもつプレイボーイに対しても，補塡的な補償の支払いが正当化されることになってしまう。だが，先天的なハンディキャップを負う子供に対しては補償的な遺産分配の実行を率先して肯定するひとでも，同じ理由でプレイボーイに対して補償の支払いを認めることには大いに躊躇するに違いない。

　この問題の発生源は，補償の支払いを根拠付ける厚生主義的帰結主義を容認する情報的基礎には，二つの状況——先天的なハンディキャップを背負う不遇な個人の状況と，高価な嗜好を自ら身に付けたプレイボーイの状況——を識別する能力が欠けているという事実のうちに潜んでいる。二人の個人が表明する厚生に専ら依拠していては，この識別作業を的確に遂行することは不可能なのである。厚生情報の背後を探って，この作業の遂行を可能にする補完的な情報を発見するためには，分配の正義や衡平性を議論するための情報的基礎を拡大して，非厚生主義的帰結主義ないし非帰結主義に足場をすえ直す必要があるというべきである[1]。‖

---

[1] ドウォーキン自身はこの寓話の教訓を別の重要な視点から汲み上げて，《責任と補償（responsibility and compensation）》という厚生経済学の新しいパラダイムの出発点を画した。ドウォーキンの寓話のなかに生得のハンディキャップを背負って登場する不遇な個人は，自ら選択したわけではない苛酷な不運を誕生の偶然によって担わされている。これに対して，贅沢な生活慣習によって，他のひとなら十分な満足が得られるビールには飽き足りず特別なヴィンテージのクラレットやシャンパンでなければ満足できない高価な嗜好を体得したプレイボーイは，自らその責任を負うべき自発的な選択によって，同じ所得水準のもとでは他のひとよりも一様に低い厚生しか得られない境遇を自ら創り出したに過ぎない。この事実に注目すれば，厚生主義的帰結主義のもとではドウォーキンの寓話が生み出す隘路から，正義と衡平にかなう分配原理を救出することができる。必要とされる救出作業は簡単である。すなわち，
（１）《補償の原理》：自ら責任を負うべき自発的選択によらずして，誕生にともなう——あるいは社会的・非人格的なプロセスが外部的に創り出した——苛酷な不運のために，同じ所得水準のもとで獲得できる厚生が他の個人ならば獲得できる水準を一様に下回らざるを得ない逆境に置かれた個人には，補償的により多くの所得が与えられるべきである；
（２）《責任の原理》：他のひとと比較した場合に同じ所得のもとで実現できる厚生水準が一様に低いという事態がその個人の責任に帰すべき自発的な選択に起因する場合には，彼に対する補償的な所得再分配は理論的に正当化されない；
とすればよいのである。この議論の延長線上における厚生経済学の最近の発展に関しては，例えば鈴村＝吉原 (2000) の展望論文を参照して戴きたい。

4　リベラル・パラドックス：センの第一批判

　アローが彼の一般不可能性定理を最初に公表したのは，エコノメトリック・ソサエティの1948年冬期大会でのことだった。ローレンス・クラインが座長を務め，アローが報告したセッションに出席していた政治学者ディヴィッド・マッコード・ライトは，アローが社会的評価形成ルールに課した要請のなかには自由主義的な権利の社会的尊重が含まれていないという理由で，激しく彼を批判したというエピソードが残されている[2]。当然のことながら，アローの定理は民主的な社会的評価形成と情報節約的な個人的意思の集計という最小限度の要請を満足するプロセスないしルールが存在しないことを主張する命題なのだから，この二つの条件に追加して《自由主義的な権利の社会的尊重（social respect for libertarian rights）》を要求すれば，課された要請の両立不可能性は単に一層深刻になるに過ぎない。この意味ではライトの批判はやや的外れなのだが，社会的選択の理論の枠組みのなかで自由主義的な権利の社会的尊重の要請を明示的に定式化した研究が登場するのは，その後二十数年が経過した後のことに過ぎなかった。1970年にセンが公表した記念碑的な論文 "The Impossibility of a Paretian Liberal" がそれである。

　社会状態に関する個人的選好プロファイルを社会的選択関数に集計するプロセスないしルールに対して，センはこの論文で二つの基本的な条件を課した。彼の第一の条件は，厚生主義的帰結主義の中枢にある《パレート原理（Pareto principle）》である。ある社会状態 x が別の社会状態 y と比較して全ての個人の満足を高めるパレート改善となっている限り，x を含むいかなる機会集合からも y が社会的に選択されることがあってはならないというのが，この原理の要請である。センの第二の条件は《最小限の自由尊重主義（minimal libertarianism）》の原理であって，これこそ社会的選択の理論的枠組みのなかで自由主義的な権利の社会的尊重を定式化する最初の試みだったのである。

　センによる自由尊重主義的な原理の要請を説明する準備として，ここで二つの用語を説明しておく必要がある。第一に，ある社会状態と別の社会状態との間に存在する唯一の差異が，ある特定の個人の《私的な関心事（private matter）》である場合には，この社会状態のペアは当該個人がもつ《私的ペア（private

---

[2]　興味をもつ読者は Kelly (1987) を参照せよ。

pair)》であるという。第二に，個人的選好順序のプロファイルがいかなるものであっても，ある個人が社会状態 x を別の社会状態 y より選好している限り，x を含むいかなる機会集合からも y が社会的に選択されることが決してなければ，当該個人はこの社会状態のペア (x,y) に対して《支配的（decisive）》であるという。これだけの準備が整えば，センの最小限の自由尊重主義の原理を定式化することは，容易である。すなわち，社会に少なくとも二人の個人——例えば個人 1 と個人 2 ——が存在して，それぞれが少なくとも 1 組の私的なペア——例えば (x,y) と (z,w) ——を賦与されていて，個人 1 は $(x,y),(y,x)$ に対して支配的であり，個人 2 は $(z,w),(w,z)$ に対して支配的であるならば，社会的評価形成ルールはセンの意味で最小限の自由尊重主義の原理を満足するというのである。

　ここで二つの注意を与えておくことにしたい。第一に，社会的評価形成ルールがセンの最小限の自由尊重主義の原理を満足するか否かを確認しようとすれば，社会状態に関する厚生情報をもつだけでは明らかに不十分である。この目的を実現するためには，各個人が支配的決定権をもつペアが私的なペアであるかどうかをチェックする必要があるが，このチェック作業を遂行するためには，厚生情報を越えて社会状態の記述的特徴に関する情報を獲得しなければならないからである。第二に，センが導入した最小限の自由尊重主義の原理には，個人のプライバシーの社会的尊重を求めるという観点から，それなりの説得力が備わっている。この条件が満足されない社会では，ある個人の私的な関心事においてのみ差異をもつ二つの選択肢に対してその個人が自律的に表明する選好が，社会的な評価形成メカニズムによって組織的に無視されてしまう可能性があるからである。こうなってみると，パレート原理と最小限の自由尊重主義の原理を同時に満足する社会的評価形成ルールは，《民主主義（democracy）》と《自由尊重主義（libertarianism）》のインターフェイス・メカニズムとして，決定的な重要性をもつかに思われる。しかるに，センは次のような衝撃的な定理を樹立したのである。

パレート派リベラルの不可能性定理（The Impossibility of a Paretian Liberal）

パレート原理とセンの最小限の自由尊重主義の原理を同時に満足する社会的評価形成ルールで，普遍的な適用可能性をもつものは論理的に存在しない。

証明：個人的自由の問題を社会的選択の理論のフレームワークを用いて考察するためには，社会状態の集合 X の記述方法を精密化して，非個人的な選択肢の集合 X_0 と各個人の個人的選択肢の集合 $X_i (i \in N)$ との直積 $X := X_0 \times (\Pi_{i \in N} X_i)$ によって表現する必要がある。そのとき，各々の社会状態 $x \in X$ は非個人的な選択肢 $x_0 \in X_0$ と，各個人 $i \in N$ の個人的選択肢 $x_i \in X_i$ とのリスト $x = (x_0, x_1, \ldots, x_n)$ によって表現されることになる。表記の簡素化のために，以下では任意の社会状態 x と任意の個人 i に対して

$$x_{-i} = (x_0, x_1, \ldots, x_{i-1}, x_{i+1}, \ldots, x_n); x = (x_{-i}; x_i)$$

という略式の表現方法を用いることにする。

社会的選択問題の記述方法としては，個人的選好順序の任意のプロファイル $\boldsymbol{R} = (R_1, R_2, \ldots, R_n)$ に対して，機会集合の集合族 K の上で定義される選択関数 C を対応させる社会的集計関数 f^* を採用することにする。また，センの最小限の自由尊重主義の原理にしたがって，個人1と個人2が少なくとも一組の私的な選択肢のペア——(x,y) と (z,w) ——を賦与されていて，個人1は $(x,y), (y,x)$ に対して支配的決定権をもち，個人2は $(z,w), (w,z)$ に対して支配的決定権をもつものと仮定して一般性を失うことはない。(x,y) と (z,w) がそれぞれ個人1，個人2の私的な選択肢のペアであるという仮定は，$x_{-1} = y_{-1}, z_{-2} = w_{-2}$ という条件を課すことによって，適切に表現することができる。

以下では社会的な選択肢の機会集合として，$S = \{x, y, z, w\}$ を固定する。最初に社会状態 x, y, z, w が全部異なる場合を想定して，以下に示される個人的選好順序のプロファイル $\boldsymbol{R} = (R_1, R_2, \ldots, R_n)$ を考える：

$R_1(S) : z, x, y, w$

$R_2(S) : y, w, z, x$

$R_i(\{z, x\}) : z, x, \quad R_i(\{y, w\}) : y, w$

ここで例えば $R_1(S)$ は選好順序 R_1 の機会集合 S への《制限（restriction）》であって，その正確な定義は $R_1(S) = R_1 \cap (S \times S)$ で与えられる。また，最後の 1 行は個人 1，2 以外の全ての個人 $i \in N - \{1,2\}$ に対して妥当するものとする。もし定理の主張に反して普遍的な適用可能性をもつ社会的集計関数 f^* が存在すれば，このプロファイルに対して社会的選択関数 $C = f^*(\boldsymbol{R})$ が決定されることになる。その場合には，パレート原理によって $x \notin C(S), w \notin C(S)$ でなければならない。なぜならば，全ての個人は z を x よりも，そして y を w よりも一致して選好していて，しかも z, y は機会集合 S に属しているからである。次に，個人 1 は彼の個人的ペア (x,y) に対して支配的であり，彼は x を y よりも選好しているので，センの最小限の自由尊重主義の原理によって，$y \notin C(S)$ でなければならない。全く同様に，個人 2 は彼の個人的ペア (w,z) に対して支配的であり，彼は w を z よりも選好しているので，センの最小限の自由尊重主義の原理にしたがえば，$z \notin C(S)$ でなければならない。これらの結論を統合すると実は $C(S) = \phi$ である他はないことになって，普遍的な適用可能性をもつ社会的集計関数の存在を否定せざるを得ないことになるのである。

　二つのペア集合 $\{x,y\}, \{z,w\}$ が非空の共通部分をもつ場合には，一般性を失うことなく $x = z$ と仮定してよい[3]。この場合には，以下に示される個人的選好順序のプロファイル $\boldsymbol{R} = (R_1, R_2, \ldots, R_n)$ を考えてみる：

$R_1(S) : z = x, y, w$

$R_2(S) : y, w, z = x$

$R_i(\{y,w\}) : y, w$

最後の 1 行は個人 1，2 以外の全ての個人 $i \in N - \{1,2\}$ に対して妥当するものとする。この場合にも普遍的な適用可能性をもつ社会的集計関数の存在を否定せざるを得ないことは前の場合と同様な議論の運び方で確認できるので，これ以上の詳細は興味をもつ読者に委ねることにしたい。∥

　パレート原理は厚生主義的帰結主義の中枢に位置する要請である。それだけに，センの最小限の自由尊重主義の原理という非厚生主義的な要請がパレート

---

[3] $\{x,y\} = \{z,w\}$ という場合には，センの最小限の自由主義の原理を満足する普遍的な適用可能性をもつ社会的集計関数が存在しないことは明白である。

原理と両立不可能であることを示すこの不可能性定理は，社会的評価形成の情報的基礎として厚生主義的帰結主義がもつ適格性に対して，深刻な原理対立的批判を提起するものだと考えられる[4]。

センの不可能性定理をアローの不可能性定理と比較すると，アローの定理の論証に際しては決定的な役割を果たした社会的合理性の条件と情報的効率性の条件が，両者ともセンの定理の場合には全く要請されていないことが，明瞭に浮かびあがってくる[5]。この分析的な事実がもつ意義は重要である。センが得た結論は論駁の余地を残す社会的合理性と情報的効率性の要請とは全く無関係であるという意味で，センの定理はアローの定理よりも一層深刻な原理間の根本的な対立関係を抉り出したものとなるからである。第2章で注意したように，アローの定理のなかで情報的効率性の条件が果たす重要な機能は，社会的な厚生評価を形成するうえで個人的厚生情報が果たす役割を厳しく制約することであった。したがって，情報的効率性の条件を要求しないセンの不可能性定理は，たとえ利用可能な厚生情報をどれ程豊かに収集しようとも，厚生主義的なパレート原理と非厚生主義的な最小限の自由尊重主義の原理との間の基本的矛盾は避け得ないことを，紛れもなく示しているのである。

このように重要な意義をもつ結論であるだけに，センの不可能性定理を解消させる体系的な方法を開発するために，当然ながら多くの努力が重ねられてきた。これらの解消方法を展望・評価した文献には，Sen (1976a; 1983a; 1992b)，Suzumura (1983, Chapter 7)，鈴村 (1982, 第6章)，Wriglesworth (1982) などがある。以下では，ディヴィッド・オースチン・スミス [Austen-Smith (1982)]

[4) それだけに，センの不可能性定理が提起した厚生主義的原理と非厚生主義的原理との間の対立関係を理解するために，センの最初の問題提起以降の30年間に，非常に膨大な研究成果が蓄積されてきた。これらの研究成果の展望と評価に興味をもつ読者は，Pattanaik (1996)，Sen (1976a; 1983a; 1992b)，Suzumura (1983; 1990; 1996a)，Wriglesworth (1982)，鈴村 (1982; 1992; 1996) などを参照せよ。
5) アローが課した要請のうちで，情報的効率性——無関連対象からの独立性——の公理は，個人的選好順序の二つのプロファイルとそれらに対応して定まる社会的選好順序を比較して，両者の間にある種の整合性が成立することを要求するという意味において，《複数のプロファイル間の整合性条件 (interprofile consistency condition)》と呼ばれている。これに対してセンの定理には，この意味の整合性条件が全く含まれていないという事実が，分析的な観点から二つの定理を比較した場合に注目される最も顕著な相違となっている。

によって《セン=鈴村の解決法（Sen/Suzumura resolution）》と命名された一つの代表的な解決法を，簡潔に紹介することに留めておきたい。

この方法の中枢には，三つの基礎概念がある。第一の基礎概念は《序数的な意味で強い（ordinally stronger）》選好である。四つの選択肢 x, y, z, w のうえで定義された選好順序が $zP(R)xP(R)yP(R)w$ であるとき，選好 $zP(R)w$ は選好 $xP(R)y$ と比較して，序数的な意味で強い選好であるという。選好の強度は通常は基数的な概念だと考えられているが，ここで想定されている選好パターンの場合には，基数的効用概念を全く用いることなしに，選好の序数的な強度を自然に定義することができるのである。

第二の基礎概念は《お節介な個人（meddlesome individual）》である。いま，個人 i は私的ペア $(x, y), (y, x)$ に対して支配的決定権を賦与されていて，個人 j は私的ペア $(z, w), (w, z)$ に対して支配的決定権を賦与されている場合に，個人 i, j の選好順序が

$R_i(S) : z, x, y, w$

$R_j(S) : y, w, z, x$

で与えられるものとせよ。このとき個人 i は，彼が支配的決定権を賦与された私的ペア (x, y) に対する選好 $xP(R_i)y$ より序数的な意味で強い選好 $zP(R_i)w$ を表明しているが，この後者は個人 j が支配的決定権をもつ私的ペア (z, w) に対して彼自身が表明する選好 $wP(R_j)z$ を真っ向から否定するものになっている。このような選好をもつ個人 i は，言葉の常識的な意味においてお節介な個人と呼ばれるに相応しい性格をもっている。個人 j に目を転じてみると，彼もまた同じ意味でお節介な個人であることに気付く。なぜならば，個人 j は彼が支配的決定権を賦与された私的ペア (w, z) に対する選好 $wP(R_j)z$ より序数的な意味で強い選好 $yP(R_j)x$ を表明しているが，この後者は個人 i が支配的決定権をもつ私的ペア (y, x) に対して彼自身が表明する選好 $xP(R_i)y$ を真っ向から否定するものになっているからである。実のところセンの不可能性定理の根底には，私的ペアに対する支配的決定権を賦与された二人の個人が，お節介な選好を相互に表明しあっているという奇妙で顕著な特徴が潜んでいるのである。

第三の基礎概念は《リベラルな個人（liberal individual）》である。この最後

のキーワードを理解するためには，私が隣人の悪趣味なネクタイの選択に対して強い嫌悪感を抱く状況を想定してみることが有益である．他人の悪趣味に対して嫌悪感を抱くことそれ自体は，格別倫理的な非難に値するとは思われない．私の嫌悪感が非常に強いため，私がお節介な選好を内心で抱いたとしても，その限りでは依然として同様であるといってよい．だが，私がお節介な選好を公然と表明して，隣人の悪趣味な私的選択が社会的な制裁によって阻止されることを主張するならば，私は単にお節介な個人であるのみならず，リベラルではない個人であるといわざるを得ない．逆にいえば，リベラルな個人とは，他人のプライバシーに関わる私的選択に対して抱くお節介な選好が，社会的選択の情報的素材として考慮の対象に含められることを，敢えて求めない個人なのである．この考え方の要諦は，他人のプライバシーに関わるお節介な選好をもつことと，その選好が社会的選択の決定過程で役割を果たすように要求することとの間に，論理的な楔を打ち込むことにある．

セン [Sen (1976a)] と鈴村 [Suzumura (1978; 1982, 第 6 章; 1983, Chapter 7)] は，社会的選択の理論のフレームワークを用いてリベラルな個人という直観的な概念に対して精密な理論的定式化を与えて，社会に少なくともひとりのリベラルな個人が存在すれば，ひとびとが社会的選択の情報的素材として表明する選好プロファイルに関して定義されるパレート原理と，個人の自由尊重主義的な権利の社会的尊重の要求とを両立させる社会的選択ルールが，必ず存在するという一般可能性定理を証明した．センの不可能性定理をセン＝鈴村の可能性定理に転換する転轍機の役割を担う概念こそ，個人的な悪趣味に対する内心の嫌悪感を，敢えて社会的な制裁の場にもちだすことを自制するリベラルな個人の概念なのである．

5 代替的な自由主義的権利論

センによる最小限の自由尊重主義の原理は，厚生経済学と社会的選択の理論の枠組みに自由尊重主義的な権利概念を最初に導入した試みとして，確かな意義を備えている．とはいえ，センの権利概念が個人的自由の社会的尊重という価値概念に対する常識的な理解とはかなり懸け離れていることも，否定し難い事実である．この点を明らかにするために以下の単純な例を検討してみ

たい[6]）。

例（1）：追随的個人と追随忌避的個人のディレンマ
　イアン (I) とジョン (J) は，二人とも緑 (G) と赤 (R) のシャツをもっている。この二人から構成される社会では，他の事情を一定とすれば，実現可能な社会状態の集合は $S = \{(G,G), (R,G), (R,R), (G,R)\}$ で与えられる。ここで例えば (R,G) はイアンが赤，ジョンが緑のシャツを着ている社会状態を示している。いま，これら四つの社会状態に対するイアンとジョンの選好順序が

$$R_I : (R,R), (G,R), (G,G), (R,G)$$
$$R_J : (R,G), (R,R), (G,R), (G,G)$$

で与えられる状況を考えよう。この選好プロファイルによれば，ジョンのシャツが緑ならイアンは緑を赤より好むが，ジョンのシャツが赤ならイアンは赤を緑より好んでいる。この意味において，イアンはジョンに追随的な選好の持ち主である。これに対して，イアンのシャツが赤ならジョンは緑を赤より好むが，イアンのシャツが緑ならジョンは赤を緑より好んでいる。したがって，ジョンはイアンの追随を忌避する選好の持ち主である。いま，社会的集計関数 f^* が，イアンに個人的選択肢のペア $((R,R), (G,R)), ((G,G), (R,G))$ に対する支配的決定権を賦与する一方で，ジョンには個人的選択肢のペア $((R,G), (R,R)), ((G,R), (G,G))$ に対する支配的決定権を賦与しているならば，パレート原理を引き合いに出すまでもなく，普遍的な適用可能性をもつ社会的集計関数の存在は否定されざるを得ない。もし仮に，このプロファイルに対して社会的選択関数 $C = f^*(R_I, R_J)$ が決定されたとすれば，イアンの支配的決定権の行使によって $(G,R), (R,G)$ は社会的選択集合 $C(S)$ から排除される一方で，ジョンの支配的決定権の行使によって $(R,R), (G,G)$ も同様に社会的選択集合 $C(S)$ から排除されることに

---

6) この例は基本的にアラン・ギバード [Gibbard (1974)] が導入したものと同じである。ここでは二人の個人がそれぞれ二つの個人的選択肢のペアに対して支配的な決定権をもつことが仮定されていて，その限りにおいてセンの最小限の自由尊重主義の原理よりも強い権利設定がなされている。だが，センの原理を基本的に承認する限り，この例のような状況でギバードの権利設定を拒否する論理を構成することは，むしろ至難の業であるように思われる。

5　代替的な自由主義的権利論　119

なって，$C(S) = \phi$ という結論に到らざるを得ないからである。∥

　この例(1)は，センによる自由尊重主義的な権利の定式化が含む問題点を，端的に例示している。センの考え方によれば，個人の自由尊重主義的な私的権利を社会的に保障するという要請は，社会的選択の論脈で個人に対して私的選択肢のペアに対する支配的決定権を賦与することに帰着するのだが，この定式化と伝統的な自由尊重主義の理解とは，必ずしも整合的ではない。実際には，例(1)のような状況において伝統的な自由尊重主義的な権利観が主張することは，私的な選択肢の決定に関する限りでは，当該個人の自律的な決定を社会は尊重すべきだという点に集約されるように思われる[7]。この常識的な理解に依拠するとき，センが定式化した私的権利には次のような難点が含まれている。伝統的理解にしたがって，イアンとジョンは私的な選択肢 G, R に関して自律的な決定権を保障されているものとすれば，イアンは G——あるいは R——を自律的に選択することによって (R, G) と (R, R)——あるいは (G, G) と (G, R)——が社会的に選択されることを排除することができる。同様に，ジョンは G——あるいは R——を自律的に選択することによって (G, R) と (R, R)——あるいは (G, G) と (R, G)——が社会的に選択されることを排除することができる。これに対して，センの意味における自由尊重主義的権利によれば，例(1)の個人的選好順序のプロファイルのもとで，イアン——あるいはジョン——は $(R, G), (G, R)$——あるいは $(R, R), (G, G)$——の社会的選択を排除できることになる。伝統的理解にしたがう自由尊重主義が個人に対してこのような排除の権利を賦与することはあり得ない。

　同じ視点からの批判をもう一歩進めるために，次の例を挙げてみたい。

例(2)：追随的個人と追随忌避的個人の修正版ディレンマ
　例(1)と基本的に同じ状況を考えて，イアンが $((G, G), (R, G))$ という社会

---

[7] 本節のこれ以降の考察は基本的に Gaertner, Pattanaik and Suzumura (1992) に依拠している。ゲーム形式の権利論に関する一層の詳細に関心をもつ読者は，Deb, Pattanaik and Razzolini (1997), Gärdenfors (1981), Pattanaik (1994; 1996), Pattanaik and Suzumura (1994; 1996), Peleg (1998), Sugden (1985), Suzumura (1990; 1991; 1996a), Van Hees (1999) などを参照されたい。

状態のペアに対してセンの意味での自由尊重主義的な権利をもつことを仮定する。イアンとジョンの選好順序は，以下のように指定されるものとする。

$R_I : (G, G), (R, R), (R, G), (G, R)$

$R_J : (G, R), (R, G), (G, G), (R, R)$

この個人的選好順序のプロファイルにおいても，イアンは追随的，ジョンは追随忌避的である。

さて，二人の個人が私的選択肢に関する自律的決定権を行使して自分のシャツの色を決定する際に，イアンはジョンの自律的決定次第で自分の選択から得られる満足が大きく左右されることを知っている。例えば，彼が G を選択した場合に，ジョンが G を選択すれば結果として実現する社会状態は (G, G) となってイアンにとって最善の結果となるが，ジョンが R を選択すれば結果として実現する社会状態は (G, R) となって，これはイアンにとって最悪の結果となる。ジョンの場合にもこの間の事情は全く同様である。しかも，二人の個人が自分のシャツの色を決定する時点では，どの個人も他人の決定内容を知ることは不可能であり，また自分に好都合な選択を他人に強制することも不可能である。この自明な事実は，二人の個人による自律的選択の問題が不可避的に《不確実性のもとでの意思決定（decision-making under uncertainty）》の問題になることを教えている。

この選択問題に直面して，イアンもジョンも不確実性のもとでの合理的選択原理として《マクシミン原理（maximin principle）》にしたがって行動するものと仮定したい。そのとき，イアンにとってのマクシミン戦略は R である。なぜならば，彼が R——あるいは G——を選択した場合に起こり得る最悪の事態は，ジョンが G——あるいは R——を選択して社会状態が (R, G)——あるいは (G, R)——となることだが，イアンにとって (R, G) は (G, R) よりも望ましい社会状態だからである。同様な推論によって確認できるように，ジョンのマクシミン戦略は G である。したがって，常識的な自由尊重主義的な権利——私的な選択肢に関する自律的決定の権利——を賦与された二人の個人がこの権利を合理的に行使した結果がもたらす社会状態は (R, G) となる。この結果が実現されるプロセスでは，誰の権利も侵害されてはいない。しかるに，$((G, G), (R, G))$ はイ

アンの個人的特性のみで区別される社会状態のペアであり，しかも彼は (G,G) を (R,G) よりも選好しているので，(R,G) が社会的に実現されるというわれわれが得た結果は，センの意味においてはイアンの自由尊重主義的な権利が侵犯されたことを意味せざるを得ない。

このように，伝統的・常識的な自由尊重主義的権利は，センが定式化した自由尊重主義的権利とは単に非常に異なるのみならず，両者は権利侵害の有無に関して真っ向から対立する判定をもたらす可能性さえ秘めているのである。‖

ゲルトナー＝パタナイック＝鈴村（1992）によって提起されたこの主旨の批判に対して，セン（1992）は基本的に二つの論点から構成される反批判を試みた。

第一に，個人の自由を私的選択肢の決定に関する自律性の社会的尊重と理解する立場は，私的選択肢の決定を当該個人が直接的に支配できることを暗黙裡に前提している。だが，個人の自由が尊重されるべき多くの論脈において，選択肢に対する直接的な支配の余地が存在しない状況が往々にして発生する。その端的な一例は，交通事故によって意識不明となった個人である。彼に対して適用されるべき治療法に関して，本来ならば彼に選択の自由が認められるべきことは当然だが，この選択を彼が直接的に支配することは，想定された状況においては明らかに不可能である。この例が示唆するように，自由尊重主義的権利を《自律的選択の直接的支配（direct control of autonomous choice）》と直結するアプローチは，自由尊重主義の定式化としては狭隘に過ぎるという欠陥をもっている。

第二に，ゲルトナー＝パタナイック＝鈴村流の非帰結主義（義務論）的アプローチでは，各個人はそれぞれ独立した私的選択肢の集合を賦与されていて，他の個人による選択とは関わりなく，自分の選択肢を自律的に決定できることが前提されている。だが，自分の私的選択肢の決定を他人の私的選択肢の決定と完全に隔離して行える社会的状況は，常態というよりはむしろ例外に近い。この点は以下の例を用いて巧妙に示されている[8]）。

例(**3**)：副次的喫煙のディレンマ

[8] この例はセンとの私信での討議の過程で，彼によって示唆されたものである。

英国鉄道の客車内にアンとフレッドという二人の乗客が乗っている。アンは嫌煙家，フレッドは愛煙家である。この客車内には「同室の乗客が反対される場合には喫煙をご遠慮下さい」という掲示がなされている。この状況において，アンの私的選択肢の集合は {喫煙に反対する，喫煙に反対しない} で与えられ，フレッドの集合は {喫煙する，喫煙しない} で与えられる。いま，私的選択肢を自律的に選択する完全な自由が認められるならば，二人の個人の選択の結果として（アンは喫煙に反対する，フレッドは喫煙する）という社会状態が実現する可能性があるが，これはこの客車内に掲示されたルールのもとでは許容されない事態である。すなわち，私的選択肢の決定を完全に分権化することによって，個人の自律的選択の社会的尊重という形式で自由尊重主義的な権利を表現することは，この典型的な事例に関しては明らかに不適切なのである。‖

センによる反批判は，個人の自律的選択の社会的尊重という形式で私的権利を表現する試みを精密化するうえで，確かに重要な問題提起となっている。とはいえ，これらの反批判から選択の自律性に基づく自由尊重主義的な権利論を擁護することは，むしろ意外な程に容易である。

センの第一の論点に対しては，次のように解答することができる。権利を賦与された個人がなんらかの事情でその権利を直接行使できない場合でも，当該個人の意思を継承・尊重して行動する代理人が間接的に彼の権利を行使することに外部からの障害が存在しない限り，自由尊重主義的な権利は原理的に尊重されていると考えることができる。《権利の間接的行使（indirect exercise of rights）》の可能性に注意を喚起する点でセンの問題提起には一定の価値が認められるが，この問題提起は選択の自律性に基礎をすえる自由尊重主義の整合性に対する有効な反批判とはなっていないというべきである。

センの第二の論点に対しては，フレッドの私的選択肢の集合を {喫煙する，喫煙しない} と定めたことにこそ問題の根源があるのであり，この客車内で守られるべき《ゲームのルール（rules of the game）》に正当な考慮を払って私的選択肢の集合を再定義しさえすれば，問題を自然に解決することができる。具体的にいえば，アンとフレッドの状況を《ゲーム形式（game form）》として以下のように再定式化すれば，副次的喫煙のディレンマ状況における自由尊重主

義的な権利の的確な表現を与えることができる[9]。

まず，プレーヤーの集合を $N = \{Ann, Fred\}$ として，各プレーヤーのもつ許容戦略の集合を

$M_{Ann} = \{s, s'\}; s =$ 同乗者の喫煙に抗議する; $s' =$ 同乗者の喫煙に抗議しない

$M_{Fred} = \{t, t'\}; t =$ 同乗者が抗議しない限りは喫煙するが，抗議があれば喫煙しない; $t' =$ 同乗者の抗議があろうとなかろうと喫煙しない

によって定義する。次に，帰結の集合 $X = \{x, y, z\}$ を

$x =$ アンの抗議を受けて，フレッドは喫煙を断念する

$y =$ アンは抗議せず，フレッドは喫煙する

$z =$ アンは抗議しないが，フレッドは自主的に喫煙を断念する

によって定義したうえで，実行可能な戦略の各ペアに対して一つの帰結を対応させる《帰結関数（outcome function）》g を

$$g(s, t) = x, g(s, t') = x, g(s', t) = y, g(s', t') = z$$

によって定義する。

このゲーム形式は副次的喫煙のディレンマ状況を完全に記述している。それのみならず，この状況における自由尊重主義的な権利の問題は，プレーヤーに対して許容戦略の集合に属する戦略の自律的選択の自由を賦与することによって，完全に捕捉することができる。ロバート・サグデン [Sugden (1985)] およびゲルトナー＝パタナイック＝鈴村 [Gaertner, Pattanaik and Suzumura (1992)] は，このような例の教訓を一般化して，自由尊重主義的な権利へのゲーム形式アプローチを開拓したのである。

---

9) ゲーム形式という概念は，投票機構の戦略的操作可能性の問題の論脈において，アラン・ギバード [Gibbard (1973)] によって最初に導入されたものである。一般的にいって，ゲーム形式はプレーヤーの集合 N，各プレーヤー $i \in N$ に許容される戦略の集合 M_i，帰結の集合 X，許容戦略のリスト $s = (s_1, s_2, \ldots, s_n) \in \Pi_{i \in N} M_i$ に一つの帰結を対応させる結果関数 g の組み合わせである。ゲーム形式にプレーヤーが帰結の集合のうえでもつ選好順序あるいは効用関数を付け加えれば，われわれは《ゲーム (game)》の完全な記述を得ることになる。詳細は本章 7 節参照。

このように，センが最初に試みた自由尊重主義的な権利の定式化には概念的な問題が含まれているうえに，センの権利論に代替するゲーム形式アプローチが，広範に受け入れられるようになっているのが権利論研究の現段階なのである．とはいえ，センが彼の権利論を用いて提起した厚生主義的帰結主義に対する原理対立的な批判の意義は，このような経緯によって損なわれることは全くないことを強調しておきたい．この事実を明瞭に確認するためには，以下の例を挙げるのが最善の措置であるように思われる．

例(4)：チャタレー夫人の恋人

D. H. ローレンスの小説『チャタレー夫人の恋人』が一冊だけあって，二人の個人 A，B がいる状況を考える．この書物を読むという選択肢を r，読まないという選択肢を n とするとき，他の事情を一定とすれば，実現可能な社会状態は $(r,r),(r,n),(n,r),(n,n)$ で与えられる．ただし，例えば (r,n) は A 氏がこの書物を読み，B 氏は読まない社会状態を表現している．謹厳居士の A 氏はこの書物が誰によっても読まれない状態が最善だと思っているが，淫蕩な B 氏に読ませる危険を甘受するくらいなら，むしろ自分が読む方がまだましだと考えている．遊蕩児の B 氏はローレンスの作品が誰によっても読まれないのは嘆かわしい浪費だと思っているが，石頭の A 氏を啓蒙することは，自分の読書の愉しみよりも意義深いと考えている．両者のこのような選好は，以下のように纏めて表現することができる：

$R_A : (n,n),(r,n),(n,r),(r,r)$

$R_B : (r,r),(r,n),(n,r),(n,n)$

さて，自由尊重主義者ならば，ある書物を読むか読まないかという選択は当該個人の自律的決定に委ねて，社会はその決定を尊重すべきであると考えるであろう．この観点に立って，A，B 両氏に対していずれも $M_A = M_B = \{r,n\}$ という許容戦略の集合から自律的な決定を行う権利を賦与しよう．そのとき，A 氏——あるいは B 氏——にとって n——あるいは r——は，相手の戦略の選択の如何を問わずその戦略に対する最善の応答であるという意味で《支配戦略 (dominant strategy)》となるから，このゲーム的状況における社会的選択は (n,r) に落着すると考えるのが合理的である．しかるに，この社会状態 (n,r)

は別の社会状態 (r,n) によってパレートの意味で支配されている.この事実は,ゲーム形式の権利論の意味における個人の自由尊重主義的な権利が,パレート原理という厚生主義的帰結主義の本質的な価値と真っ向から対立することを示している[10]．∥

　このように,ゲーム形式の権利論はセンの権利論とは異なって私的選択肢の自律的選択の自由という古典的・直観的な自由尊重主義に密着した考え方だが,パレート原理との対立というセンの基本的な洞察に関する限りでは,二つの権利論は期せずして同じメッセージをもたらすことになる.センが厚生主義的帰結主義に加えた原理対立的な批判は,自由尊重主義的な権利の形式的な表現方法に関する論争を越えて,遥かに一般的な妥当性をもっているのである.
　ゲーム形式の権利論の一つの問題点は,この定式化に含まれる権利の実質的内容に関わっている.ゲーム形式が各個人に賦与する権利の形式的内容は,彼の許容戦略集合と帰結関数によって表現されているが,このような自由尊重主義的な権利の配分のあり方それ自体が重要な社会的選択の問題であることは,余りにも明らかである.権利の公正な配分というこの問題は,いくつかの準備作業を経たうえで,後に第8章で立ち返って議論することになる.

6　合理的な愚か者：センの第二批判

　正統派の規範的経済理論に対してセンが提起した第二の批判は,この理論が個人の選好に課す異様に苛酷な重荷に向けられている.いみじくも「合理的な愚か者：経済理論における行動理論的な基礎への批判」と題された論文 [Sen (1977c)] でセンが指摘したように,この理論は個人がもつ選好を唯一の繊細な道具として,三つの全く異なるタイプの問題に対処しようとしている.
　第一の問題は《個人の私的利益の追求》の問題である.正統派の理論では,個人の利害関心は彼が表明する選好にそのまま反映されるものと仮定されてい

---

10) この例は,セン（1970b）が自由尊重主義的な権利とパレート原理との対立関係を例示する目的で導入した寓話を,ゲーム形式の権利論に即して僅かに修正したものに他ならない.このように修正してみると,実はパレート派リベラルの不可能性定理は古典的な《囚人のディレンマ（prisoners' dilemma）》と全く同じ構造をもつことが明白になる.囚人のディレンマに興味をもたれる読者は,鈴村（1982）の第2章を参照せよ.

る。したがって，彼が選択肢 x を選択肢 y よりも選好するという記述の背後には，選択肢 x は選択肢 y よりも彼にとって相対的に大きな私的利益をもたらすという全く別の記述が，表裏一体となって存在していることになる。

　第二の問題は《個人の厚生の評価》の問題である。正統派の理論では，個人の厚生は彼の選好と不即不離の関係にあると仮定されている。したがって，ある政策が個人の厚生を改善するか改悪するかということと，その政策の結果としてその個人が選好順序の階梯を上昇するか下降するかということとは，正確な対応関係にあることになる。

　第三の問題は《個人の選択行動の合理化》の問題である。正統派の理論は，個人の選択行動は彼の選好の最適化というシナリオで合理的に説明できると考えている。したがって，与えられた選択肢の機会集合から彼が行う選択は，その機会集合に所属する選択肢のなかで，彼の選好を最善に満たす選択肢に他ならないことになる。

　このように，《選好》《利害》《厚生》《選択》を必然的に連結する正統派の規範的理論は，人間行動の動機の多様性を全て捨象して，人間をたったひとつの選好に隷属する《合理的な愚か者（rational fool）》として処遇するものである。だが，実のところ《選好》を《利害》《厚生》《選択》という三つの概念に繋ぎとめる連結環のそれぞれには，重大な異議申し立てを行う余地があることに注意する必要がある。

　第一に，ある個人の《選好》と《利害》を直結する理論的慣行には，選好概念の多義性を無視しているという点で，重大な異論の余地がある。この点を理解する一つの有効な方法は，ジョン・ハルサニー [Harsanyi (1955; 1977)] によって導入された的確な概念構成と用語法にしたがって，《倫理的選好（ethical preference）》と《主観的選好（subjective preference）》を概念的に区別することである。前者は，ひとが自分の主観的な立場や個人的な利害から意識的に離れて，客観的な衡平性や正義など，《没個性的（impersonal）》な社会的配慮に基づいて表明する規範的な選好判断である。後者は，ひとが自己の人格と個人的立場にあくまでも固執して，主観的に表明する《個性的（personal）》な選好判断である。この両者とも，それぞれ固有の意味において，当該個人の選好判断と呼ばれるに相応しい資格を備えている。それにも関わらず，個人の選好と

彼の主観的な利害関心を直結させる正統派理論の慣行は，個人の倫理的選好にその正当な位置を承認しない極端な立場をとることによって，ひとが公平で没個性的な倫理的判断を行う能力をもつ社会的存在であることを完全に無視する過ちに陥っている。

　第二に，ある個人の選好と厚生を繋ぐ連結環も頑健であるとは認め難い。この点を理解するためには，ひとの選好は決して先験的・固定的に与えられたものではなく，人生の歴史的経験に応じて内生的に形成されるものだという事実に注目しさえすればよい。例えば，習慣的な服用によって麻薬中毒に陥ったひとは，冷静な判断ができる状況なら麻薬の服用を断ちたいと思っているにせよ，禁断症状が現れた際に誘惑的に提供される麻薬に対しては，全く抵抗力を失っている。したがって，麻薬を提供されたひとが喜んでそれを受け取ったからといって，この選択行動の顕示を証拠として彼の厚生が高まったと考えるとすれば，いかにも愚かしい判断だというべきである。また，高い望みをもてばもつ程失敗の苦痛はさらに激しいことを長い失意の人生から学んだひとは，自らの欲望を過酷な現実に妥協して改鋳してしまって，客観的には貧しい成果やささやかな好意からも主観的には高い厚生を享受することになりがちである。このようなひとが貧しい現状を諦観して平穏無事に暮しているにせよ，彼の改鋳された選好に即応してこの状態を厚生最善の至福状態とみなすとすれば，麻薬中毒者の例の場合と同様に愚かしい。このように，ひとの主観的選好を厚生分析の基礎概念として採用する正統派理論の慣行に対しては，内生的な選好形成という否定すべくもない事実を挙げて，強い異議を申し立てる余地がある。

　第三に，選好と選択を結ぶ連結環も緊密であるとはいい難い。この事実を印象的に示すためには，正義感や他人の窮状に対するやむにやまれぬ義務感から，自分の選好の観点からいえば最善ではない選択肢を，敢えて自覚的に選択する行為形態——セン [Sen (1977c)] が《コミットメント（commitment）》と名付けた行為形態——を挙げればよい。明らかに，コミットメントは個人のもつ倫理感と不即不離の関係に立っている。ひとの選好——特に主観的選好——と彼の選択を直結して，倫理的な思考や道徳的な価値に動機付けられた反（主観）選好的な行為形態に理論的な位置を認めない正統派のアプローチは，人間行動の動機に関して著しく視野が狭い特殊なアプローチであるという他はない。

だが，伝統的な理論を徹底的に批判して新たに野心的な理論を作る試みに対しては，正統派からの反批判と新しい理論の弱点に対する攻撃が激しく加えられることは当然予期すべきである。正統派理論に対するセンの批判の場合にもこの間の事情には全く変わりはなく，ケン・ビンモア [Binmore (1988)]，ロバート・サグデン [Sugden (1993)] などによって，正統派理論へのセンの批判に対して激しい反批判が投げかけられている。

　例えば，適応的・内生的な選好形成や，コミットメントのように正統派の概念的枠組みには収まらない倫理的な行動動機を強調するセンの正統派批判に対しては，行動は環境によって賦課される制約に対する長期的な戦略的適応に他ならないと考える《進化論的ゲーム理論 (evolutionary game theory)》の立場から，強い反批判が浴びせられている。センは利己的選好とは異質な動機を経済単位の行動モデルに直接的・明示的に導入して，人間行動の動機の多様性を正当に承認することを求めた。これらの倫理的な行動動機は，ひとが自己の行動を正当化するために実際に行う説明とも整合的であるうえに，そもそも実際の人間行動がこれらの倫理的な動機によってしばしば影響されることも否定できない事実である。それだけに，センの要請はいかにも説得力に富んでいる。だが，この事実を率直に認めたうえで進化論的ゲーム理論の唱道者たちは，正統派理論に取って代わるにはセンの理論は本質的にアド・ホックであって，特定の例を巧妙に説明する役には立つにせよ，堅実でオペレーショナルな理論的基礎を欠いていると激しく切り返すのである。また，正統派の一元的選好仮説に立脚する理論によれば，コミットメントのように，あたかも利己的選好とは異質な動機に依拠すると思われる行動でさえ，利己的な経済単位が《繰り返しゲーム (repeated game)》の均衡として選択するノルムとして，合理的に説明可能である。すなわち，表面的には利己的な行動動機と両立不可能な倫理的動機に根差す行動ですら，実際には利己的な動機を長期的に実現するための均衡戦略に過ぎないのであって，行動の外見的な倫理性に対してしばしば行われる強調も，この均衡を維持するための社会的な調整メカニズムの重要な一部に他ならないというのである。

　われわれの考え方によれば，センの洞察と進化論的ゲーム理論を二者択一的に考えて，一方を支持すれば他方を棄却せざるを得ないと思い詰める必要は全

くない。進化論的なシナリオの要点は，十分な時間さえ与えれば行動は環境に適応して利己的な動機に基づく人間行動も倫理的な解釈を許す長期均衡を発見して，その均衡を維持するための社会的な調整メカニズムを誕生させるという卓越した洞察にある。だが，長期均衡の成立を待つ時間的余裕がないコンテクストにおいても，人間は倫理的動機に衝き動かされて崇高な行動に出ることがある。また，人間生活の真実は，短期的にも長期的にも，利己的行動と倫理的行動が併存すること——多様性——にこそあるというべきである。人間行動の動機も多様だが，人間行動を説明する理論にもそれぞれところを得た多様性を認めるのが，理論の現状では賢明な選択であるように思われる。

7 非帰結主義的アプローチの必要性と可能性

本章の議論を振り返ってみると，厚生というフィルターによって濾過された帰結情報に専ら依拠する伝統的なスタンスは，実りある厚生経済学と社会的選択の理論の建設を阻む一つの障害物である可能性が窺われる。システムないし政策の是非を的確に評価するためには，厚生に関する情報に追加的あるいは代替的に，一層豊かな情報の獲得が必要とされる状況が少なからず存在するのである。われわれをこの地点にまで導いてきた先導者としてセンが果たした役割の重要性に関しては，恐らく異論の余地はないといってよい。

ところで，規範原理の情報的基礎としてこれまでに採用が提案されてきた追加的——あるいは代替的——な情報は，ほとんどの場合に帰結に関する非厚生情報であって，帰結主義それ自体の境界を越える提案は，あるとしても非常に稀であった。セン自らも，帰結に関する情報が厚生というフィルターによって過剰に濾過されてきた点は痛烈に批判するにせよ，帰結に関する記述が厚生情報に加えて非厚生情報を追加的に利用して拡充されるならば，この意味で拡張された帰結主義のアプローチを維持し続ける考え方をしばしば表明している[11]。こ

---

11) 1998年6月，ロンドン・スクール・オブ・エコノミックスの自然科学・社会科学哲学センターは，アマルティア・セン，アラン・ギバード，鈴村興太郎を招聘して Workshop on Economics and Human Values を開催した。このワークショップにおいて，ギバードは厚生概念を広義に理解したうえで，厚生主義の立場を擁護した。センは，厚生主義を批判しつつ，帰結概念を広義に理解したうえで，帰結主義の枠組みを基本的に維持する立場を鮮明にした。最後に鈴村は，帰結に選択手続きを含ませる程に帰結概念の拡大解釈を推進す

れに対して，本節と次節では，帰結主義それ自体の境界を越えて社会的厚生判断の情報的基礎を非帰結主義的に拡張する必要性があること，そしてそのような拡張には，分析的な実行可能性と有効性があることを示唆することにしたい。

　帰結主義それ自体の境界を踏み越える試みをすべき第一の理由は，最終的に選択された帰結の背後に存在して，選ぼうとすれば選べた——しかし実際には棄却された——選択肢の機会集合には，最終的な選択の手段を提供するという《手段的価値（instrumental value）》の他にも，固有の《内在的価値（intrinsic value）》を認めるべき場合があるという洞察に根ざしている。この観点の重要性を的確に強調したのはセン [Sen (1997a)] であった：

> 経済学の確立された伝統が示唆するところによれば，選択肢の集合がもつ価値は，それを利用して実現できる最善の選択……すなわち実際になされる選択によって表現されるものである。……［しかし］選択肢の集合の価値が，そこから結果的に選択された要素の価値と必然的に同一視されるべき理由は存在しない。結果的には利用されなかったにせよ，選択の機会をもてたという事実それ自体に対しても，固有の重要性を認めるべき場合が存在するからである。……事実，《選択すること》それ自体が固有の価値を認められるべき重要な機能なのであって，他の選択肢が全くない場合に x を得ることを，実質的な選択肢が別個に存在する場合に x を選択することから区別する考え方には，十分に合理的な根拠が存在するのである。

　実現された帰結の背後にあった《機会集合（opportunity set）》に内在的な価値を認めるアプローチは，明らかに帰結主義の境界を踏み越える最初の一歩を意味している。センの示唆に応えて選択の機会に内在的な価値を認める一つの分析的な枠組みは，鈴村＝徐 [Suzumura and Xu (2000a; 2000b; 2000c)] の研究によれば，帰結主義に選択の機会や手続きに関する考慮を含ませることが形式的に可能であることを承認しつつも，帰結概念の広狭に応じて理論の構造が全く様相を変えることを指摘して，むしろ明示的に非帰結主義的な理論の展開を進める立場を提唱した。だが，センの経済学と倫理学が恣意性の余地が残らざるを得ない分類のどの範疇に属するかということは，いずれにせよそれ程重要ではない。この点に関する一層の考察は，第5章において詳しく展開することにしたい。

よって提案された。まず，伝統的な意味における選択肢全体の集合を X，X の非空部分集合の集合族を K で表わすものとする。任意に与えられた $S \in K$ は，選択の一つの機会集合を与えている。このとき，選択の内在的価値を捕捉する手段として直積集合 $X \times K$ 上の《拡張された選好順序（extended preference ordering）》R を以下のように定義する：任意の $(x, S), (y, T) \in X \times K$ に対して，$(x, S)R(y, T)$ が成立するのは「意思決定者にとって，選択肢 x を機会集合 S から選択することは，選択肢 y を機会集合 T から選択することと比較して，少なくとも同程度に望ましい」場合，そしてその場合のみである。

この分析的な枠組みを適用すれば，《選択機会の内在的価値（intrinsic value of opportunity for choice）》に対して，簡潔な表現を与えることができる：意思決定者が選択機会に対して内在的な価値を認めるのは，

$$(x, S)P(R)(x, \{x\}), \{x\} \subset S$$

を満足する $(x, S) \in K, x \in S$ が存在する場合，そしてその場合のみである。

帰結主義と非帰結主義の概念に対しても，この分析的な枠組みを適用して以下のように精確な定義を与えることができる。

極端な帰結主義者 (extreme consequentialist)

任意の $(x, S), (x, T) \in K, x \in S \cap T$ に対して $(x, S)I(R)(x, T)$ を満足する個人は，極端な帰結主義者であるという。

極端な非帰結主義者 (extreme non-consequentialist)

任意の $(x, S), (y, T) \in K, x \in S, y \in T$ に対して，$(x, S)R(y, T)$ が成立するのは $\#S \geqq \#T$ が成立するとき，そしてそのときのみである個人は，極端な非帰結主義者であるという[12]。

ここで定義された極端な帰結主義者は，(x, S) と (x, T) を順序付ける際に x

---

[12] 選択肢の機会集合が有限集合であるという仮定はあくまで分析の単純化のための要請であって，帰結主義と非帰結主義を分析するための一般的なフレームワークでは，この仮定を排除することが可能である。この点の詳細に興味をもつ読者は，Suzumura and Xu (2000c) を参照して戴きたい。

の背後にある機会集合 S, T にはなんの考慮も払っていない。また，極端な非帰結主義者は，選択の帰結にはなんら関心をもたず，選択状況に含まれる選択の機会の豊富さが彼の選好判断の唯一の基礎である個人である。極端なケースであるにせよ，帰結主義と非帰結主義に対してこのように精確な理論的表現を与え得ることはこのアプローチの有用性の最初の徴候だが，さらに進んで帰結主義と非帰結主義に対して公理的な特徴付けを与えるとか，社会を構成する個人の間に帰結と機会の価値に関する評価の多様性が存在する場合にアローの一般不可能性定理にどのような影響が生じるかを検討するためにこのアプローチを適用する試みが，現在活発に進行中である。このような研究は，センがすえた道標を辿って選択機会の内在的価値を考慮に取り入れる分析のほんの端緒を開くものに過ぎないが，少なくとも以下の二つの一般的な結論を示唆できる程度には，具体的な成果が蓄積されつつあるのが現状である。

第一に，ひとびとが選択機会に賦与する内在的価値を考慮して社会的評価の理論的枠組みを拡大して，従来の厚生経済学と社会的選択理論が自らを閉じ込めてきた帰結主義の拘束衣を脱ぎ捨てる試みには，厚生経済学の貧困から脱出する可能な経路の一つの選択肢として，十分に合理的な根拠がある。

第二に，アローの一般不可能性定理は，彼が暗黙裡に設けた「全ての個人は厚生主義的帰結主義者である」という仮定に，本質的に依存しているように思われる。例えば，少なくともひとりの非帰結主義者が存在する社会には，基本的にアローが要請した性質を全部満足する社会的評価の形成ルールが，一般的に存在することが知られている。

規範的な厚生判断の情報的基礎としてみれば帰結主義は狭隘に過ぎる可能性があると考えるべき第二の理由は，最終的な帰結を実現する選択手続きにも価値ある帰結をもたらす道具としての手段的価値を越えて，固有の内在的価値を認めるべき場合があるという洞察に根差している。この観点を簡潔に例示するためには，鈴村 [Suzumura (1999a)] が導入した以下の例を参照するのが有益である：

　　ある父親が，3人の子供に同質的なケーキを公平に分配しようとするものとせよ。彼が利用し得る第一の分配方法は，自らこのケーキを3等分して，

子供たちにこの均等分配を受け容れるか，さもなくばなにも受け取らないか，いずれかひとつを選ばせることである．彼が利用し得る第二の分配方法は，子供達の間で公平な分配とはなにかを議論させて，その結論に応じてケーキを分配するように彼らに決定を委ねることである．もし子供達が均等分配こそ公平な分配だという結論に到り，われわれは最終的な分配の帰結しか知り得ないものとすれば，二つの分配方法の是非に関してわれわれは両者を同等と判断する他に道はない．だが，第一の方法は子供達に分配の仕方の決定プロセスに参加する権利をいささかも認めていないのに対して，第二の方法では彼らは公平分配のあり方を自ら決定する重要な権利を賦与されている．この顕著な差異を的確に捉えるためには，われわれは単に帰結に関する情報のみならず，その帰結が実現される選択手続きの内在的特徴に関する情報——非帰結情報——をも考慮して，社会的な判断の情報的基礎を拡大する必要があるのである．

実現された帰結の背後に存在して，その帰結の実現を媒介した《選択手続き（choice procedure）》に内在的な価値を認めるアプローチは，帰結主義の境界を踏み越えるもう一つの試みである．この方向を踏破するために，分析的な枠組みを発展させようとした先駆的な試みには，パタナイック＝鈴村 [Pattanaik and Suzumura (1994; 1996)]，後藤＝鈴村＝吉原 [Gotoh, Suzumura and Yoshihara (2000)] などが含まれている．

社会的な選択手続きに内在的な価値を認める考え方それ自体は決して特異なものでも奇矯なものでもない．「信念ある社会主義者は，社会主義社会に生きているというただそれだけの事実によって，満足を覚えるであろう．彼らにとっては，社会主義のパンはそれが社会主義のパンであるというだけの理由で，資本主義のパンよりもずっと甘い味がするかもしれない．たとえ彼らがそのパンのなかにはつかねずみを発見するにせよ」と喝破したのは，孤高の経済学者ジョセフ・シュンペーター [Schumpeter (1942, pp.190–191; 邦訳 pp.348–349)] だった．また，社会的選択理論の創始者アロー [Arrow (1951/1963, pp.89–91; 邦訳 p.142)] も，以下のような印象的な記述を残している：

［これまでのところわれわれは］社会状態を定義するベクトルの成分を考察することによって，手引きを見出そうとする試みは全くしてこなかった。この種の分析で特に興味深いものは，社会状態を定義する諸変数の中に，社会がその選択を行う過程そのものが含まれると考えることである。これが特に重要になるのは，選択機構それ自体が社会の諸個人にとって価値を有する場合である。たとえば，ある個人はある所与の分配を政府による配給を通じて達成することに比べて，それと同じ分配を自由市場機構を通じて達成することを明確に選好するかもしれない。社会的決定が行われる社会心理学的風土全体を含むように決定過程を広く解釈した場合，財の分配に関する選好に対比されたそうした選好の現実性と重要性は明白である。

アローが示唆するように，社会状態の記述を拡充して社会的な選択手続きの記述を含ませることは，形式的には簡単である。いま，x は伝統的な狭義の社会状態の記述であり，θ は社会的な選択手続きの記述であるものとする。(x, θ) という順序対を《広義の社会状態》と呼んで，これを「社会的な選択手続き θ によって狭義の社会状態 x が達成される状態」と解釈すれば，従来の理論の解釈方法を適切に改めるだけで，選択手続きに対する評価を内包する新理論に簡単に衣替えできるように思われるかもしれない。例えば，拡張された社会状態のうえで定義される個人 i の選好順序を Q_i と書くとき，狭義の社会状態 x, y と選択手続き θ, κ に対して，$(x, \theta) Q_i (y, \kappa)$ は「個人 i の判断によれば，状態 x を手続き θ の媒介によって実現することは，状態 y を手続き κ の媒介によって実現することと比較して，少なくとも同程度に望ましい」ことを意味するものと解釈することが可能である。

だが，このように解釈を改めた場合には，従来の社会的選択の理論をそのまま機械的に適用することは実は不可能となって，拡張された社会状態の選択に関する社会的選択の理論は全く新たな建設作業を必要とすることに注意すべきである。この点を理解する最善の方法は，《実行可能性（feasibility）》という基本的な概念を伝統的理論と新理論がどのように表現するかという点に注目してみることである。伝統的理論における実行可能性の概念は単純であって，社会状態 x が実行可能であるのは，選択の機会集合 A が与えられた場合に，$x \in A$ が

満足されるとき，そしてそのときのみであるということで尽きている．これに対して，新理論における実行可能性の概念を表現するためには，選択手続きの構造を明示しなくてはならない．議論を具体化するために，本章ではゲーム形式による選択手続きの表現を採用することにしたい．社会 $N := \{1, 2, \ldots, n\}$ におけるゲーム形式とは，順序対

$$\gamma := (M, g), \qquad M := M_1 \times M_2 \cdots \times M_n$$

のことをいう．ただし，$M_i (i \in N)$ は各個人 i に許容される戦略集合であり，g は実行可能な帰結集合 S と戦略ベクトル $\boldsymbol{m} := (m_1, m_2, \ldots, m_n)$ に一つの帰結

$$g(\boldsymbol{m}, S) \in S$$

を対応させる帰結関数である．いま，狭義の社会状態に対する個人的選好順序のプロファイル $\boldsymbol{R} := (R_1, R_2, \ldots, R_n)$ が与えられ，ゲームの均衡概念が σ で与えられる場合に，非協力ゲーム $(\gamma, \boldsymbol{R})$ の均衡戦略ベクトルの集合を $\sigma(\gamma, \boldsymbol{R})$ で表現するとき，広義の社会状態 (x, γ) が実行可能であるのは，

$$x \in g(\sigma(\gamma, \boldsymbol{R}))$$

が成立するとき，そしてそのときのみである．すなわち，広義の社会状態 (x, γ) が実行可能であるためには，狭義の社会状態 x は非協力ゲーム $(\gamma, \boldsymbol{R})$ の均衡帰結でなくてはならないのである．明らかに，広義の社会状態の実行可能性を確認するためには，狭義の社会状態に対する選好プロファイルと非協力ゲームの均衡概念が必要となる．

　拡張された社会的選択の理論が，厚生主義的帰結主義にコミットした伝統的な規範的経済学を越えて開拓する豊かな可能性を秘めている領域は，手続き的正義論である．手続き的正義論には二つの伝統的な考え方がある．

　第一の考え方は《完全な手続き的正義（perfect procedural justice）》論である．この考え方は，帰結の空間で先験的に与えられた《帰結道徳律（outcome morality）》から出発して，その道徳律を満足するという意味で正義にかなう帰結を必ず実現する機能を備えた選択手続きを，正義にかなう手続きと認めるアプローチである．この考え方を端的に特徴付ける標語は《帰結道徳律の手続き的正義に対する優先性》である．この考え方に基づいて正義にかなうと認めら

れる手続きは、帰結に関する道徳律を実現する《手段》ないし《道具》として、単に副次的な位置付けしか与えられていないからである。

　第二の考え方は《純粋な手続き的正義（pure procedural justice）》論である。このアプローチは帰結の空間における先験的な道徳律を前提しない。すなわち、ある《手続き的正義の条件》にしたがって先験的に採択された社会的な選択手続きを適用して実現される帰結は、なんらかの帰結道徳律を満足するか否かとは全く独立に正義にかなう帰結であると認める考え方こそ、純粋な手続き的正義論なのである。この意味において、純粋な手続き的正義論を端的に特徴付ける標語は《手続き的正義の帰結道徳律に対する優先性》である。

　伝統的な厚生経済学と社会的選択の理論は、資源配分の帰結の空間で、《パレート効率性》とか《羨望のない状態としての衡平性》など、社会的な合意が比較的容易に成立すると期待される帰結道徳律を先験的に導入して、競争的価格メカニズムなど社会的な選択手続きの性能を、前提された帰結道徳律を実現できるか否かに応じて判定するという理論構造をもっている[13]。したがって、伝統的な規範的経済学は完全な手続き的正義論の立場に依拠して、帰結と手続きとの関係を理解してきたということができる。厚生主義的帰結主義は、完全な手続き的正義の観点に立つ伝統的な理論構造に、まさに適合的な情報的基礎を提供してきたのである。これとは対照的に、純粋な手続き的正義の観点に立つ規範的な経済分析は、伝統的な厚生経済学と社会的選択の理論にはほとんどその前例がないといっても過言ではない。実際、厚生主義的帰結主義という伝統的な厚生経済学の情報的基礎は、純粋な手続き的正義の観点に立つ経済分析を行う余地を先験的に奪ってきたといわざるを得ないのである。

　ところで、純粋な手続き的正義論は帰結道徳律に対する優先性を認める点に

---

13) 羨望のない状態としての衡平性は、個人間比較の可能性を認めない序数的厚生主義に立脚しつつ、パレート効率性を越えて分配の公正性に関する判断を導入しようとしたアプローチである。この概念を中核にすえて、経済均衡の衡平性を研究した代表的な業績の例としては、Foley (1967), Kolm (1969; 1971/1997; 1996), Pazner and Schmeidler (1974; 1978), Thomson and Varian (1985), Varian (1974; 1975) を、そして社会的選択の理論の論脈においてこの概念の意義を検討した数少ない研究例としては、Suzumura (1981a; 1981b) を挙げておきたい。また、この概念の簡潔な解説としては、奥野＝鈴村 (1988, 第35章) を参照されたい。

決定的な特徴をもつだけに，正義にかなう手続きを定義するに際しては，選択手続きが達成する帰結の善悪から手続きの善悪を判定するという論理的遡及の手順を踏むわけにはいかない。だからこそ，純粋に手続き的な正義論を展開した代表的な貢献であるロールズの正義の理論 [Rawls (1971)] は，正義にかなう手続きの社会的決定が行われる《原初状態（original position）》という虚構の契約の《場》を理論的に設定して，多くの情報の獲得と利用を意図的に遮断する《無知のヴェール（veil of ignorance）》でこの契約の場を包んだのである。もし仮に，社会的に決定された手続きを適用した結果を合理的に推定するために必要な情報がひとびとの掌中にあれば，彼らはその手続きが結果的に実現する社会状態が自分に好都合なものになるように，手続きを社会的に決定する段階で戦略的に行動する誘因をもつことになるからである。ロールズが前提した無知のヴェールは，ひとびとが自己利益の観点からではなく，手続きの内在的価値を《没個性的（impersonal）》・《不偏的（impartial）》に評価する観点に立って社会的な決定に参加するように動機付ける理論的虚構だったのである。往々にして非現実的・空想的だと非難されがちな《無知のヴェールに覆われた原初状態》という虚構は，ひとびとが公正な手続きの社会的選択に対するコミットメントを共有することを表現した巧妙なレトリックなのだと理解すべきである。

8　おわりに

本章では，正統派の規範的経済学の基礎に対するセンの批判を二つの論点に集約して検討した。

センの第一の批判は，正統派理論の情報的基礎に向けられていた。経済システムや経済政策の是非を，そのシステムや政策がひとびとにもたらす厚生を唯一の情報源として判断する厚生主義的帰結主義は，直観的な事例に即して承服しがたいインプリケーションをもつ可能性があるうえに，ひとびとに対してプライバシーの社会的尊重を権利として賦与するという考え方と原理的に対立する可能性をもち，規範的経済学の基礎としては脆弱に過ぎることが指摘された。

センの第二の批判は，正統派理論がひとびとの選好に対して担いきれない程に過大な要求を課しているために，厚生経済学と社会的選択の理論を《合理的な愚か者》の寓話に化してしまう危険性があることを指摘するものだった。

本章ではさらに，単に厚生主義的帰結主義を克服するのみならず，帰結主義それ自体の境界を越えて規範的経済学の情報的基礎を拡充する必要性と可能性があることを，選択機会の内在的価値と選択手続きの内在的価値に焦点をあわせて例示した。

　厚生経済学と社会的選択の理論に対するこれらの批判と反省を踏まえたうえで，本書の第5章から第7章では，センによる新たな福祉の経済学の建設作業を跡付けることにしたい。また第8章では，われわれ自身が考える今後の厚生経済学と社会的選択の理論のあるべき姿を，簡潔にスケッチすることにしたい。

第5章　厚生経済学の新構想
<u>方法論的枠組み</u>

1　はじめに

　第2章で論じたように，多くのひとびとの関心を喚起して大きな理論的・実践的インパクトをもたらしたアローの社会的選択の理論は，非常に一般的な分析的枠組みを駆使する点にその特徴をもっている。アローの分析は，ひとびとが表明する個人的選好順序を集計して社会的選好順序を形成するプロセスないしルールの形式的構造に関心を絞って，個人的・社会的な選好の対象・性質・根拠などはほとんど分析対象にしていない。彼の理論では選好の定義域は抽象的な普遍集合とされていて，この定義域のうえで順序の公理を満足する限り，いかなる選好も分析対象として同等の資格を認められているのである。

　例えば，アローの分析的枠組みでは，個人が表明する選好順序はなにに対する選好であるか——デパートに陳列された商品への《嗜好》なのか，国会議員の候補者に対する《判断》なのか，あるいは福祉政策のオプションに対する《評価》なのか，など——は全く不問に付されている。また，個人が表明する選好順序は直観的・印象的なものか，熟慮的・討議的なものか，利己的関心に基づくものか，それとも公共的関心に基づくものかなども，全く識別されていない。そのため，選好の対象と選好の性質との間の対応関係にも，全く注意が払われることはないのである。

　アローがこのように抽象的な枠組みを採用した一つの理由は，政治的な決定プロセス——投票メカニズム——と経済的な決定プロセス——市場メカニズム——を共通の分析的枠組みで統一的に理解できる理論を構成したいという彼の問題関心にあった。この関心からすれば，投票メカニズムと市場メカニズムは，社会構成員の個人的評価のみに依拠して社会的評価を形成するという形式的構造を共有するプロセスないしルールの特殊ケースに他ならないことになって，その他の面でこれらのメカニズムが示す著しい差異は，完全に捨象されることになる[1]。別の表現をすれば，アローは多様な社会的選択の問題に含まれ

---

1)　アローは『社会的選択と個人的評価』[Arrow (1951)] の冒頭で「投票メカニズムと市場

る内容的な差異を捨象して，個人的評価に依拠して社会的評価を形成するという《手続き的な形式（procedural form）》のみに関心を絞りこんで，彼の抽象的・一般的な分析の枠組みを構成したのである。

これに対して，ジョン・ロールズが構成した正義の理論は，基本的諸自由（市民的・政治的自由），社会的機会，経済財，《自尊（self-respect）》の社会的基盤など，ロールズが《社会的基本財（social primary goods）》と命名した《善》の分配方法に関する基本的な原理——正義の基本原理——並びにその導出の手続きを分析対象としている。彼は《無知のヴェール》に象徴される公正な手続き的条件のもとで，基本的諸自由の平等な分配を優先的な原理として，社会的機会の平等な保障と経済財の公正な格差的分配を定める正義の基本原理が，社会を構成するひとびとの合理的かつ公正な判断に基づいて導出されるという主旨の理論を構成したのである。

正義の基本原理の導出手続きに関するロールズの分析的枠組みは，社会構成員の個人的判断に依拠する社会的選択プロセスを分析対象とする点において，アローの社会的選択の理論の枠組みと共通している。ただし，ロールズの枠組みでは社会的選択の対象が正義の基本原理の選択に限定されている点が，アローの抽象的・一般的な枠組みと明瞭に異なる特徴となっている。また，選択対象が限定されていることに伴って，個人的選好判断の定義域も社会状態に関する普遍集合ではなく，さまざまな正義原理の選択肢のクラスに限定されている。さらに各々の個人が表明できる選好判断のクラスも，個別的利害に対する私的関心に基づく選好判断を排除して，規範的・公共的な性質をもつ選好判断のみを許容するように限定されている。この点もまた，アローの枠組みと比較してロールズの枠組みがもつ特徴のひとつに数え挙げられる。

アローの理論とロールズの理論を参照標準とするとき，センの規範理論の特

メカニズムは集合的な社会的選択の一般的なカテゴリーの特殊ケースと看做されて，両者の区別は無視される」と言明している。彼はまた，投票と市場との間のアナロジーを主張する他の議論として，投票を集合的消費とみなすハワード・ボーエン [Bowen (1943)] の議論や，ダンカン・ブラック [Black (1948)] の議論を紹介している。また，両者の相違に関するフランク・ナイト [Knight (1931)] の議論に対しては，ナイトが指摘する相違はあくまで社会心理学的相違であって，アロー自身が主として関心対象とする形式的側面に関する相違ではないとも注記している。

徴はどのような点に認められるべきだろうか。

　第一に，センはアローの社会的選択の理論を継承しつつも，アローの分析的枠組みが非常に抽象的であって，個人的選好の対象となる社会的選択肢に関しても，また個人的・社会的選好それ自体の性質に関しても，内容的な識別がなされていないという事実を批判的に指摘している。センの批判の主旨は，アローの公理主義的アプローチは，広範な適用可能性という大きなメリットをもつことの楯の反面として，本来は全く異なる問題を同一の抽象的枠組みに収納するプロセスで，個別的な問題が含む豊かな内容的差異を捨象してしまう危険性があるという点にある。この批判に自ら応えて，センは個人的選好の社会的集計ルールそれ自体の望ましさを判断する《政治的・公共的な判断の問題》と，個人間のさまざまな利害対立と当事者の双方に有利な協力の可能性が共存する資源配分の在り方を巡る《利害調整的な問題》を区別した。問題をこのように識別することに対応して，センは前者の問題に対しては個人間で比較不可能な序数的選好を情報的基礎とするアローの分析の枠組みを基本的に継承するが，後者の問題に対しては個人間で比較可能な拡張された選好順序を情報的基礎とする理論を構成した。このように，センは社会的選択の問題の基本的な論脈を識別して，論脈に適合的に構造化された複眼的分析の枠組みを構想したのである。

　第二に，センは社会的選択の情報的基礎となる個人的選好は決して一元的な概念ではないことを指摘して，質的に異なる複数の選好を適切に識別する理論を構成すべきことを主張した。個人が事実的・経験的にもっている選好——嗜好や趣味，他者への素朴な同感など——と，個人が反省的・規範的に再構成する選好——自己の生に関する慎慮的選好，公共的な判断など——を識別することは，センが指摘する選好の識別問題のわかりやすい例である。もうひとつの例は，これらの多層的な個人的選好と，それらのなかでどの個人的選好を表明すべきかを個々の問題の論脈に応じて判断する高次の選好——《メタ選好（meta preference）》——を識別することである。

　第三に，センはロールズのように分析の射程を特定の主題に限定して，その特定の主題の枠内で最も一般的・体系的な理論を構築することに自己の課題を限定するスタンスをとらない。ロールズとは異なり，センはさまざまなタイプの権利の内容や重みを前もって規定する基本原理を構想すること——例えば，市

民的・政治的自由への権利，社会的機会への権利，経済財や資源への権利の間に厳密な優先性を付けること——には懐疑的である。彼はまた，正義の基本原理を導出するために公正な条件を設定することによって，選択されるべき原理それ自身のクラスを限定するというロールズの《構成主義的方法》に対しても懐疑的である[2]。

このように，センは異なる問題の個別的・本質的な特徴を反映する複数の社会的選択メカニズムのあり方を全体として考察すること，また複数の社会的選択メカニズムの特質を相互に比較して位置付け得るような包括的な理論の構成を志向することにおいて，彼の研究の道標となったアローやロールズの理論とは異なるスタンスをとっている。本章の目的は，このような問題意識に根ざしたセンの批判的パースペクティブを跡付けて，厚生経済学と社会的選択の理論の革新を試みたセンの《厚生経済学の新構想》を明らかにすることである。

この作業に先立って，ひとつの注意を与えておくことにしたい。ロールズの正義の理論の場合には，《正義の二原理》《無知のヴェール》《原初状態》というオリジナルな基礎概念を理解することによって，彼の理論体系に接近することが可能である。センの理論の場合にも，《衡平性の弱公理》《リベラル・パラドックス》《合理的な愚か者》《コミットメント》《潜在能力の平等化》など，オリジナルな着想に基づき新しい研究分野を開拓するに至った基礎概念は数多く存在する。だが，これらの基礎概念を整理・理解するだけでは，センの厚生経済学の新構想を一つの理論体系として素描する段階にまでは辿り着けないとわれわれは考えている。これらの基礎概念を舞台裏で操る彼の方法論的枠組みについて，さらに深く読み解く必要があるからである。

本書ではこれまでにも，センの議論や概念を正確に理解するために，これらの議論や概念を背後から支える方法論的枠組みに注意を払ってきた。本章では，これまでとは少し異なる角度から，センの方法論的枠組みを一層包括的に検討することを意図している。われわれの考察の素材は，伝統的な厚生経済学と社会的選択の理論で社会的評価の情報的基礎を限定する役割を果たしてきた《序数主義》《集計主義》《厚生主義》《帰結主義》などに関するセンの哲学的な考察

---

[2] ロールズの《政治的構成主義 (political constructivism)》に関しては，本章の第6節を参照せよ。

である。

　一般に,《社会的評価の情報的基礎》という表現には,二つの規範的な含意がある。第一の意味は,社会的評価が適切な形で形成されるために要請される倫理的な条件という意味である。例えば,ロールズの正義の理論では,各個人の主観的な目的・願望,精神的・肉体的な特徴,出自の階層,将来占める社会的位置などに関する情報が《無知のヴェール》によって隠されるという条件を課せば,個人的利害を越えたより普遍的な性質をもつ個人的選好判断を形成することが可能になると考えられている。

　社会的評価の情報的基礎という表現の第二の意味は,制度の設計にあたって社会を構成するひとびとの多様な境遇を比較するために要請される情報的な素材という意味である。例えば,ひとびとの境遇の相違に配慮して公正な資源配分ルールを設計しようとすれば,ひとびとの境遇を記述する多様な情報——彼らは現状に満足しているか,彼らは豊かな財貨を得ているか,彼らは人生の目的を実現できているか,など——のなかで,なにをどのように抽出して分析の素材情報として活用すべきかという問題が重要になる。明らかに,これは資源配分ルールが満足すべき社会的目標はなにかという規範的な観点と関連する問題である。

　第4章で強調したように,センによる厚生経済学の新構想は伝統的な厚生経済学と社会的選択の理論に対する批判から出発しているが,彼の批判の真の目的は,伝統的なアプローチから必然的にこぼれ落ちる観点や情報を掬い上げて実りある理論の追加的な構築素材として活用して,従来の理論をより包括的なフレームワークに包摂する建設作業にあるというべきである。

　以下ではこのような観点から,センによる厚生経済学の新構想を吟味することにする。

2　序数主義・集計主義を超えて：個人の多様性

　手始めに第2章の末尾に挙げた分配問題の例を再検討してみたい。二人の個人に財を分配する三つの代替的な方法 A, B, C が,それぞれ以下のような個人的評価を得ている状況を考えよう：

　　　　A：(99, 1)　　B：(51, 49)　　C：(50, 50)

ただし，括弧内の第一の数字は個人1の評価，第二の数字は個人2の評価を示すものとする。どの個人も彼がより高く評価する分配方法を選好するものとすれば，個人1はAをBよりも，そしてBをCよりも選好するが，個人2はCをBよりも，そしてBをAよりも選好することは明らかである。この状況において，われわれはA，B，Cのいずれの分配方法を社会的に選択すべきだろうか。この問題に対する解答は，個人的選好の可測性と個人間比較可能性に関する仮定に基づいて，各々の分配方法がひとびとの境遇にもたらす利得と損失を比較する方法に依存せざるを得ないことは明らかである。

　コンドルセやボルダの投票理論をモデルとしてアローが構築した社会的選択の理論においては，個人的評価は序数的で個人間比較可能性をもたない情報である。そのため，A，B，Cのいずれを社会的に選択すべきかという判断に関して二人の個人が真っ向から対立することを教える以上には，上で与えた個人的評価に関する情報は社会的選択を行う情報的基礎として全く役割を果たさない。別の表現をすれば，この情報的基礎に依拠する限り，各々の分配方法がひとびとの境遇にもたらす利得と損失を比較して社会的選択を行うことは実際上不可能なのである。事実，コンドルセの単純多数決ルールにせよ，ボルダの得点集計ルールにせよ，A，B，Cという選択肢を全て社会的に無差別だと判定する他はないのである。

　これに対して，ジェレミー・ベンサムによって創始され，フランシス・イシドロ・エッジワースやアーサー・ピグーによって社会的厚生判断の基本原理とされた功利主義の場合には，代替的な分配方法に関する個人的評価は，基数的で個人間比較可能な快楽・欲求・幸福の測度――《効用（utility）》――と同一視される。「エッジワースにとって，効用は朝食のテーブルのジャムと同様に実在感のある概念だった」というサミュエルソンの言明は，功利主義の効用感覚を鮮やかに特徴付けている。この情報的基礎に立脚する功利主義は，代替的な分配方法の社会的比較に際して各個人の評価を形式的に等しく扱うのみならず，全個人の効用の総和を社会的選択の基準に採用することによって，個人的な利得と損失の社会的なトレード・オフ関係を考慮に取り入れる社会的選択の方法を開発したのである。上掲の例の場合には，Aという分配方法がもたらす総効用はB，Cという分配方法がもたらす総効用を凌駕する――別の表現をすれば，

B（または C）から A への分配方法の変更によって個人 2 が被る効用の減少は，個人 1 がこの変更によって獲得する効用の増加によって凌駕される——ため，選択肢の集合 {A, B, C} からの社会的選択は，一意的に A に決定されることになる。

　第 3 章で述べたように，センが一貫して持ち続けている一つの問題関心は，個人の多様性に関する認識と個人間比較の視点である。資源配分ルールの設計など経済政策を立案するに際しては，社会を構成するひとびとの主張を形式的に等しく扱うことに留まらず，ひとびとの主張の内容的な相違にまで踏み込んで，その相違をなんらかの観点から社会的評価に反映させる必要がある。このような関心を強くもっていた点において，センは厚生経済学の誕生に寄与した功利主義の歴史的な意義を高く評価している：

　　異なる社会状態のもとでひとびとが得る利得と損失を比較する功利主義の視点は，決して無視されるべきものではない。それは社会状態の評価に関してコンドルセやボルダが直接的な関心をもたなかった個人間比較の視点である。……個人間比較を全く排除する序数的な効用概念に依拠する厚生経済学が出現したことにより，ベンサム的効用計算の情報的基礎はコンドルセやボルダの投票理論と同程度のものに限定されてしまった。いかなる個人間比較も行わずに異なるひとびとの効用ランキングを用いて社会的選択を行おうとすれば，投票において社会的選択をなす場合と分析的には類似したアプローチを採用することになるからである [Sen (1999c, p.352)]。

　ただし，ひとびとの主張の内容的相違——ひとびとの境遇に生じる便益と損失——に関する個人間比較の視点が効用の社会的総和の最大化（功利主義的目標関数）に対するひとびとの寄与度に還元されてしまった点に，センは功利主義の限界を認めている[3]。ひとたびひとびとの主張の内容的相違に着目するな

---

3) 第 3 章で示したように，功利主義がひとびとの総効用の平等化を要請する場合があることは事実である。だがそれは，効用の集計値を最大化する条件がひとびとの限界効用の均等性であり，ひとびとは等しい効用関数をもつという特殊な仮定のもとでは，この限界効用の均等性の条件がひとびとの総効用の平等を偶然的に意味したにすぎない。社会的目標関数は，ひとびとの総効用の平等化ではなく効用の集計値の最大化におかれているの

らば，個人間比較の方法は効用の社会的総和の最大化に対する寄与度の比較に限られるわけでは決してない．それ以外にも，例えば B から A への変化により個人 2 が被る損失は，B から C への変化により個人 1 が被る損失よりも甚大であるという主旨の比較を行うさまざまな方法がある．第 3 章で論じた不平等測度の理論は，分配の衡平性の観点から異なる所得分配がもたらすさまざまなタイプの個人間格差を一定の規範的観点から評価して，社会的指標に集約することを基本的な課題とするものだった．

3　厚生主義を超えて：価値の多元性

　功利主義に対するセンの批判は，効用の社会的総和にのみ注目するその集計的アプローチに対して専ら向けられているわけではない．「功利主義は，その中心的な定式化においては《帰結》に基づいて行為を選択すること，とりわけ《厚生》の観点から《帰結》を評価することを推奨するものである[4]」．功利主義に対するセンの第二の批判は，この意味において功利主義が依拠している《厚生主義（welfarism）》それ自体に向けられている．

　厚生主義とは，道徳理論の情報的基礎に個人の《厚生》——《快楽》《欲求》《幸福》——のみをすえて，全ての《善》の重要性をそれに対する欲求の強さ，あるいはそれが生み出す快楽や幸福によって基礎付ける立場であった．自由や権利や機会などがもつ価値でさえ，厚生を高める手段として役立つ限りにおいて手段的に評価されるに過ぎないのである．功利主義がこの意味において厚生主義に立脚していることは明らかだが，質的に異なる種類の価値を効用という単一の価値に還元することに留まらず，全ての個人の効用を同質的な数量に還元して単純な加算への道を開くことによって，功利主義の集計的アプローチがはじめて成立し得たのである．

　厚生主義に対するセンの批判は，価値の多元性に対する配慮を欠く《鈍感性（obtuseness）》に向けられている．厚生主義は，われわれが経験的・無反省的

　で，異なる仮定のもとでは容易に異なる結論が導出される．センがしばしば問題とする例は，より低い限界効用をもつために集計値への寄与が少ない身障者に対するより少ない資源配分が正当化されてしまうようなケースである．

[4]　Sen and Williams (1982, p.4)

に感じる厚生——快楽・欲求・幸福——と，われわれが理性的に追求すべき価値とを混同している。道徳理論の基礎をなにに求めるべきかはわれわれ自身が判断すべき問題であるとすれば，そしてわれわれは事実的な快楽・欲求・幸福以外の価値を理性的に追求すべき十分な理由をもつとすれば，厚生以外の価値を最初から道徳理論の基礎から排除すべきではない。例えば，権利は厚生を実現するための手段としての道具的価値に即してのみならず，それ自身に備わった内在的価値に即しても評価されるべき十分な理由をもっているはずである。

このような観点からセンが好んで引用するのは，ロールズの以下の主張である：

> 満足の最大残高を計算する際に，(功利主義は) 各々の欲求の対象がいかなるものであるかを，間接的な方法以外では問題としようとはしない。…… かくして，もしひとびとが相互に差別し合うことや，自己の自尊を高める手段として他人の自由を削減することに一定の快楽を覚えるとすれば，これらの欲求の充足を（他の欲求充足の場合と同じく）その強度ないしそれに類するものに応じて熟慮して，比較・秤量しなければならなくなってしまう。これに対して，公正としての正義の理論においては，ひとびとは（各人のより特殊な目的がいかなるものであるかを知らなくても）平等な自由の原理を前もって受け入れている。…… 他人が自分よりも少ない自由を甘受するのを見て喜ぶような個人ですら，この喜びがなんら正当性を主張できるものでないことを理解している。他人の自由の剥奪から得られる快楽はそれ自体が不正なのだ。なぜならば，その快楽は原初状態で合意される基本原理の侵害を要求するような類いの満足であるからである [Rawls (1971, pp.3–31)]。

ロールズの功利主義批判は，ひとびとの目的や価値の自律性を尊重するという観点から，主として功利主義の集計主義的アプローチに向けられている[5]。だ

---

5) 「古典的な功利主義は，個人間の差異を真剣に取り扱うことに失敗している」[Rawls (1971, p.187)]。センはこのようなロールズの主張に関して，集計主義に向けられた功利主義批判としてのその的確性を高く評価しつつも，その批判は功利主義一般にあてはまるものではないこと，功利主義のなかにはひとびとの福祉に対する尊敬と配慮を基本的要請とする立場が存在することに注意を促している [Sen (1992a, p.14, n.5)]。

がここで引用したロールズの主張は，経験的価値と理性的に追求すべき価値を区別し得ない厚生主義的アプローチが一般的に共有する性質を鋭く衝いたものであることに注意したい。

ロールズのこのような功利主義批判に対して，センはその先駆的な意義を高く評価しつつも，彼の批判の論法に対しては異議を唱えている。ロールズは自由の価値は他のなにものにも還元しえないことを先行原理[6]としたうえで，「他人の自由の剝奪から得られる快楽それ自体が不正なのだ」という結論を導出したのだが，センは「そのような種類の快楽は不正である」と断定する必要はないという。「そのような種類の快楽は社会的には考慮されるべきではない」，あるいは「そのような種類の快楽は他の源泉から得られる快楽（食料，仕事，余暇）と《同格性》をもたない（a lack of parity）」とするだけで，厚生主義を退けるためには十分であると主張するのである [Sen (1982, p.363)]。

トーマス・スキャンロンの功利主義批判に対しても，センは同様の観点からコメントしている。スキャンロンは，《緊急性 (urgency)》と《効用》を概念的に区別したうえで，福祉は他のなにものにも還元しえない緊急性をもつ——そのひとは飢えているのか，寒さに震えているのか，抑圧されているのか——のであるから，一般的な効用に対して厳密な優先性をもつべきであると主張する：「道徳判断を行う際に，われわれが実際に採用する福祉の基準は客観的なものである。……個人の福祉の水準は，本人の嗜好や関心からは独立に定められるべきである[7]」。

センはスキャンロンによる厚生主義批判の意義を十分に認めながらも，これに対して以下の提案を行っている。すなわち，福祉を個人の関心から完全に切り離すのではなく，客観的な要因と個人の関心との両方によって規定される概念として福祉を再定義したうえで，福祉に対する関心は他の事柄に対する関心とは《同格性》をもたないとすることによって，厚生主義を退けることができる，と。

---

[6] ロールズによれば，「良心の自由は，例えば（正義の第二原理によって保証されるような）経済的・社会的な基本財と通約されるものではないし，なんらかの交換比率のもとでそれらとバランス付けられるものでもない」[Rawls (1971, p.314)]。

[7] Scanlon (1975, pp.658–659)

厚生主義は一つの極論であるから，これを否定する立場は非厚生情報の完全な無視を避けるという点では共通していても，多くの異なる形式——純粋なものから混合されたものまで——をとりうるのである [Sen (1982, p.364)]。

　厚生主義を改善する代替的な方法として，センは次のような方法を挙げている。すなわち，効用（欲求あるいは快楽）をあるものの価値を測る唯一の尺度とするのではなく，あるものが価値をもつことの必要条件とする方法——効用に基づく評価を道徳的価値の《認可条件（admission condition）》のひとつとして設定する方法——である。ただし，このような方法を採用すれば評価の形成に《非連続性》をもたらす恐れがあることには注意すべきである。例えば，効用の値が正であることを認可条件とすれば，あるものはその効用が正である限り——その値の絶対的な大きさとは独立に——高い価値を賦与される可能性をもつが，効用がゼロになった途端に価値を完全に喪失してしまうことになる。そこでセンは，連続性を保証しつつ，認可条件よりは強いが，厚生主義よりは弱い役割を効用に与える方法として，《効用に支援された道徳（utility-supported moralities）》という観念を提唱している[8]。

4　整序的な目標＝権利システム

　功利主義に対するセンの批判は，さらに《帰結主義（consequentialism）》それ自体にも向けられている。帰結主義とは，行為・ルール・制度などの選択にあたって，専らそれらがもたらす帰結の望ましさから判断する立場を指していた。効用のみを情報的基礎とする厚生主義はその代表例だが，経済成長あるいは社会の安定などの社会的目標を掲げて，それらの目標への貢献をもって経済政策の是非を判断する立場も，帰結主義に依拠する典型的な考え方である。帰結主義においては，精神の自由，身体の自由など基本的諸自由に対する権利や，生命および質実な生活に対する権利などは，それ自身の内在的価値に即してではなく，他の社会的目標に対して有効性をもつ限りにおいて，手段的に評価されることになる。

---

[8] Sen and Williams (1982, p.6, n.11)。また Sen (1980; 1981a; 1981b; 1981c) も参照せよ。

帰結主義に対しては,《自由尊重主義》あるいは《自由至上主義》と呼ばれる立場のひとびとから,強い批判が提起されている。例えば,第4章で紹介したリベラル・パラドックスに対してその著書『アナーキー・国家・ユートピア』においてロバート・ノージック [Nozick (1974)] が提唱した解法は,個人がもつ自由尊重主義的権利の行使によって社会状態を優先的に制約して,しかる後にまだ選択の余地が残されている限りにおいて,社会的目標の達成のために社会的選択を実行するという解法であった。センはこの解法を《制約基底的な義務論（constraint-based deontology）》と呼んでいるが,これはまさにいかなる社会的目標にも優る権利の優位性を主張するものだった。

　センもまた,個人の権利はそれ自身に内在する価値をもつこと,他の社会的目標には還元され得ない固有の優位性をもつことを理由として,帰結主義を批判する。だがその一方でセンは,帰結主義を批判することは,権利に対するひとびとの関心や権利がもたらす帰結および影響を完全に考慮の外におくことを意味するものではないことに注意を喚起している。センによれば,

> いかに帰結状態を豊かに定義し直したとしても,依然として帰結主義は不適格であると主張することには一理ある。だが,「帰結主義か否か」という議論は,「帰結感応的か否か」という議論と混同されるべきではない。実質的な内容を備えた道徳理論は非帰結主義的であると同時に帰結感応的でもあることが可能である。帰結状態は唯一の重要事ではないとしても,やはり重要事であることには変わりないのであって,生死,飢餓,栄養不良,快楽・苦痛は道徳的重要性をもたないと主張するのは不適切なのである [Sen (1984, pp.312–313)]。

この議論を具体的に例示するために,センは以下の状況を挙げている。

> 例えば,何千人ものひとびとが惨殺される恐れのある暴動を惹起するというきわめて悲惨な事態を阻止するために,市民的権利が侵害されることには,正当性があるし,事実正当化されてもきた。権利を保護することの重要性は,その保護がもたらすさまざまな帰結と比較・秤量されなければな

らないのである[9][Sen (1996b, p.162)]。

権利に対するひとびとの関心や権利がもたらす帰結は，そもそもなにをひとびとの権利として賦与すべきかという権利の初期設定にあたって無視し得ないのみならず，競合する可能性をもつ権利の相互関係においてさまざまな権利の優先性にいかに《相対的な重み (relative weights on different priorities)》を与えるべきか，あるいは権利以外の価値に対する優先性をどの程度まで与えるかを定める際にも，重要な情報的基礎となる。「権利を特定化してさまざまな権利の重みを決定するためには，各々の権利に対するひとびとの関心や，これらの権利によってもたらされる帰結を比較・秤量するという倫理的作業 (ethical exercise) が不可欠となる」[Sen (1996b, p.158)] のである。

かくしてセンは，さまざまな権利の実現をも社会的目標のひとつとして組み込む《整序的な目標＝権利システム (a coherent goal-rights system)》を構想する。それは，国民所得の上昇，社会厚生の改善，経済成長の維持など，権利が権利以外のさまざまな価値に及ぼす効果や影響のみならず，異なる種類の権利が相互にもたらす効果や影響をも考慮して，各々の権利の活動領域を確定する多元的・整合的な価値体系を意味している。それはまた，ひとびとの関心や社会的文脈に応じて各々の社会的価値の重み付けや優先性を変化させつつ，それらを首尾一貫した体系として眺めることを可能にする具象的かつ一般的な枠組みである。

このような枠組みは，道徳判断に関する《目的論》対《義務論》あるいは《目標基底性》対《権利基底性》という二項対立的な分析視角を乗り越える企図をもっている[10]。前述したように，センは厚生主義に対する批判として多元的なアプローチの可能性を示唆した。異なる種類の価値を厚生という均質的な数量へと一元的に還元するのではなく，複数の社会的価値を多元的に設定したうえ

---

9) ただし，権利以外の価値に対する権利の優先性を考慮するならば，ここでいう《帰結》はある権利の行使がもたらす帰結全般をさすのではなく，別のタイプの権利——例えば生存権——あるいは他のひとびとのもつ同種の権利をさすものと解釈される。あるひとのあるタイプの権利が制約されるとしたら，それは同様に内在的価値をもつ他のタイプの権利あるいは他のひとの有する権利がもたらす制約であると解釈されなければならないだろう。
10) Sen (1996b, p.154).

で，効用を認定条件として部分的に適用する方法が提起されたのである。《整序的な目標＝権利システム》では，個人のさまざまな権利を他の社会的目標に先立つ優先的な価値としたうえで，あらゆる社会的価値——個人の諸権利や社会的諸目標——の重みを整序化するようなシステムが構想されている。ただし，さまざまな権利にどの程度の優先性を与えるべきか，各々の権利にいかなる重みを付与すべきかという問題は，各々の権利がもつ内在的価値や，他の権利や社会的諸目標にもたらす効果や影響を考慮した《倫理的作業》によって決定されることになる[11]。

　以上の考察によって，集計主義・厚生主義・帰結主義を超えてセンが提起する多元的アプローチと，社会的価値の整序化システムに関する基本構想が明らかにされた。われわれの次の課題は，多元的な社会的価値の整序化システムの具体的様相を決定するための《倫理的作業》の内容を解きほぐすことである。多元的な社会的価値の特定化と，さまざまな権利の優先性や重み付けに関する判断は，どのようにして行われるのだろうか。多元的な価値に関するひとびとの多様な関心に配慮しつつ整序的な体系を形成・維持していくことは，はたして可能なのだろうか。次節からは，社会的価値の整序化システムの決定手続きに関するセンのアイディア——社会的選択アプローチの拡充——の検討を進めることにしたい。

5　個人の選好と権利の私的交換

　社会を構成するひとびとの多様な関心に基づく社会的価値の整序化システムとして，最初に自然に考えられるのは価値の擬似市場的な交換システムである。それは以下のように説明される。

　他の権利との関係で，あるいは権利以外の社会的価値との関係で，自由尊重主義的権利にいかなる重みを与えるかについて，ひとびとは異なる評価・選好をもつ可能性がある。例えば，投票の権利と堅実な暮らしという二つの価値，あるいは公正な裁判を受ける権利と静謐な生活という二つの価値に対してどのような重みを与えるかに関して，ひとびとはその置かれた歴史的・社会的状況に

---

[11]　このようなセンの枠組みの本質的な特徴とその問題点を捉えた先行研究の例としては，長谷川 (1990, p.212, n.68) が挙げられる。

応じて，あるいはまた彼らが抱いている《善》の概念や目的・人生計画に応じて，異なる評価・選好をもっているはずである。権利の私的交換という発想はひとびとのこのような評価・選好の相違に着目して，当事者間で最も効率的な結果を達成させる制度＝メカニズムを擬似市場的な交換システムに求める考え方だった。投票の権利と引き換えに貨幣的報酬を受け取るというように，ある個人の権利と経済的価値が交換されることによって交換当事者がいずれもより高い効用を得ることができるならば，そのような交換は容認されるという発想である。権利の市場化を意味するこの考え方は，第4章で紹介したリベラル・パラドックスに対する一つの解法として，ジェームス・ブキャナンやブライアン・バリーに代表される多くのひとびとによって実際に推奨されたものである。だが，そのような一見して正当性をもつ解法に対して，センは強い疑問を提起している。個人が自己の自由尊重主義的権利を放棄することを容認するシステムは，はたして倫理的に正当化されるものなのだろうか，と。

　自らのこの問いかけに否定的に答えるセンは，その根拠としてジョン・スチュアート・ミルの『自由論』から次の一節を引用している：

> 己れを奴隷として売る場合には，彼は己れの自由を棄てるのである。彼はその一回の行為以外には，将来永久に己の自由を活用することができなくなるのである。それ故に，自分自身を拘束されずに処理することを正当化しようという当初の目的を，彼は自ら放棄することになる。彼はもはや自由ではあり得ない。彼は，自発的な意志をもってその境遇に留まっているのだという仮定がもはや成り立たなくなるような境遇に，自らを追い込むことになる。自由の原理は，彼が自由でなくなる自由をもつべきだ，と要求することはできない。自由を譲渡することが許される状態は，自由であるとはいえないのである [Mill (1859, 邦訳 p.333)]。

　ミルの主張は奴隷制のような永続的な権利の交換を念頭においたものであるから，適用範囲，時期ともに限定的であるような権利の交換全体にミルの議論を敷衍することは，おそらく不適切であろう。だが，そのような留保を置いたうえでもなお，次の問いかけが真剣に検討されなければならない：自由尊重主

義的な権利の私的交換という契約に対して，公的執行力を与えることが，果たして正当化されるだろうか。

問題の本質は次の点にある。ある特定の条件のもとで，ある種の自由の行使に関する権利の私的交換が容認されるとしたら，その理由は当事者間の利益の増進ではなく，そのような形で特定の権利の具体的内容を規定することが普遍的な妥当性をもつからでなければならない。そのような理由が存在しない限り，権利の私的交換に公的執行力を与えることはできないだろう。なぜなら，契約に公的執行力を与えるということは，権利交換を特定の個人間の特殊な了解で終わらせるのではなく，同様の状況下にある全てのひとびとに対して普遍的に適用される公共的ルールとして一般化することを意味しているからである。だが，例えば良心の自由，身体の自由に関して，あるいは投票の自由，政治的自由に関して，ひとびとの間の権利交換を公共的ルールとして一般化することができるのだろうか。

さらにまた，次のような問題が存在する。たとえ特定の個人間で相互の了承のもとになされた私的交換であったにせよ，権利が交換されたという事実は情報としての外部性をもっている。それは特定の個人間の私的関係を越えて，権利それ自体の不可侵性を少しずつであっても確実に脅かしていく恐れがある。このような恐れがある限り，私的交換に公的執行力を与えないという消極的な対処に留まらず，私的交換を公的に禁止するという積極的な対処が必要となるのではあるまいか。

このような考察は，私的な自由に対して絶対的な優先性を与えるのではなく，公共的な観点からひとびとの事実的選好に基づく権利の私的交換を予め禁止すること，すなわち当事者たちの効用がともに改善されることが明白である場合でも，権利の私的交換を公的に禁止する理由が存在することを示唆している。この意味において，

> 真の問題は，私的な自由の絶対的な優先性ではなく，所得の増加などの私的便益と比較した場合の自由の重要性に関する次のような認識である。ある社会における自由の重要性は，個人が自己の私的便益全般との関係で自由に付与する重みによって適切に捕捉され得るものだろうか。……権利の

政治的意義は権利の私的効用をはるかに凌ぐものである。それは権利の保有によって保有者自身が増進できる私的便益をはるかに越えたものである。この点において権利は私的便益をもたらす他の諸源泉とは対称性をもたない。このような非対称性こそが，権利を確保することに対して手続き的な優先性を賦与するのである [Sen (1994a, p.32)]。

6　権利の社会的選択

　権利の特定化や権利の重み付けを行うにあたって個人の私的関心に基づく事実的選好に依拠することができないとすれば，はたして，どのような方法を採用したらよいのだろうか。一つの解答は，社会を構成するひとびとの関心からは全く独立に，先験的な方法で——例えば，宗教的な教義・政治的権威・社会的慣習などに基づいて——権利の特定化と重み付けを確定する方法である。だが，これはまさしく，アローが自ら提唱する社会的選択の理論の対極に位置するものとして，真っ先に退けた方法であった[12]。センもまた，このような方法をきっぱりと退けている：

　　ひとびとが受容するか否かとは無関係に権利が「存在する」と考えるのは不適切である。また，ひとびとの思惟から全く独立に手続きが「正しい」とか「正しくない」と信ずるのは妥当ではない。そのような見解は社会的選択の理論のアプローチを否定するのみならず，権利という観念が自然的なものでも天与のものでも強制されるものでもなく，「政治的」なものであることを否定するものである [Sen (1997e, p.25)]。

　センが退けた方法のなかには，ロールズの《政治的構成主義 (political constructivism)》の方法も含まれている。ロールズの政治的構成主義とは，公正な正義原理の導出に際して，その原理を導出するに相応しい諸条件を満足する公正な手続きを構成する一種のモデル・ビルディングの方法である。例えば，正義の基本原理の制定にあたっては《初期状況の公正性》と《道徳的な人格》が前提とされている。すなわち，意思決定に関するひとびとの自由と対等性が保

---

12)　Arrow (1963, p.1, n.1)。

障されている——経済的富裕や政治的権力などに由来する不平等が存在しない——状況において，ひとびとは自己の多様な目的を設定・追求・改訂する《合理性》と，私的情報に基づいて自己利益を追求する利己心を離れて公共的判断を形成しうる《公正性》を備えているものと前提されている。そのとき，ひとびとは相互の自由と対等性を保持するために必要な平等な基本的諸自由を第一原理とし，実質的な機会均等のもとで公正な資源配分を保障することを第二原理とする正義の二原理を選択すると考えられている。

このように，ロールズの理論においては，正義の基本原理を導出するための《公正な手続き》が，正義の基本原理の内容——異なる種類の権利間の重み付け——を定めると同時に，導出された正義原理の正当性を基礎付けることになるのである。《公正な手続き》それ自体の内容と正当性は，理論的前提として議論に先立って定められることになる。これに対してセンは，権利の社会的決定の《公正な手続き》をも理論のなかに内生的に組み込むようなより一般的な枠組みを構想するのである。それは一体どのような枠組みなのだろうか。

センの構想を的確に理解するために，まず個人的選好に関する彼の議論に着目したい。センは権利の評価に際しては個人の多様な関心を参照すべきことを主張したが，この主張には三つの側面が含まれている。第一の側面は，権利の保障という社会的目標の達成にあたって，個人の多元的な目的・価値に基づく私的選好は，環境や技術と同様に，社会的目標の制約条件として考慮されなければならないという側面である。第二の側面は，権利がもたらす帰結を評価する際には諸個人の境遇に及ぼされる効果や影響を捕捉しなければならないが，そのためには自己の境遇あるいはその変化に関する本人自身の評価が参照されなければならないという側面である。第三の側面は，権利の特定化あるいは異なる種類の権利の重み付けにあたっては，本人が社会的にカウントされるに相応しいと判断する選好が社会的評価の基礎とされなくてはならないという側面である。第一の側面では個人の《事実的選好》が，第二の側面では個人の《慎慮的評価》が，そして第三の側面では自己の事実的選好を相対化するような《公共的判断》が，それぞれ主要な役割を演ずるものと考えられる。

この議論はジョン・ハーサニー[Harsanyi (1955)]の《主観的選好》と《倫理的選好》との概念的区別，あるいはロールズの《合理的な自律》と《完全な自

律》との概念的区別をわれわれに想起させる。だがセンにおいては，これらの選好はその性質や適用においてどれだけはっきりと特定化されているだろうか。各々の選好はどのように定義され，どのように関係付けられているだろうか。

　結論的にいって，われわれはセンの構想はハーサニーやロールズとは異なる特徴をもつと考えている。センはハーサニーやロールズのような二分法を退けて，個人の選好・判断をより多層的に捉えることを試みている。ハーサニーやロールズの場合にも上記のような概念的区別はあくまで理論的なものであって，現実の個人においてこれらの概念が明確に特定化されるとは考えられてはいない。だが少なくとも理論的には，彼らは特定の規範的性質と内容をもった選好・判断の存在を仮定しているのである。だがセンは，理論的にもそのように明確な特定化を行わない点に特徴をもつ。上記の三つの側面はいわば容器であるに過ぎず，各々の容器におさめられている選好がはたしてどのような性質と内容をもつものであるかは，開かれた問いとして残されるのである。以下ではこのような特徴をもつセンの個人的選好構造に関する構想を吟味することにしたい。

7　事実的選好と倫理的な社会的選択ルール

　ハーサニーは，個人の主観的選好と倫理的選好とを区別して，各々の概念を以下のように定義した。まず，「本人の個人的利益を基盤とするものであれ，それ以外のなにものを基盤とするものであれ，ひとびとが実際に表明する選好」[Harsanyi (1955, p.315)]を主観的選好と呼ぶ。これに対して，非人格的・社会的な考慮のみに基づいてひとびとが表明する選好――これをハーサニーは，自分が任意の他人の位置におかれる可能性が等しい確率で存在すると予想したときにひとびとがもつであろう選好と同一視した――を倫理的選好と呼ぶ。ハーサニーは，彼が意味する倫理的選好は期待効用を最大化する選好であることをいくつかの合理性の公理のもとに証明して，これを功利主義原理の正当化であると考えたのである。

　ヘンリー・シジウィック，リチャード・ヘア，ハーサニーらは，功利主義は「全ての構成員の等しい関心に対して等しい重みを与える」ものであり，個人の立場の想像上の交換を通じる衡平性の要請を満足するうえに，《普遍化可能性 (universalizability)》という先行原理――精確に類似した状況では精確に類似

した判断が形成されるべきであるという原理——をも満足することを強調している。確かにハーサニーのモデルでは，倫理的選好は全ての社会構成員の厚生に対する等しい関心として表現されている。とはいえ，ハーサニーの倫理的選好は，いかなる個人の境遇に身を置くかが不確実な状況で形成される私的選好——確率的な事象に対する個人的選好——であることは紛れもない。このようなハーサニーの議論には二つの問題点が交錯した形で含まれていることを，センは鋭く指摘している。

　第一に，ハーサニーのいう倫理的選好の特徴が，確実な事象に対するひとびとの主観的選好を，等しい確率で他人の位置を占めるという想像上の境遇の交換によって不確実な事象に対して拡張した事実的選好である点にあるものとすれば，ひとびとは想像上の境遇の交換に際して全ての仮設的状況に対して等しい確率を賦与して事実的選好を形成する必然性はないという点が問題となるだろう。第二に，ハーサニーのいう倫理的選好の特徴が，不偏的衡平性という普遍化可能な規範的基準を受容する点にあるものとすれば，ひとびとは社会的選択問題との関連で厚生指標に基づく不偏的衡平性を規範的基準として受容するとは限らないという点が問題となるだろう。不偏的衡平性という規範的観点と不確実性下での合理的行動を結合することによって，期待効用最大化定理を経由して功利主義を正当化しようとしたハーサニーの議論は，個人の事実的選好を真剣に取り扱うことにも，規範的判断を真剣に取り扱うことにも，失敗しているといわざるを得ないのである。

　ところで，社会的選択ルールの論脈で問題を考察するならば，これらの二つの概念に対して異なる特徴付けを行うことが可能である。センによれば：

> 個人的価値は二つの側面において重要性をもっている。第一の側面は個人的選好に影響を与える側面である。第二の側面は社会的選択ルールの選択に影響を与える側面である。各々の側面に反映される評価は互いに矛盾しあい，いずれの評価も基礎的ではありえない。[例えば] 自らの個人的選好に固執するひとは，自らの個人的選好を社会的選好として採択しようとしない社会的選択システムを変更しようと試みるかもしれない [Sen (1970a, p.315)]。

あるいは逆に，既存の社会的選択ルールを所与としてもたらされる帰結を予測しながら，さかのぼって，自己の個人的選好が公共政策の基礎としてカウントされることを拒絶するひとがいるかもしれない。したがって，

> 他者の選好や集合的選択手続きに関する自己の評価をもとに，彼自身が公共政策の基礎となることを望むような選好と，彼が実際にもっている選好とを区別する必要がある [Sen (1970a, p.66)]。

このような問題関心からセンは以下の提案を行っている。あるひとが，自己の道徳的評価に従ってあり得べき社会的選択ルール——個人的選好プロファイルの集計手続き——を選ぶことを要請されたものとせよ。この状況で彼が選ぶ社会的選択ルールは，彼の《倫理的な社会的選択ルール》と呼ばれるに相応しい。さらに，社会を構成するひとびとの選好プロファイルが与えられるとき，彼の倫理的な社会的選択ルールによって導出される社会的選好は，彼の《倫理的選好》と呼ばれるに相応しい。ハーサニーが定義した倫理的選好は，社会を構成するひとびとの事実的選好を等しい確率で集計するという特定の倫理的な社会的選択ルールに対応するものであって，倫理的な社会的選択ルールに関する一般的な定義の特殊な一例であるに過ぎないのである[13]。

8　価値の整序化システムとその決定手続き

前節までの考察によって，社会的選択ルールに対する判断と個人的選好を区別する一応の枠組みが整理された。両者の相違は，リベラル・パラドックスに対するセン＝鈴村による解消方法に登場した《リベラルな個人》という概念を用いて例示的に説明することができる。リベラルな個人とは，自己の事実的選好がひとびとの自律的決定権と衝突する可能性をもつ場合には，そのような選好が社会的選択ルールによって考慮されることを自発的に辞退するような個人であった。彼自身の《倫理的な社会的選択ルール》は個人の自律的決定権を優

[13) ひとびとの個人的選好のプロファイルをいかに集約すべきかを判断する《倫理的な社会的選択ルール》を第8章では《公共的判断》と呼び，その定式化を試みている。ここでいう《倫理的選好》は第8章の《公共的判断選好順序》に対応する。

先的に考慮するという基準によって特徴付けられるのである。

このように，優先的に考慮されるべき倫理的基準——上記の例では《ひとびとの自律的決定権の尊重》という基準——が明示化される点で，センの《倫理的な社会的選択ルール》はハーサニーの《倫理的選好》——個人的厚生に関する不偏的関心——とある共通点をもっている。だが，センの固有の関心は特定の倫理的基準を前提して特定の規範理論を構成することにではなく，ひとびとは事実的選好の他になんらかの倫理的基準に特徴付けられた判断を形成し得ること，また後者の判断は私的関心に基づいて形成される事実的選好とは一般的に異なるものであることを，より一般的な枠組みを構成して示すことにあった。ひとびとは，考えられるさまざまなタイプの選好を「決定すべき公共政策の基礎として適切な判断であるか否か」という観点から吟味して，最も相応しい判断を形成していくと考えられているのである。

ちなみに，近年センはブキャナンなど公共選択学派との議論を通じて，《討論その他の政治プロセスへの参加を通じる個人的な選好形成》という考え方に強い賛同を示している。また，第7章で詳述するように，民主主義と経済発展との関連についての議論においてセンは，広く開かれた討議のなかでひとびとが抱く政治的要望や経済的必要が——相互的・公共的に——より確かな形で形成され，了解されていくプロセスを構想している[14]。ここでいう倫理的な判断——公共政策の基礎となることを本人自身が望むような選好——を発見していくプロセスも，本人の自己吟味に留まらず，他者との対話あるいは広く公共的な討議を含むプロセスであると解釈されるべきである。

これがセンの構想する社会的決定手続きの基本的枠組みであるが，ここで改めて彼の議論を整理してみることにしたい。宗教的教義や政治的権威に価値の特定化や重み付けを委ねるのではなく，あくまで社会を構成するひとびとの主張をベースにして社会的に決定していこうとするならば，また個人間の権利の私的交換や権利の放棄を無批判的に追認するのではなく，普遍妥当性をもったルールを設計しようとするならば，ひとびとの私的関心に基づく事実的選好そのものではなく，公共的討議や自己吟味を経て形成されるひとびとの倫理的な判断こそが社会的決定のベースにすえられる必要がある。そのような倫理的な

---

14) Sen (1999b, p.156, n.9).

判断は，主題に即して要請されるなんらかの規範的基準と整合的であることが明示化される点に特徴をもっている。

このようにして，多元的価値の整序化システムに関するセンの構想を，システムの構造に関する基本的枠組みとその決定手続きという二つの側面から理解することが可能となった。それは，《正義の二原理》を道徳的人格などの理論的前提に基づく《公正な決定手続き》と結びつけたロールズの構想とも，《不確実性下の効用最大化行動》を《全ての社会構成員に対する不偏的な関心》という規範的基準と結びつけることによって《功利主義原理》を導出しようとしたハーサニーの議論とも，大きく異なる構想である。それは，主題や社会的文脈に即した適切な権利の特定化や重み付けを，ひとびとの倫理的な判断を基礎とする公正な手続きのもとで社会的に決定すること，社会的集計ルールそれ自体もひとびとの主題や社会的文脈に即した判断を基礎として社会的に決定することに特徴をもった新しい構想なのである。

このような一般的枠組みはロールズやハーサニーの理論を包含するのみならず，規範的な経済学の社会的厚生関数をも包含し得る枠組みである。ひとびとが形成する倫理的判断の内容に関しては，特定の性質をもつことが理論的に要請されてはいない。社会的選択の問題次第——例えば，所得や技能・資質において似通った集団内で，財の初期保有量を交換する問題など——では，他者との討議や自己吟味の末に，ひとびとは私的関心に基づく自己の事実的選好がそのまま社会的にカウントされることをむしろ望ましいと判断するかもしれない。さらに，社会的選択の方法に関しても，選択内容の決定に先行して選択手続きを定めるという時間的な前後関係が必然的に要請されるわけではなく，問題によっては選択内容と選択手続きが同時に決定されるような方法も考えられる。

だが，ひとびとはそもそも倫理的な選好判断を形成し得るのだろうか。それは経済学で通常想定されている選好とは，いかなる連続性と断絶性をもっているのだろうか。この疑問に関連して，上述のような一般的枠組みを構成することとは別に，センはひとびとの私的関心に基づく事実的選好それ自体を通常の経済学のモデルを越えて充実させることを試みている。この試みは個人の選好構造を多層的に解明するというセンの研究の端緒となったものである。最後にこの問題に関するセンの議論を概観することにしたい。

9　自己利益最大化の仮定を超えて：行為の動機の重層性

周知のように，経済学で通常想定されている選好は，自己の帰結状態に連結された主観的選好である。ひとびとは自己の帰結状態から得られる私的利益の最大化を目標として，合理的に行動するものと想定されているのである。伝統的な経済学のこの想定にセンが放った批判の矢こそ，第4章で紹介した《合理的な愚か者（rational fool）》批判だった。センによれば，

> 伝統的な理論はあまりにも僅かな構造しかもっていない。そこでは人間は単一の選好順序をもつと想定され，必要が生じたときにはその選好順序が彼の利害関心を反映し，彼の厚生を表現し，なにをなすべきかについての彼の考え方を要約的に示し，彼の実際の選択と行動さえも描写すると考えられている。たった一つの選好順序だけをもって，果たしてこれだけの力業ができるのだろうか。確かに，このようにして人間は，その選択行動において矛盾を顕示しないという限定された意味で《合理的》と呼ばれる資格を得るかもしれない。だが，もしあるひとが全く異なる諸概念の区別ができないのであれば，そのひとはいささか愚か者であるに違いない。純粋な経済人は事実社会的には愚か者に近い。従来の経済理論は，単一で万能の選好順序の後光を背負った合理的な愚か者に占領され続けてきたのである。人間の行動に関する他の異なった諸概念が働く余地を創り出すためには，われわれはもっと洗練された理論的な構造を必要としているのである [Sen (1977c; 1982, p.99)]。

《合理的な愚か者》のパラダイムに替えてセンが着目するのは，ひとびとの存在や意識を規定する相互依存的な関係であり，そのような関係を自己の評価システムのなかに包含するような個人である。

> 住んでいる社会や属している階層，共同体の社会的・経済的構造とのつながりは，ひとの選択に大きな影響を与える。それは単に，それらがひとの私的関心の性質に影響をおよぼすためのみならず，ひとの価値システムに影響をおよぼすためでもある。ところで，ひとの価値システムには，社会を

構成する他者に対する《当為》的関心の観念が含まれている [Sen (1970a, p.6)]。

経済学では，他者に対する《当為》的関心は外部性の一種と見なされて，理論モデルの機能障害をもたらす夾雑物として消極的な取り扱いを受けることが多かった[15]。これに対してセンは《当為》的関心を以下の二つの重要概念によって積極的に捉えようとする。センが導入する第一の概念は《同感（sympathy）》であり，第二の概念は《コミットメント（commitment）》である。

同感は，他者の苦境への関心が直接自らの厚生に影響を及ぼすケースに対応する概念であって，苦境に喘ぐ他者との想像上の境遇の交換によって他者の痛苦——程度の差異はあっても——を経験して，救助の手を差し伸べる行動の動機となる感情である[16]。この動機に根差した行為は，他者の窮状を緩和するのみならず，救助の手を差し伸べるひと自らの厚生をも高める点にその特徴をもっている。これに対してコミットメントは，自らに対してはより低い厚生しかもたらさない可能性を熟知しつつも，引くに引かれぬ義務感から，ある行為を選択することと定義されている。例えば，労働争議に際して先頭に立って闘争すれば，争議それ自体には勝利しても自らは不利な処遇を受ける可能性があることを承知のうえで，敢えて真っ先にピケラインを突破する行為は，具体的な他者に対する同感にではなく，なんらかの道徳原理に対するコミットメントに根差す行為である[17]。また，自己の投票行動から得られるネットの便益はマイナスであるとしても，「自己の真の選好を記録として残しておきたい」という動機とか，投票制度それ自体を形骸化したくないという動機に衝き動かされて投票する行動は，コミットメントに根差す行為であると理解される。

同感とは異なって，コミットメントは《不正義（injustice）》の感覚あるいは《責務（obligation）》の感覚に裏付けられている。それは自己利益に焦点を合わせた帰結的な観点を越えて，行為の規範そのものに着目する。それはまた，

---

15) 例えば，競争均衡配分とパレート効率配分との対応関係を伝える《厚生経済学の基本定理》の成立は，外部性の存在によって妨げられる場合がある。奥野・鈴村（1988，第32章）を参照せよ。
16) Sen (1977c; 1982, pp.91-93)。
17) Sen (1977c; 1982, pp.93-94)。

ときには自己犠牲を伴う行為だが，他律的な強制や制度負荷的に制約された行為とは異なって，あくまでその背後に道徳律を追求する個人の主体的な意志が存在する。センは，労働の動機付けや公共財の最適配分におけるフリー・ライダー問題などを理解する際には，個人のコミットメントに関する明示的・内生的な分析が有効な視点を提示することを指摘している[18]。

近年センは，アダム・スミスの道徳理論——《道徳感情論》——との対応関係をより鮮明にすることによって，これらの二つの概念に哲学的な基礎を与える努力を行っている。センによれば，スミスもまた同感とコミットメントに対応する二つの観念——《人間性・同感》および《寛大 (generosity)・正義・適宜性 (propriety)》——を提出している。両者の相違はスミスによって次のように説明されている：

> 最も人間性のある行為でさえ，なんの自己否定，なんの自己規制も，適宜性感覚のなんら大きな行使も必要とはしない。それらは単に，この鋭敏な同感がそれ自身でわれわれを促すことを行うというに過ぎない。……だが，寛大については事情が異なっている。われわれは，なんらかの点で誰か他人をわれわれ自身に優先させ，われわれ自身のなにか大きく重要な利害を友人または上長者の等しい利害のために犠牲にするという場合でなければ，けっして寛大であるとはいえないからである [Sen (1999b, pp.270–271); Smith (1959, 邦訳 p.290)]。

人間性や同感は，自己利益の延長として発露する経験的な感情である。これに対して，寛大や正義は反省的・熟慮的な推論を伴う理性的な営みである。したがって，自己利益を抑制して自己の行動原理の中に公平な観察者を導入することを要求するのは，そして公共的精神の大いなる実行を要請するのは，人間性や同感ではなくて寛大・正義であるとスミスは考えた。ただし，スミスはこれらの二つの概念を区別した後に，《人間性と正義との適宜性》という観念を提出している。それは人間性と正義という二つの異なる観念を，《行為主体の感情》と《観察者の感情》という異なる種類の二つの感情であると理解したうえで，

---

18) Sen (1999b, p.270).

両者の調和を理想とする考え方であった。スミスに倣ってセンは，この観念を基礎にして合理的個人の観念を拡大しようとする。センによれば，「スミスの合理的個人の観念は，個人を他者との連関の中にしっかりと——彼が属している社会の中心に——正しく位置させるものである」[Sen (1999b, p.271)]。そのような観念は，《合理的愚か者》に替えてセンが構想する個人——「社会を構成する他者に対する《当為》的関心の観念」を自己の評価システムに確かに位置付けている個人——像に収束するのである。

　さらにセンは，スミスの次のような記述に注目している：「ひとのさまざまな行為と評価は必ず他者の存在を引き合いに出すものであるから，個人は《公共 (the public)》から切り離された存在ではありえない」[Sen (1999b, p.271)]。人間性と正義の適宜性，行為主体と観察者との調和というスミスの観念は，人間存在に関するこのような事実的な想定によって支えられたものであることを，センは正しく喝破するのである。

　スミスのこの想定は，イマニュエル・カント，ジョン・ロールズ，ケネス・アローの理論と比較して，きわめてユニークである。カント，ロールズ，アローにおいては，《公》とはまずもって《私》としての個人に対置されて，しかる後に両者の関連性が問われる概念であった。自律的な目的主体・行為主体・評価主体である個人が，他者との相互依存的な関係性を認識して，それをさらに確かなものとしようとするとき，個人の意識や行為において公共性が発現して，道徳原理やルールの形成に関するひとびとの規範的判断に影響を及ぼすものと考えられている。したがって，カント，ロールズ，アローにおいては，自律的な個人からどのように相互性・公共性が形成されるのかは，それ自体分析の対象とされるべき重要な理論的課題に他ならなかったのである。

　これに対して，センが解読するスミスは，他者との相互依存的な関係性の認識を，さらには公共性の獲得それ自体を，存在論的事実の問題として捉えようとしている点に特徴がある。それは理論に先立つ事実前提とされるから，公共性の獲得プロセスそれ自体は分析課題としては設定されないことになる。センがこのようなスミスの立場にどの程度賛同しているかは明らかでないが，スミスを引用するセンの問題意識のなかには，スミスの事実前提に関する少なくとも部分的な賛同が存在するものと考えられる。この点は，センの理論的な構想

を全体として理解する際に，見逃すことのできない特徴のひとつであろう。

ただし，センは，スミスに関するこのような解読を哲学的な探究へと深化していく——例えば，カントとスミスの道徳理論を比較・研究する——方向には進まずに，企業・組織・集団に関する事例的な検討をもとに，相互依存性の認識や公共性の獲得に関するスミスの事実前提がどれ程経験的に確からしいかを考察しようとする。

> コミットメントの基礎にある道徳あるいは文化は限られた種類のものであって，功利主義的アプローチのもつ壮大さとは程遠い性質のものである。……寡占的競争企業の行動で観察され続けてきた《暗黙の結託》は，相互信頼と責任感覚のシステムを基盤として機能しているが，その機能はあるはっきりとした限度内でのものであるように思われる [Sen (1977c; 1982, pp.98–99)]。

> コミットメントは，なんらかの普遍化された道徳の働きと関連しているとはいえ，それほど広範囲な適用可能性を備えているとは限らない。確実にいえることは，コミュニティ・人種・同僚・同業者などへのコミットメントの感覚は，ひとびとの行為の選択において大きな重要性をもつことである [Sen (1982, Introduction, p.8)]。

このように，センはコミットメントの稼働領域を，まずもって個人と社会を媒介する中間的集団に設定していることが理解される。ただし，その稼働領域が民主主義制度のもとでどのように拡大していく可能性をもつものであるかに関しては，第9章において再度検討したい。ここでは，個人の選好構造および合理的個人の観念をより豊かなものとして捉えるために，コミットメントの概念の基本的構想を再度確認することに留めたい。センによれば，

> 相互に有利な交換に際しては，ひとびとの行為の動機は慈愛的ではなく，自己利益的，慎慮的であると理解される。他方，分配の衡平性やルールの遵守などの問題に際しては，ひとびとの行為の動機はより広く，例

えば《人間性》《寛大》《公共的精神》（スミス）あるいは《道徳的能力》（ロールズ）に関連するものであると理解される。人間の行為はこのようにさまざまな価値によって幅広く支えられている。この事実を否定することは，民主主義的思想からの離反あるいは合理性の概念の狭隘化をもたらすであろう。われわれが自己の利益や便益のみならず，義務や理想をも考慮することができるのは，《理性（the reason）》の力に負うところが大なのである [Sen (1999b, p.272)]。

センが構想する新たな厚生経済学は，ひとびとの理性的な評価・判断を情報的基礎として《人間生活の改良の道具》を鍛え直すことに，まさにその焦点を結んでいるのである。

10　おわりに

資源配分方法の選択に際しては，意思決定の主体者あるいはルールの設計者の主張を形式的に平等に処遇するのではなく，選択される資源配分によってさまざまな影響を被るひとびとの非対称的な利害にこそ，社会的選択の情報的基礎として注意を傾注する必要がある。そのためには，個人間で比較不可能な序数的選好を情報的基礎とする伝統的な《新》厚生経済学や，アローが創始した社会的選択の理論の序数主義的な束縛を逃れて，資源配分がもたらす非対称的な影響を個人間で比較・秤量できる情報的基礎に立脚して，新たな厚生経済学を構想する必要がある。ベンサムに発端する功利主義は，もともとこのような問題意識をもつ社会哲学であった。だが，厚生（効用）という一元的な指標によってひとびとの境遇を捉えて，社会的に集計された効用の総和をもって社会状態の優劣を比較するという狭隘な視野をもっていたために，功利主義は効用以外の価値——自由や権利——の重要性を見失って，多くの批判に曝されることになった。

この問題状況を直視して，センは相互に還元できない（同格性をもたない）個人の多様性と，厚生・自由・権利などさまざまな価値の多元性を尊重しつつ，新たな厚生経済学の建設方法の模索を開始した。だが，このような価値多元的アプローチには，操作的な難点がつきまとうことは否定すべくもない。センに

よる以下の言明は，彼が自ら担った任務の困難な性格を雄弁に物語っている：

> 異なる権利はそれぞれ異なる道徳的価値をもっている。それらの価値が結合されるとしても——そして道徳的重要性の観点から尺度化されるとしても——，それらの価値の集計はある本質的に多元的なアプローチによって行われるであろう。……たとえ異なるタイプの権利間のトレードオフが許容されるとしても，異なるひとびとの権利，異なるタイプの権利が，ひとつの均質的な集計量に集約されるわけではないのである [Sen and Williams (1982, p.19)]。

　功利主義のように，ある均質的な数量（＝効用）を最大化する目的論的な道徳理論であれば，論理的な整合性と完備性を兼ね備えた判断を提供することは非常に容易である。だが，同程度の論理的緻密性を備えた判断の生成を価値多元的な道徳理論に期待することは，控えめにいっても困難である。価値多元的な道徳理論には最大化の目標となる均質的な数量は存在しないのだから，いくつかの異質的で相互に還元不可能な《善》のみならず，帰結主義にさえコミットせずに《選択の機会》や《選択の手続き》の価値にも配慮する多元主義的な道徳理論に対しては，論理的な緻密性の要求水準を自ずから低めざるを得ないのである。

　価値の多元性に加えて，センの厚生経済学の新構想は個人の選好構造の多層性にも注目している。社会的決定手続きの考察にあたって，センは個人の事実的・主観的選好と倫理的選好を概念的に区別して，この区別のなかに合意形成の可能性を展望した。だが，これら二つの選好概念は内容的には決して排他的に鋭く切り分けられてはいない。ロールズの場合には，二つの道徳的能力を発揮しうる個人はそれぞれ道徳的人格および市民と呼ばれた。それは現存する民主主義社会の歴史的・社会的文脈から懸け離れたものではないが，あくまで正義の基本原理を導出するための手続き的前提として構想された理論的概念であった。センの理論においては，そのような特定の人格概念は構想されていない。例えば彼は，個人の事実的・主観的選好の表明を差し控える《リベラルな個人》という概念を導入したが，そのような個人の特性を，例えば自律的決定権の保

証という原理を導出するための特定の人格概念として概念化することはなかった。センの目的は，伝統的経済学で支配的な人間像――《合理的な愚か者》――を超克して現実の人間像の多層性に迫ること，多様な価値や目的をもって多様な境遇におかれた個人の個性的な姿をできる限り豊かに記述して，厚生経済学がその生活の改良の道具を提供すべき人間の実像に迫ることにあったのである。

　センが建設に踏み出した厚生経済学の基本構想の解説をこれで閉じることにしたい。第6章と第7章では，《機能》と《潜在能力》という斬新な基本概念に立脚するセンの福祉の経済学と，経済発展とはGNPの成長プロセスではなく人間の自由の開発プロセスだという観点から展開されたセンの経済発展論を検討して，センの厚生経済学の新構想がどのように具体化されつつあるかという点を明らかにすることにしたい。

第6章　潜在能力アプローチ
善と必要の理論

1　はじめに

　第5章では，相互に還元できない多元的な価値を，内在的観点と帰結的観点の二つの観点から評価して，センの厚生経済学の新たな構想を解読することを試みた。ひとびとの多層的な選好構造を情報的基礎として，さまざまな価値の優先性と重み付けを社会的に決定するセンの新たな構想は，多元的価値の取扱いの手続き的正義や価値相互の適正なバランスなど，《正》に関する問題にその焦点を結んでいた。本章では，センの《潜在能力 (capability)》アプローチの意味とその意義を解読する。このアプローチは，経済政策の目標とするに相応しい《善》の観念とその評価方法に関する新しい理論を提唱して，《福祉（well-being）》の経済学の基礎を構築することを意図したものである。

　正統派経済学では，財がもたらす《善》は，ひとびとがその財の消費から享受する《効用》によって捕捉されている。ある財が価値をもつと認められるのは，ひとびとが市場で対価を支払ってでもその財を獲得する意思を表明する程に，その財が十分な《効用》をもたらす場合に限られているのである。

　これに対して，ウイリアム・ゴーマン [Gorman (1980)] とケルヴィン・ランカスター [Lancaster (1966; 1971)] は，財の価値をひとびとの主観的な満足の指標＝《効用》と直結する正統派の理論的枠組みを修正して，財と《効用》との狭間に《特性（characteristics）》という理論的な中間項を新たに挿入する考え方を提唱した。ここでいう《特性》とは，財がもつさまざまな望ましい性質である。財を獲得することによって，ひとびとは実質的な価値を担う《特性》の束を入手することができる。例えば，自転車という財を獲得すれば，ひとは二つの地点の間を自ら移動できる移動性，買い物を簡便に運ぶ輸送性，友人と一緒にサイクル・ツアーを楽しむ交遊支援性など，さまざまな《特性》の束を入手することができる。この考え方にしたがえば，ある財が価値をもつと認められるのは，その財を入手すればひとびとが有用性——《効用》——を認めるさまざまな《特性》の束に対する支配権を獲得できるからである。ひとびとに《効

用》をもたらす点に財の価値の究極的な源泉を求めるという点では正統派のアプローチと軌を一にしているとはいえ，ゴーマン＝ランカスターの《特性アプローチ》の場合には《効用》は財それ自体に対して認められるのではなく，その財が体現するさまざまな《特性》の束に対して認められるのである．

センが1980年代初頭から精力的な開発に着手した《潜在能力》アプローチは，財と《効用》との狭間に新たに理論的な中間項を挿入する点ではゴーマン＝ランカスターの《特性》アプローチと軌を一にしている．だがセンは，ひとの《福祉》に関する判断の情報的基礎を求める観点から，理論的な中間項の選択方法に関してはゴーマン＝ランカスターと袂を分かつのである．《潜在能力》アプローチのマニフェストとして公刊された『福祉の経済学——財と潜在能力』の以下の一節 [Sen (1985a, 邦訳 pp.21–22)] は，このアプローチの基本的な発想を端的に表現している：

> 財の《特性》は，それを用いてひとがなにをなし得るかを教えてはくれない．例えば，あるひとが栄養の摂取を困難にするような寄生虫性の病気をもっていれば，他のひとにとっては十分過ぎるほどの食物を消費し得たとしても，彼あるいは彼女は栄養不良に苦しむかもしれないのである．ひとの福祉について判断する際には，彼あるいは彼女が所有する財の《特性》のみに分析を限定するわけにはいかない．われわれはひとの《機能 (functionings)》にまで考察を及ぼさねばならないのである．財の所有，したがってまた財の《特性》に対する支配権は個人に関わることであるが，財の《特性》を数量的に把握する方法は，その財を所有するひとの個人的特徴に応じて変わるわけではない．自転車は，それをたまたま所有するひとが健康体の持ち主であっても障害者であっても，ひとしく輸送性という《特性》をもつ財として処理されてしまう．ひとの福祉について理解するためには，われわれは明らかにひとの《機能》にまで，すなわち彼あるいは彼女が所有する財とその《特性》を用いてひとはなにをなし得るかにまで考察を及ぼさねばならない．例えば，同じ財の組合わせが与えられても，健康なひとならばそれを用いてなし得る多くのことを障害者はなし得ないかもしれないという事実に，われわれは注意を払うべきなのである．

優れた着想が往々にしてそうであるように，センの《潜在能力》アプローチの基本的な発想は，非常に単純かつ直観的である。だが，財それ自体ではなく，財がもつ《特性》の束でもなく，財や特性がもたらす《効用》でもなく，財の所有に基づいてひとが達成し得る《機能》——《生き方》・《在り方》——に注意を集中する視点の移動は，新たな価値の視点から現実の社会制度を比較・精査する可能性を開拓する大きな跳躍だった。本章では，この新しい視点を経済学に導入した《潜在能力》アプローチの基本的な特徴，物質的な《富裕》や主観的な《効用》に専ら注目する従来のアプローチとの相違，その哲学的な意味，将来の一層の研究に委ねられている分析課題などを，順次検討していくことにしたい。

2　《善》の理論と《潜在能力》アプローチ

　どのような性質をもつ《特性》や《機能》を社会的選択の情報的基礎として採用すべきかという《善》の定義の問題には，二つの異なる観点からアプローチする必要がある。ひとにとっての《善》とはなにかという観点と，社会的に関与すべき《善》とはなにかという観点がそれである。第一の観点は，さまざまな個人がそれぞれに価値を認める多様な《善》の内容，特定の社会や共同体で共通して価値を認められる《善》の内容，より普遍的な価値をもつ《善》の内容を，それぞれに広く問うものである。第二の観点は，社会が公的な責任を担い，資源の移転と利用によってひとびとに保障すべき《善》とはなにかを問うものである。

　実践的には，これら二つの観点が明確に区別されて論じられることは決して多くはない。だが，ひとびとの意思とは独立に社会が独自の目標を設定して，中央集権的に資源を管理・利用する全体主義社会を念頭に置けば，二つの《善》の観点が乖離する可能性は明らかである。全体主義社会が設定する目標は，国家の威信を高めるために莫大な国費を投じて巨大な博物館や元首の壮麗な宮殿を造営するとか，過剰人口を減らすためにペナルティを伴う強引な人口抑制政策をとることであるかもしれない。それらの目標は，実態においても評価においても，社会を構成するひとびとの《善》とは無関係に策定された国家的な政策目標である。

民主主義をひとつの主柱とする福祉国家においても，このような乖離の可能性がないわけではない。例えば，ある寡婦が夭折した夫の残した膨大な絵画を整理・保存することに残された生涯を捧げたいと願う場合を考えよう。たとえ極貧の境遇を余儀なくされるにせよ，彼女にとってはその《生き方》・《在り方》が最高の《善》である。しかるに，福祉国家が社会的目標とする《善》は，意思と能力をもつ全ての社会構成員に就労の機会を提供することであって，就労の意思と能力形成を条件とする援助プログラムが唯一の社会的安全網として提供されているかもしれない。その場合，彼女は職業訓練を受けて労働市場に参加することを社会的に期待されることになる。あるいはまた，別の個人は若年期に教育を受ける機会を逸して専門的な技能はもたないが，就労して自活することを熱望するかもしれない。しかるに彼女が属する福祉国家は，全ての個人が結果的に質実な生活を送ることを社会的な《善》と認めて，専ら所得扶助のみを社会的安全網として提供するものであるかもしれない。その場合，彼女は就労に備えて再教育を受ける機会を得ないまま，自己の《善》の観念の方を妥協的に改鋳して，所得扶助を受けて質実ではあっても受動的な生き方を選ぶことを余儀なくされることになる。

　このように，社会を構成する個人にとっての《善》と社会的な目標とされる《善》が現実にはしばしば乖離することが避け難いとすれば，両者の不一致の可能性を理性的に認識したうえで，二つの観点を交錯させる《善》の観念を追求する必要がある。センが提唱した《機能》と《潜在能力》は，このような意図をもって構成された道具的概念であった。そして，ひとびとにとっての《善》と不即不離の関係にあると同時に社会的選択の目標という観点からも焦点的な意義をもち，社会がその構成員に対して提供責任を負うべき《善》の観念としてセンが最終的に到達した概念こそ，彼の《福祉》の観念だったのである。

　ところで，社会政策の目標・対象という観点から捉えられるべき《善》の概念は必ずしも完全に，包括的なものでも，客観的なものでも，先験的に決定されるものでもない点に留意する必要がある。第一に，《潜在能力》アプローチは，《機能》の達成可能性に関連するひとびとの情報を必要とするものの，その範囲は社会的選択の情報的基礎として不可欠な部分に限定される。確かに社会的選択の目標がひとびとの《機能》の達成を促進することにおかれるとすれば，そ

してひとびとの《機能》の達成可能性は，本人の有する属性や能力による個別的制約を逃れ得ないものであるとしたら，個人的情報を集約する必要がある。だが，その範囲はひとびとの達成可能な《機能》に関する体系的な評価を形成することではなく，あくまで外的資源の適切な配分によってひとびとの最も基本的な《善》を促進することに限定されなければならないのである。

　第二に，ゴーマン＝ランカスターの《特性》アプローチもセンの《潜在能力》アプローチも，財と《効用》との狭間に挿入された客観的情報に着目する点に特徴をもってはいるが，いずれのアプローチもひとびとの主観的評価から完全に切り離して《善》を客観的に特定化できるとは考えていない。既に注意を喚起したように，ゴーマン＝ランカスターの《特性》アプローチは，《善》の定義を財の使用によって実現されるさまざまな《特性》の束からひとが究極的に享受する《効用》に帰着させている。《潜在能力》アプローチの場合にも，《善》の定義は，財に対する支配権を行使して達成可能なさまざまな《機能》の集合（《潜在能力》）に対して，ひとが内省的・批判的に下す《評価》に基づいて行われている。センが『福祉の経済学——財と潜在能力』の日本語版に寄せた序文の一節は，この事実を鮮やかに指摘している：

> 　本書において私は《福祉》への新しいアプローチの展開に努めた。……このアプローチは，《福祉》をひとが享受する財貨（すなわち《富裕》）とも，快楽ないし欲求充足（すなわち《効用》）とも区別された意味において，ひとの存在の《善》の指標と考えようと試みる。……
>
> 　ひとの《機能》は多岐にわたるから，さまざまな《機能》を相対的に《評価》するという問題が生じることは当然である。しかし，《福祉》の計測にあたっては，このような《評価》作業を避けて通るわけにはいかない。結局のところ《福祉》の計測は，ひとの存在と生活の質の《評価》である他はないからである。……
>
> 　実のところ，《評価》することは《福祉》の判断の不可欠な一部なのであって，《潜在能力》アプローチはこの問題に明示的に焦点を合せたものに他ならない。そのうえで私は，《福祉》の判断に際する《評価》の適切な対象はひとが実現することができる《生き方》や《在り方》であることを主張し

た。いうまでもなく《評価》は内省的な活動である。……快楽や苦痛，欲望や失望は真剣な熟慮などを必要とせずに生じるだろうが，《評価》はそれとは異なって本質的に熟慮に基づく活動なのである。《評価》——なかんずく《機能》の《評価》——に明示的に関心を集中することによって，本書が提唱する《福祉》へのアプローチは，われわれの無批判的な（なんらかの形式における《効用》に反映される）感情や，われわれの（実質所得に反映される）《富裕》の市場評価よりも，われわれの思想や内省に優先度を与えるのである。批判的で内省的な社会的存在である人間に関心を集中する点において，私のアプローチは，アリストテレス，スミス，マルクスによって先鞭を付けられた哲学的立場に深く根差すものとなる [Sen, 1985a, 邦訳, pp2-4]。

　このように，《潜在能力》アプローチによる《善》の定義は，《機能》の客観的な特徴に注目するのみならず，これらの《機能》に対する判断を《効用》のような主観的感情にではなく，理性的・内省的な《評価》に基づかせる点に特徴をもっている。ひとびとの《評価》は究極的には彼ら自身が行わざるを得ないため，このアプローチは個人間で通約不可能な主観性の残滓を払拭できないことは事実である。だが，《潜在能力》アプローチにおける《福祉》概念の主観的性格を承認することは，このアプローチの弱点を認める敗北主義とは無縁である。むしろ，ひとの《生き方》と《在り方》の《善》（《福祉》）がひとの主観的評価からはまったく独立に客観的に定義できて，この価値順序に応じてひとびとの処遇が決定されるような社会は，ひとの《生き方》と《在り方》に関する個性的な評価を許容しないという点で，いささか無気味な社会だというべきではあるまいか。
　第三に，《潜在能力》アプローチにおける《福祉》概念の主観性の問題は，複数の主観的な《善》の概念を比較・秤量して公正かつ望ましい資源配分システムを社会的に設計しようとする場合には，とりわけ重要な意味をもつことになる。ひとの主観的《評価》の多様性を反映して主観的《福祉》概念も多様にならざるを得ない以上，社会を構成するひとびとの主観的《評価》をなんらかの方法で集計して，社会的《福祉》概念を形成する作業に直面する必要が生じる

からである．ただし，このような作業を行うにあたっては，社会を構成するひとびとが形成する《評価》に対して次のような期待がもたれる．すなわち各個人は自己の目的を追求する主観的観点から評価を形成するのみならず，社会的な観点に立って，すなわち，社会がコミットすべきひとびとの《善》とはいかなるものであるか，社会はどのような方法でひとびとの《善》に対してコミットをなすべきであるかなどの観点に立って，《機能》および《潜在能力》の評価方法それ自体に関する判断を形成することが期待されるのである．

　第四に，《潜在能力》アプローチを実践的に活用しようとする場合には，ひとびとの《生き方》・《在り方》の基本的な側面を捕捉する《機能》のリストが特定化されて，そのリストに載せられた《機能》がひとびとの《福祉》を捕捉するうえで重要な《生き方》・《在り方》の指標であることに，ひとびとの広範な同意が成立している必要がある．だが，センの《潜在能力》アプローチの現状は，説得的な《機能》のリストが完成されているとは言い難い段階にある．例えば，『福祉の経済学——財と潜在能力』の補論 A「若干の国際比較」において《潜在能力》アプローチの意義を例示する目的でセンが用いた《機能》のリストは，(1) 1 人当り GNP, (2) 平均余命, (3) 幼児死亡率, (4) 児童死亡率, (5) 大人識字率, (6) 高等教育率，から構成されている．このリストは，センが例示に用いた 5 つの発展途上国（インド，中国，スリランカ，ブラジル，メキシコ）の実績を《潜在能力》を拡大して《機能》を高める分野において比較するという限定された目的に照らしてさえ，(7) 栄養失調の蔓延の程度, (8) 疾病の広がりの程度, (9) 基本的な衣服の妥当性, (10) ひとを収容して保護する能力の程度など，多くの《生き方》・《在り方》の指標を除外しているために，明らかに不十分である．ましてや，英・米・欧・日本のような先進諸国における《生き方》・《在り方》の善さの指標を説得的に作成する段階までの距離は，非常に遠いと認めざるを得ない．だが，セン自身が的確に指摘しているように「この分野のデータが，例えば GNP や GDP などの推計の基礎を成すデータと比較して乏しい理由のひとつは，この種のデータに対する需要が欠如しているという事実である．……福祉と生活水準の理論の弱さこそ，部分的にはデータ・ベースの未開発に対して責任をもっているのである[1]」．

---

[1] Sen (1985a; 邦訳 p.97)．

このように,《機能》のリストは完全に,包括的なものでも,客観的なものでも,先験的なものでもないとすれば,どのような内容をもつ《機能》のリストをどのような手続きで定めて,どのように正当化したらよいのだろうか。また,定められた《機能》のリストに依拠しつつ,いかなる社会的《善》を資源配分の目標として設定すべきなのだろうか。次節以降においてわれわれは,《機能》と《潜在能力》の経済学的・哲学的意味を詳しく解読するとともに,ここに列挙したさまざまな問題を意識しつつ,《潜在能力》アプローチの基本的枠組みを解読することに努めたい。

3 《効用》とロールズの《社会的基本財》

もともと《効用》とは,財や資源が生み出す《善》を包括的に捕捉しようとする概念だった。例えば,ミルやシジウィックにとって《効用》とは,ひとびとが享受している《善》――身体的な心地よさ,精神的な満足感,目標の達成感,深く静かな幸福感など――を表す概念だった。第5章でも触れた「エッジワースにとって,《効用》は朝食のテーブルのジャムと同様に実在感のある概念だった」というサミュエルソンの言明は,まさにこのような実体的な《効用》概念の本質を衝いたものである。要するに,ベンサム=ミル=シジウィック=エッジワースの《効用》は,物的資源およびそれを利用するひとびとの身体的・精神的資質など,物的・人的資源を利用して得られる《厚生(welfare)》を包括的に捕捉する役割を担う実体的な概念だったのである。

これに対して,現代の正統派ミクロ経済学に登場する《効用》は,選択肢の集合の上で定義される選好順序の《数値指標(numerical indicator)》であるに過ぎない。これらの効用指標を順序を保存したまま恣意的に伸縮させても,ミクロ経済学の分析的な内容にはなんの実質的な影響も生じないのである。明らかに,ベンサム=シジウィック=エッジワース=ピグーの功利主義的・実体的な《効用》観と,選好順序の数値指標としての序数主義的・操作主義的な《効用》観との懸隔は,まことに顕著である。古典的《効用》観から現代的《効用》観へのこの大きな跳躍を成し遂げたジョン・ヒックスとロイ・アレンの共同研究 [Hicks and Allen (1934)] を指して,サミュエルソン [Samuelson (1947)] は需要理論におけるヒックス=アレン革命と称したことが

あるが，この誇張に満ちた表現には決してそれなりの理由がないわけではないのである[2]。正統派ミクロ経済学における需要理論の序数主義的革命，規範的経済学における功利主義的な《旧》厚生経済学の権威の失墜，《新》厚生経済学の急速な台頭と迷走は，歴史的にはほとんど同一歩調で進行した。その結果，《効用》にひとの《厚生》や《福祉》の実質的な表現を期待することは，ほとんどアナクロニズムであるという認識が支配的になっていったのである。

だが，問題はむしろ，序数主義的・操作主義的な《効用》はいうまでもなく，功利主義的・実体的な《効用》でさえ，《福祉》概念の核心に位置すべき《善》の概念としては，明らかに不適切だという点にある。この重大な事実を，センは『福祉の経済学――財と潜在能力』（邦訳 pp.34-35）で以下のように説得的に指摘している：

> 効用に対するいずれの見方も，(1) ひとの精神的な態度に全面的に基礎をおくこと，(2) そのひと自らの評価作業――ある種の生き方を他の生き方と比較して評価しようとする知的活動――への直接的な言及を避けること，という二重の性格を共有している。私は，この前者を物質的条件の無視と呼び，後者を評価の無視と呼ぶことにしたい。

---

[2] サミュエルソン自身も，ヒックス＝アレン革命をさらに一歩前進させて，《顕示選好理論 (revealed preference theory)》と呼ばれる需要理論の革新を試みている。このアプローチは，効用関数や選好順序など消費者の内部にあると想定される行動動機から出発するかわりに，市場における消費者の購入行動を外部から観察して確認可能な需要関数から出発して，市場における需要行動の整合性に関して設けられた弱い仮説――《顕示選好の弱公理 (weak axiom of revealed preference)》――のみから，正統派の需要理論の内容を全て復元しようとする野心的な試みだった。サミュエルソン [Samuelson (1938; 1947, Chapter V)] が口火を切ったこの斬新な試みは，市場需要理論を実体的な《効用》概念からさらに離反させるうえで大きなインパクトをもったが，顕示選好理論のその後の発展はサミュエルソンの当初の構想とは異なって，顕示選好の弱公理を的確に拡充することによって，序数的効用理論と実質的に同値な理論を構成する方向に向かったように思われる。この理論のその後の発展に興味をもたれる読者は，Arrow (1959), Chipman, Hurwicz, Richter and Sonnenschein (1971), Hansson (1968), Houthakker (1950), Richter (1966; 1971), Sen (1971), Suzumura (1976; 1977; 1983, Chapter 2) などを参照せよ。

食物に欠乏し栄養不良であり，家もなく病いに伏せるひとですら，彼あるいは彼女が「現実的」な欲望をもち，僅かな施しにも喜びを感じるような習性を身につけているならば，幸福や欲望充足の次元では高い位置にいることが可能である。ひとの物質的条件は，幸福の精神的態度や欲望によって間接的に捉えられることを除けば，幸福や欲望充足に全面的に基づく福祉の見解のなかには占める位置をもたないのである。さらに，どんな種類の人生が生きるに値するものであるかに関してそのひと自らが抱く評価を無視することにより，これらの二つのアプローチはひとの福祉に関わる重要な事実にさらに一層目を閉ざすことになる。

　ロールズも《善》については多くを語っていない。《正》の問題に議論を集中するために，ロールズはその議論に必要な限りの「最小限の《善》の理論」に踏み留まろうとしたからである。市民的・政治的な自由，社会的な機会，経済財，自尊の社会的基盤などから構成される《社会的基本財》のリストに基づいているために，彼の《善》の理論は《効用》アプローチが陥った物質的条件の無視という欠陥を免れていることは確かである。だが，ロールズの《社会的基本財》はあくまで社会的な《善》概念であって，《個人的基本財（individual primary goods）》とは概念的に区別されることを忘れてはならない。後者の例としては健康・快活・知性・想像力などが挙げられているが，その悉皆的なリストは明示されていない。《正》の問題を論じるうえで重要性をもつのは《社会的基本財》の概念であるとはいえ，社会を構成するひとびとの《善》の問題を正面から論じるためには，《個人的基本財》の概念を抜きにするわけにはいかないだろう。その意味において，《社会的基本財》のリストに基づくロールズの《善》の理論は，《善》の問題を積極的に論じる目的で構成されてはいないことが明らかである。あくまでそれは，ひとびとが追求する多元的な価値を《効用》という単一の価値に還元し，ひとびとの多様な境遇をひとつの集計値で表現する功利主義を批判する観点に立つ。そして，ひとびとの合理性と公正性に相応しい条件の保障に課題を絞り込み，価値の多元性の擁護を目的として消極的に構成された最小限の《善》の理論に他ならないのである。

　センはこのようなロールズの意図とその試みの意義を，かなり早い段階から

見抜いていたように思われる。ロールズの《社会的基本財》アプローチは，ひとびとの目的の達成そのものではなく，目的を追求する《機会》に着目するものであるとセンは主張しているからである：

> 多元主義という特徴以外では，権利に基づく道徳理論はさまざまな機会の利用から得られる価値ではなく，機会それ自体に関心を寄せる点で，功利主義と区別される。……市民たちは，彼ら自身の目的に対する責任を負っているので，それらの権利や機会を利用することは，彼ら自身の責任であると考えられているのである [Sen (1982, p.19)]。

だがセンは，ロールズが踏み留まろうとした消極的な立場に満足することができなかった。彼は，目的の追求に際して個人が現実にもつ機会を捉えるためには，目的を推進するそのひと自身の《潜在能力》にこそ着目すべきこと，そのひとが所有する基本財のみならず，その基本財を《潜在能力》に変換する個人的な特性にも注目する必要があることを，強く主張する[3]：

> もしひとが互いに似通った存在であるならば，両者のアプローチの相違はあまり問題にはならないだろう。だが，基本財を《潜在能力》に変換する力はひとによって実際に異なるものだという厳然とした事実が存在する以上，基本財の平等は《潜在能力》の平等とは懸け離れたものになるおそれがある [Sen (1980, p.368)]。

ロールズにとっては，《社会的基本財》は多元的な価値を追求するひとびとが共通に必要とする手段だった。したがって，基本財の適切な配分は，達成された価値の公正な配分ではなく，価値を達成するための機会の公正な配分を意味していたのである。この点を踏まえたうえでセンは，基本財を機会に変換する能力には個人間で差異があるために，基本財の公正な配分は機会の公正な配分を意味するとは限らないという事実を強調した。真に機会の公正な配分を保障するためには，基本財と価値の達成機会との間に介在して両者の関係

---

3) Sen (1997a, p.198)。

を規定する要因を明示的に考慮する必要があると考えたのである。この要請に自ら応答してセンが提唱したアプローチこそ，基本財を用いてひとびとが達成可能となる《潜在能力》を直視して，「基本財に向けられたロールズの関心を自然に拡張する[4]」《潜在能力》アプローチだった。ロールズの関心をこのように自然に拡張することによって，センはひとびとの《必要 (needs)》の格差に敏感な理論的アプローチを《福祉》の経済学の基礎として開発する地点にまで到達したのである。この拡張は「ロールズの関心を越えるものではあるが，自由をそれがもたらす《効用》のみから判断しようとする功利主義の伝統を退ける点においては，ロールズの志向を正統に継承するものである[5]」。

センは，ロールズがひとびとの多様な目的・価値に関する自律的な意思と個人的（市民的）責任を尊重して，社会的干渉の範囲を制約することによって正義の理論の射程を自己限定したことの意義を十分に理解していた。だが同時にセンは，個人の権利と自由を実質的に擁護するためには，私的な活動領域への社会的干渉を抑制するという意味で《消極的自由 (negative freedom)》を保証するだけでは不十分であることも熟知していた。個人の自律的意思や責任の尊重は，ひとの生の《善》にとって不可欠な条件のひとつではあっても，それは必要・十分な条件のほんの一部を構成するにすぎないからである。この条件を他のいかなる条件と組み合わせればひとの生の《善》を基本的に特徴付けることができるかに関しては，セン自身の理論においても依然として未解決の問題として残されている。それにも関わらず，明らかにひとの生の《善》に反する政策を排除する可能性を備えた理論を——不完全であるにせよ——提示することが，《潜在能力》アプローチを提唱したセンの意図だったと考えられる。理論が不完全であるからといって現状を拱手傍観することは，結果的に現状維持と既得権益の擁護に加担することになってしまうからである[6]。

---

[4] Sen (1980; 1982, p.368)。
[5] Sen (1982, p.20)。
[6] センのこのようなスタンスは，《消極的自由》に関する彼の批判的考察と密接に関連している。センは，アイザイア・バーリンの《消極的自由》の概念 [Berlin (1969)] は，通常理解されている内容よりも遙かに広い概念であったことを指摘したうえで，自由尊重主義者たちが主張する《消極的自由》の概念を批判している。この点に関して詳しくは，本書の第7章「自由と発展のパースペクティブ」を参照せよ。

4　財の《特性》とひとの《機能》

これまでの考察から窺えるように,《潜在能力》アプローチは三つの支柱から構成されている。第一の支柱は,財や所得など《資源》そのものではなく,《資源》の利用から得られる《効用》でもなく,《資源》と《効用》との狭間に挿入された理論的中間項（《機能 (functionings)》）に注目する視点である。第二の支柱は,ひとびとが帰結的に達成した《機能》ではなく,ひとびとが《機能》を達成するにあたって選択の自由を行使できる実質的な機会＝《潜在能力》に注目する視点である。第三の支柱は,《潜在能力》によって捕捉される選択の機会を活用して,ひとが最終的な《機能》＝《生き方》・《在り方》を選択する際に適用される選択基準を,即自的・無批判的な《効用》にではなく,内省的・批判的な《評価》に求める視点である。

第1節で述べたように,財そのものではなく財のさまざまな《特性》に注目することによって,財の価値をひとびとの主観的な満足の指標（《効用》）と直結する正統派経済学の理論的な慣行を克服して,消費者選択の理論をより客観的な基礎の上に構築する可能性を開拓したのは,ゴーマン＝ランカスターの《特性》アプローチだった。財と主観的な《効用》が短絡的に直結されている場合には,財の個人間配分が与えられたとき,《福祉》の個人間配分に関して規範的な言明を客観的な基礎に立って行う余地は,控えめにいっても非常に限られている。また,主観的な《効用》情報を利用する余地は,《効用》の個人間比較に客観的な根拠を認めることが非常に困難であるために,ほぼ絶望的に限定されている[7]。他方,財の個人間配分それ自体に情報的基礎を求めるアプローチとしては,セルジュ・コルム [Kolm (1969; 1971/1997; 1996)],ダンカン・フォーリー [Foley (1967)],ハル・ヴァリアン [Varian (1974; 1975)] によって先鞭を付けられた《無羨望状態としての衡平性 (equity-as-no-envy)》アプローチがあることは,先に（第4章で）指摘した通りである。だが,財を用いてひとがな

---

7) 当然のことながら,主観的な個人間《効用》比較を行う可能性は,全く否定されていない。ピグーの《旧》厚生経済学の基礎を完膚なきまでに破壊したライオネル・ロビンズ [Robbins (1935)] でさえ,主観的な個人間《効用》比較の可能性と必要性を否定したことは全くない点に,読者は留意すべきである。彼の重要な論点は,主観的な個人間《効用》比較には,客観的な通用可能性はないという指摘に集約されている。この点に関して一層詳しくは Suzumura (1996b) を参照せよ。

にを達成できるかを問わずに，財の個人間配分それ自体に情報的基礎を求めるアプローチが，《福祉》の個人間配分に関して有意義な言明を行えると考えるのは，もともと期待過剰だというべきである。事実，財の個人間配分しか視野におさめない以上，全ての個人が同じ財ベクトルを得ている配分状況に対してこのアプローチが下せる判定は，「この配分は衡平だ」という言明以外にはあり得ない。あるひとが配分された自転車で友人とサイクリングを満喫している路傍では，身体の障害から自転車を乗り回す可能性が全くないひとが，自転車を与えられたが為にかえって失意の苦渋を新たにされて佇んでいるにせよ，この判定が覆されることはないのである。

　財と主観的な《効用》との中間項として，財を支配することによってひとが獲得できる《特性》の束を挿入すれば，ある財の個人間配分がいかなる《特性》の束の個人間配分に帰結するかという形式で，《福祉》に関連をもつ客観的な情報を獲得することが可能になる。この可能性を最初に開拓した点で，ゴーマン＝ランカスターの《特性》アプローチの意義は疑いもなく強調と賞賛に値する。だが，財と主観的な《効用》を短絡的に直結するアプローチを批判する目的で先に挙げた自転車の例は，ゴーマン＝ランカスターが財と主観的な《効用》との理論的な中間項として挿入した《特性》は，（彼ら自身が目指した分析には非常に有効であったにせよ）ひとの《福祉》の分析手段を探究するセンの目的にとっては，依然として限られた有効性しかもっていないことを示している。

　この事実に着目して，センが財と主観的な《効用》との狭間に代替的な中間項として最終的に選択した概念こそ《機能》だったのである。財の利用によって達成できる《生き方》・《在り方》＝《機能》に着目すれば，健康であること，疾病を免れること，夭折を避けること，幸福であること，自尊心をもてること，コミュニティの生活に参加できることなど，ひとの《福祉》に密接に関連する《生き方》・《在り方》のさまざまな側面から，特定の資源配分のパフォーマンスを客観的な情報に依拠して理性的に評価する可能性が開かれることになる[8]。《福祉》の経済学を展開するに相応しい議論のキャンバスとして，機能空間という新たな分析的なスペースが，このような推論に基づいて準備されたわけである。

[8) ここで挙げた《機能》の例は，Sen (1992a, p.39) によって議論されたものである。

5 《福祉的自由》と《潜在能力》

　個人の自律性を尊重する自由な社会では，社会的選択の目標は個人の自律的・責任的行動とは無関係に社会的な《善》を実現する《帰結》を保障することではなく，各々の個人が主体的な活動を自律的・責任的に追求する機会を公平に保障することであるべきである。センがひとの境遇の《善》の指標を実際に達成された《機能》にではなく，潜在的に達成可能な《機能》の豊かさ——選択の機会集合＝《潜在能力》のサイズ——に求めた決断の背景には，このような考え方があったといって差し支えない。

　それでは，財と《潜在能力》とは正確にはどのような仕組みで連結されているのだろうか。『福祉の経済学——財と潜在能力』において，センはこの仕組みに関して以下のシナリオを描いている[9]。あるひとが自由に処分できる財（ベクトル）の集合 A が与えられたとき，A に属する財を利用して彼/彼女が実現できる《機能》＝《生き方》・《在り方》には，財の利用能力次第で当然さまざまな可能性がある。例えば，自転車という財が与えられた場合，この自転車を遠方へのサイクリングに利用する能力をもつ場合と，近くのスーパー・マーケットへの買い物に利用する能力のみをもつ場合とでは，同じ財を用いて実現可能となる《機能》に差があることは当然である。いま，このひとが選択可能な財の代替的な利用方法の集合を F と書けば，財 $x \in A$ を $f \in F$ という利用方法で活用するとき，彼/彼女は $b = f(x)$ という《機能》を実現することができる。それは彼/彼女の財利用能力を表すことになる。したがって，あるひとが支配権をもつ財の集合 A と彼/彼女が選択可能な利用方法の集合 F が与えられたとき，彼/彼女が潜在的に達成可能な《機能》の集合＝《潜在能力》は

$$C(A:F) = \{b | \exists x \in A, \exists f \in F : b = f(x)\}$$

によって与えられることになる[10]。

　あるひとの《潜在能力》に属する《機能》ならば，その選択を外部から阻害されることはないという意味で，消極的自由がそのひとに保障されている。それのみならず，あるひとの《潜在能力》に属する《機能》ならば，自らの支配

---

[9] センはゴーマン＝ランカスターの《特性》アプローチを生かして財と《機能》との間に《特性》を位置付けている。以下ではこの点でセンの展開を僅かに単純化している。

[10] Sen (1985a, pp.13–14; 邦訳 pp.23–26).

権がおよぶ財と自ら選択可能な利用方法を自律的・責任的に選択して実現できるという意味で，そのひとには選択を積極的に行う能力が備わっている。したがって，ひとの《潜在能力》は彼/彼女の《福祉的自由 (well-being freedom)》の指標としてまさに相応しいというのが，センの《福祉》の経済学の基本的な着想だったのである。

　《機能》の概念は《潜在能力》の概念の基本的な構成要素ではあるが，センが《福祉》にアプローチする際に依拠する基礎概念は《潜在能力》であって《機能》ではない。この事実には既に読者の注意を喚起したが，二つの概念のこのような位置付けの理由に関しては，ここでもう一段の考察を追加しておく必要がある。第一に，あるひとが結果的に達成した《機能》の水準が低いものであっても，彼/彼女の《潜在能力》が豊かであれば，彼/彼女の境遇は少なくとも《福祉的自由》の観点からは低く評価されるべきではない。例えば，結果的には同じ餓死という悲惨な結末に到るにせよ，政治的抑圧に抗議して食物の摂取を自律的・責任的に拒絶して，断食による尊厳死を迎えたひとと，極貧と衰弱によって摂取すべき食物が得られないために，選択の余地なく餓死を迎えたひととは，少なくとも《福祉的自由》の観点からは異なった評価に値するというべきである。第二に，達成された《機能》の水準が同様に高いものであっても，自律的・責任的な選択範囲＝《潜在能力》が貧しい場合には，彼/彼女の《福祉的自由》の程度を高く評価することは道理に反するように思われる[11]。例えば，物質的にも精神的にも等しく潤沢な生活を送っているにせよ，自らに賦与された豊かな選択機会＝《潜在能力》を効果的に活用してこの潤沢な生活を自律的・責任的に達成したひとの境遇と，寛大な主人に愛されて，他の選択肢がないままに潤沢な生活を恩恵として与えられた奴隷の境遇とは，《福祉的自由》の観点からは明らかに区別して評価されるべきである。

　ここで行われている比較は明らかに個人間比較であるが，その比較は一次元的な《効用》に基づくものではなく，個別的で多様な機能＝《生き方》・《在り方》の指標に基づいている。それはまた，ひとびとが潜在的に達成可能な自律的《機能》の選択範囲に注目することによって，自由の重要な一側面を確かに捕捉している。センの《潜在能力》アプローチの神髄はまさにここにあるとい

---

11) Sen (1985a, pp.14–15, p.67; 邦訳 pp.26–27, p.89).

うべきである。

　ところで，財を利用する能力を手段としてひとびとが自律的・選択的に獲得する《機能》＝《生き方》・《在り方》は，彼らの主観的な認識を越えて，主体的な生を追求するために不可欠な彼ら自身の客観的な能力を構成することに注意したい。財を利用する能力と《機能》はいずれも個人の能力の一側面であるが，前者は選択された《機能》を達成する手段であり，後者は財を利用する際の目標となる。とはいえ，両者の関係は相対的であって，手段としての能力を駆使して獲得された《機能》は，より高い目標としての《機能》を達成するための一層の手段として役割を果たすことになる。財を利用する能力と目標としての《機能》とのこのような相互連関が，全体としてひとの自律的・主体的な生を実現していくものと考えられる。したがって，《機能》と《潜在能力》は財を利用する能力の結合からもたらされるものという意味では《帰結》であるが，哲学的には《善き生 (well-being)》を実現していく手段と目標の連鎖的《過程》として理解されるべきである [Gotoh (2001, p.216)]。

　《機能》概念に関するこのような理解は，「実際に達成された《潜在能力》ではなく，発展可能な《潜在能力》に着目する」点において，アリストテレス的であるとみなされる[12]。事実，現代の卓越したアリストテレス主義者といわれるマーサ・ヌスバウム [Nussbaum (1988; 1990)] は《潜在能力》アプローチの哲学的含意を高く評価して，ひとの《善》と能力に関する普遍的な評価を可能とする理論的完成を目指して，センとの共同研究 [Nussbaum and Sen (1993)] を試みている。《潜在能力》アプローチの哲学的基礎をヌスバウムのような普遍的な観点から追求する作業は間違いなく重要である。だが，セン自身はひとの《善》や能力の発展可能性を規定するさまざまな条件および制度，経済的・社会的メカニズムの具体的な在り方に，より大きな関心を寄せている。ひとの《善》や能力は確かに発展可能性をもってはいるが，その可能性の範囲を厳然として制約するさまざまな条件——身体的・精神的・環境的条件など，さまざまな自然的・社会的な偶然性——から，ひとは全く自由ではあり得ないからである。例えば，同量の基本財を供給されたとしても，特別のニーズをもつ障害者，高齢者，疾病者はより不遇な境遇におかれることを余儀なくされることは否定

---

12)　Sen (1992a, p.45)。

すべくもないが，このような境遇の個人間格差は彼らが自律的・責任的な選択を行うことができる要因に帰着できるものではない。そこで経済学者としてのセンの関心は，多様なひとびとの《潜在能力》をできるだけ豊かに改善するために，限られた資源をより効率的かつ公正に配分する資源配分メカニズムを考案することに向けられることになる。

以下では，このような問題に対する《潜在能力》アプローチの有効性を確認していくことにしたい。

6 市場と《潜在能力》：効率性概念の再検討

経済学者が資源配分メカニズムについて議論する際には，基本的な参照標準として《競争的市場メカニズム (competitive market mechanism)》がほとんど例外なく言及されてきたといっても決して過言ではない。その理由は基本的に三つある。

第一に，競争的市場メカニズムは，ひとびとが自発的な交換を通じて自己の経済的地位の改善を追求する公開の《場》を透明に提供する資源配分メカニズムである。確かに，競争的市場メカニズムがひとびとに賦与する選択の自由は資源の初期賦存量が大きい（小さい）ひとには大きい（小さい）うえに，生得のハンディキャップをもつひとを補償する機能がこのメカニズムに内蔵されていないという意味でも，競争的市場メカニズムは無防備に衡平な資源配分メカニズムであるとは到底いえそうにない。だが，出発点が同一のひとびとには同一のチャンスを無差別的に提供して選択の自由を平等に保障するという意味では，競争的市場メカニズムに一定の《手続き的公平性 (procedural fairness)》が備わっていることは否定すべくもない事実である[13]。

---

13) ミルトン・フリードマンの著書『資本主義と自由』[Friedman (1962)] は，競争的市場メカニズムには私的権利の社会的尊重という観点からみて重要な手続き的メリットが備わっているという事実を，印象的に指摘している。すなわち，「パンを購入するひとは，そのパンが作られた小麦を栽培したひとが共産主義者であるか共和主義者であるか，立憲主義者であるかファシストであるか，黒人であるか白人であるか，全く知るすべをもっていない。……この事実こそ，没個性的な市場システムが経済活動を政治的見解から分離して，ひとびとが彼らの経済活動において生産性とは無関係な理由によって差別されることがないように保護する機能をもつことを，雄弁に物語るものである」。フリードマンが正しく見抜いて巧妙に例示したように，競争的市場メカニズムに備わるこの没個性化機能こそ，ひとび

競争的市場メカニズムの第二の顕著な特徴は《分散的な私的情報の社会的利用》であって，比較経済システム論を飛躍的に発展させた 1930–40 年代の経済計画論争に際して，フリードリッヒ・ハイエク [Hayek (1948)] がその決定的な意義を鮮やかに指摘したシステム特性である。彼が的確に注意を喚起したように，経済システムがスムーズに機能するために必要とされる情報は，ほとんどの場合，政府や中央計画機関を含むどの単一の経済主体によっても整理・統合・規格化された形式で保有されてはいない。財の初期賦存量，労働サービスの提供能力，生産技術・知識などは，多数の私的な経済主体によって分散的に所有される《私的情報 (private information)》であるからである。このように分散して私的に所有される膨大・複雑な情報を，最も効率的・効果的に活用できる経済主体に敏速・正確に伝達して社会的に活性化する仕組みが経済システムに内在的に備わっているかどうかを問う分析視点こそ，ハイエクが合理的な中央経済計画システムの不可能性を主張した際に，彼の否定的結論に導く最大の論拠を提供した観点であった。それはまた，競争的市場メカニズムに内在的に備わる最善のシステム特性として，ハイエクが終始一貫して強調した観点でもあった。

　競争的市場メカニズムがもつこれらの顕著な特徴は，このメカニズムに備わる《手続き的特性 (procedural characteristics)》に関わっている。これとは対照的に，競争的市場メカニズムに備わる第三の顕著な特徴は，その《帰結的特性 (consequential characteristics)》に関わっている。競争が完全である——《完全競争 (perfect competition)》の仮定が成立する——場合に，《古典的な経済環境 (classical economic environments)》の前提のもとで成立する《厚生経済学の基本定理 (fundamental theorems of welfare economics)》が教えるように，完全競争的市場メカニズムを適用して得られる資源配分はパレート効率的であり，逆に任意のパレート効率的な資源配分は，財の初期賦存量の適当な個人間移転を前提として，完全競争的市場メカニズムを適用して得られる資源配分と一致するのである[14]。

とが生産性以外の個人的特性——人種，性別，貧富，政治的スタンス，美醜，教育など——に基づいて差別されることを妨げて，彼らの私的権利を社会的に尊重する役割を果たすシステム特性なのである。

これに対してセン [Sen (1993c; 1994b; 1999b)] は，実質的な自由の観点から競争的市場メカニズムの帰結的特徴を再検討するという斬新な作業を行っている。この作業を行うために，センは財空間における消費点から財空間における機会集合（《予算集合》）へ，さらに財空間における機会集合（《予算集合》）から機能空間における機会集合（《潜在能力》）へと視点を移動させていく。このような視点の移動によって，競争均衡配分のパレート効率性に関する厚生経済学の基本定理の議論を，《潜在能力》という実質的自由の観点に立脚する議論へと変換することが可能となるからである。すなわち，完全競争と古典的な経済環境の前提のもとでは，他のひとびとの機会と自由を悪化させることなく，いかなる個人の機会と自由もそれ以上には改善できないという意味で，競争的市場メカニズムは実質的な機会と自由の効率的な配分状態を保証するものであることが論証されるのである。

　このような視点の移動には，二つの重要な意味があるとセンは考える。第一に，機能空間における実質的自由の観点は，市場経済におけるひとびとの選択の動機を，私的《効用》の最大化という単一の解釈から解放してくれる。実質的自由に対する個人の《評価》は，財から得られる私的《効用》への関心とは独立に定義することが可能だからである。第二に，市場という文脈においては，実質的自由の重要性を，単に利用可能な選択肢の豊富さという物質的な観点からではなく，選択肢の魅力に対する個人の評価の観点から理解することができる。競争的な市場均衡として実現されるひとびとの《機会》は，彼らが私的所有の《権原 (entitlement)》をもつ保有物と《評価》——実質的自由への関心——を所与とした目標最適化行動によって，すなわち限りある実質的自由を最大限に活用しようとする行動によってもたらされたものと解釈されるからである。

　ただし，競争的市場メカニズムの効率性に関するパースペクティブを《効用》から《実質的自由》へと拡大することができるにしても，その自由を行使した結果として公正性が実現される保証はないことには注意すべきである。実質的自由の効率性が達成されている競争市場においても，確固とした既得権益によって，見過ごしにはできない分配上の不平等が結果的に容認されてしまう可能性

---

14) 完全競争と古典的な経済環境という仮定の意味，および厚生経済学の基本定理の正確な内容に関する説明を必要とする読者は，例えば奥野・鈴村 (1985/1988) を参照せよ。

があるからである。

　競争的市場メカニズムとは, ひとびとが《権原》をもつ財と選好をもとに, 自分自身の欲求充足を分権的に追求する制度的仕組みである。これこそが, 市場の機能を定義する空間が異なっても変わることがない競争市場の本質的特徴なのである。そのために,「交換できる財をあまりもっていなければ, 多くの財を需要することは不可能である。そのために, さほど切迫した必要をもたないが, より強い《権原》をもつひととの競争に敗れることになる[15]」のである。そこでわれわれは, 競争的市場メカニズムのパラダイムを越えて,《潜在能力》によって捕捉されるひとびとの境遇を情報的基礎として, 全ての社会構成員の《基本的必要 (basic needs)》の充足を保障する資源配分メカニズムを構想する作業に進まなくてはならない。そのようなメカニズムは,《所得》を情報的基礎として再配分を行う資源配分メカニズムとは, どのような相違をもつのだろうか。

7　《潜在能力》の平等：《達成》の平等と《不足》の平等

　利用可能な財や資源を増加させることによって達成可能な機能水準が高められ, ひとびとの《潜在能力》は豊かになる可能性があることは確かである。だが, 資源を利用する能力においてもひとびとはきわめて多様な存在である以上, ひとびとが最大限に発展可能な《潜在能力》を個人間で平等にすることは, ほとんど禁止的なまでに困難であると考えざるを得ない。不平等の経済学において往々にして看過されがちであるのは, ひとびとの《潜在能力》の多様性に関する根源的な認識である。この根源的な認識の欠如は, 資源の画一的な均等配分を招くことになりかねないとセンは懸念する。だがセンは, このような《潜在能力》の多様性が十分に認識されたとしても, その認識が《不足の平等 (shortfalls equality)》という観念と結びつくときには, 不遇な境遇にあるひとびとの悲惨さ, 彼らが実際に享受する《潜在能力》の絶対的水準の低さが,《平等》原則という美辞麗句のもとに正当化される恐れがあることをも同時に憂慮するのである。

　例えば, 非常に深刻な障害をもつひとと軽微な障害をもつひとがいたとしよう。このとき,《不足の平等》が要請することは, 各人の《潜在能力》が最大限に発展可能な水準に対して示す不足の程度を平等化すること, すなわち各人が最

---

15)　Sen (1981a, p.161)

大限に発展可能な《潜在能力》の水準と実際に達成可能な《潜在能力》の水準との差が個人間で等しくなる資源配分の方法を採用することである。この場合には，各人が結果的に享受する《潜在能力》の絶対的水準がどのようなものであるか，より不遇な個人の《潜在能力》がどの程度に留められるかは，問題とされることがないのである。これに対して《達成の平等（attainment equality）》は，資源配分によって実際に達成されるひとびとの《潜在能力》の絶対的水準を平等化する資源配分の方法を採用することを要請する。

　《達成の平等》という観念に対しては，二つの主要な批判が存在する。第一の批判は，障害が深刻である場合には，《達成の平等》は実現不可能な目標であるという主旨の批判である。だが，たとえ実現不可能であったとしても，不遇な個人の《潜在能力》を可能な限り改善するという目標設定が決して無効になるわけではない。《社会的基本財》か《潜在能力》かという目標設定の情報的基礎に関する相違はあるにせよ，資源配分に際して最も不遇なひとびとの境遇に着目するというロールズ格差原理の視点は，《潜在能力》アプローチにおいても採用可能なものである。この視点は，最大限に発展可能な《潜在能力》の水準が個人間で非常に多様な場合でも，なお《達成の平等》を求める十分な根拠を与えてくれるのである。

　《達成の平等》に対する第二の批判は，この目標を追求する資源配分は，低レベルでの平等に帰着する危惧があるという主旨の批判である。例えば，発展可能水準が x である個人1と発展可能水準が $2x$ である個人2が存在する場合，《達成の平等》は両者の達成水準が等しくなるまで個人2から個人1へ資源を移転することを要請するが，その結果として実現される達成水準は x を越えることがない可能性がある。このような状況は，より多くの資源を個人2が利用し得る場合と比較して，社会的に非効率的であるという感が否めないというわけである。だが，このように極端に非効率的な状況が生じるのは，平等を資源配分の唯一の原理とするからであるとセンは説く。そうではなくて，例えば平等原理をひとびとの《潜在能力》の総量を最大化する原理と結合させる混合的な枠組みを適用すれば，低レベルでの平等という非効率的な帰結を避けることが可能となる。平等原理そのものは，あくまで帰結的な《達成の平等》化を目標とする原理として定式化する一方で，異なる目標をもつ他の原理との間に適

切なバランスを計っていくというのが、ここでもセンの基本的な戦略なのである[16]。

8 不平等の再検討:《機能空間》における絶対性と《所得空間》における相対性

「絶対的貧困の問題は現代ではもはや消滅した。それに代わって登場したのが相対的貧困・剥奪の問題である」という声が高まった時期がある。その渦中でセン [Sen (1983c)] は、《潜在能力》アプローチに依拠して、「現代においても依然として重要なのは絶対的貧困の問題に他ならない」と断固として主張した。不平等の絶対性と相対性を巡って陥りがちな議論の混乱を整理して表面的な対立を解消するうえで、《潜在能力》概念は大きな威力を発揮することができる。このアプローチは、不平等や貧困・剥奪などの概念は《機能空間》上では絶対性をもつにも関わらず、《所得空間》上では二重の意味での相対性――社会の様相に応じた相対性と、同一の社会内での相対性――をもち得ることを明らかにしてくれるからである。この点を以下で詳しく論じてみたい。

第一に、機能の絶対的な水準を達成するために必要な所得水準は、社会の様相に応じて異なるものとなる可能性がある。例えば、移動という機能に関して就労や日常生活に支障のない水準を達成するために必要な所得の水準は、各々の社会の様相――地理的環境や情報ネットワーク、公共輸送機関の整備状況など――に応じて異なるであろう。例えば、公共輸送機関が十分に整備されている社会においては、たとえ所得水準がより低いものであったにせよ、移動という機能に関して必要水準を達成することができるであろう。

第二に、所得の相対的格差の水準に依存して、機能の達成可能性に関する絶対的な水準は変化し得る。所得で見た場合の相対的な窮乏は、《潜在能力》で見た場合の絶対的な窮乏をもたらすことがあり得るのである。例えば、所得に関

---

[16] 「《潜在能力》のパースペクティブはいろいろな方法で用いることができる。なぜならば、倫理的分析のための情報的枠組みは、特定の道徳的定式化を提供するものではないからである。特に、《潜在能力》の平等とその全般的なサイズとの間のトレードオフに関してはなにも提示されていないのである」[Sen (1984, p.27)]。「基本的《潜在能力》の平等は、道徳的《善》のなかで、平等の観念に関連する局面に対して部分的に適用される指針に他ならない」[Sen (1982, p.369)]。

する社会内の相対的格差がきわめて大きい場合には，他人に恥ずることなく暮らすこと（アダム・スミス），コミュニティの活動に参加すること（ピーター・タウンゼント），自尊の念をもつこと（ジョン・ロールズ）などの機能を達成することは，著しく困難になるであろう。他者との関係性——共通性あるいは差異——それ自体が，これらの機能の達成に不可欠な資源であると考えられるからである。

　さらに，これら二つの問題が絡み合って出現する場合もある。移動という機能は，他者との関係性を直接資源とするものではない。先に挙げた例のように，公共輸送機関が十分に整備されているならば，ひとびとは必要な機能水準を達成することができるだろう。だが，平均所得が上昇して自家用車をもつひとが増えたために，需要の減少に伴って公共輸送機関が大幅に縮小されてしまったとすれば，自家用車を購入することのできないひとびとの機能の達成可能性は減少してしまうことになる。

　ここで注意すべき点は，このようなケースにおいて，自家用車を購入することのできないひとびとが被る剝奪は，他のひとびととの相対的な所得格差によって直接もたらされる相対的剝奪——自家用車を購入できる他者への羨望などに起因する——ではなく，他のひとびととの相対的な所得格差を原因として引き起こされた客観的な機能の低下に基づく絶対的剝奪に他ならないという事実である。同様に格差が存在したとしても，それによって公共輸送機関が縮小しないような手段が採用されている社会においては，依然として他のひととの格差に起因する相対的剝奪は残るとしても，移動という機能に関する絶対的剝奪は解消されることになる。

　所得や財に焦点を絞っている限り，このような相対的剝奪と絶対的剝奪との関係を明示的に捉えることはできない。それでは，《効用》概念に関してはどうだろうか。いま，次のような異なる様相をもった二つの社会を想定してみよう。ひとつの社会は，全てのひとに十分な食料が行き渡っているとともに，多くのひとが自家用車を購入できるような社会である。もうひとつの社会は，全てのひとに対して食料が不足しており，自家用車を購入することもできないような社会である。前者の社会において自家用車を購入できないひとと，後者の社会において自家用車を購入できないひとを比較してみると，所得や財を指標とす

る限り，明らかに前者は後者よりも豊かである。だが,《効用》を指標として両者を比較するならば，前者のひとの方が後者のひとよりも低い《効用》を得ているという結論が得られるかもしれない。だがその根拠は,（1）前者のひとが食料と比較して自家用車に強く偏重した選好をもつ結果であるのか,（2）後者の社会では個人間格差がないのに対して，前者の社会には格差が存在して，しかも前者のひとは他者との格差に敏感な選好をもつからであるのか，それとも（3）前者のひとは，先に挙げた例のように公共の輸送機関が縮小されて，移動という機能が著しく欠如しているためであるのかを区別することは困難である。その主要な原因が個人の偏向的選好によるものとすれば，たとえそのような選好が多くのひとが自家用車をもっている社会状況に影響を受けて形成されたものであったとしても，前者は後者よりも悲惨な境遇にあるとはいえないであろう。また，その主要な原因が社会内の相対的格差にあるとしたら，前者の社会におけるひとの境遇をもって相対的剥奪ということは可能であるとしても，それをもって前者は後者よりも悲惨な境遇にあるとはいえないであろう。

　《潜在能力》アプローチは，食料あるいは自動車という財が栄養摂取あるいは移動というひとびとの機能に変換されるプロセスに着目することによって，財を利用するひとの能力のみならず，ひとの機能の達成水準を妨げる社会的要因を政策に反映させることができる。他方で，ひとびとの機能の達成水準に直接影響を与えることのない要因，例えば他者との相対的格差に基づく羨望あるいは偏重的選好に基づく不足感などに関しては,《潜在能力》アプローチは分析の対象外とする。機能の絶対的剥奪と財や所得の相対的剥奪とをこのように区別することの意義は，次のような事例からも明らかである。

　1944–45年にオランダで起こった飢餓の冬は，全国的な規模に広がったために，相対的剥奪の程度は非常にわかりにくいものだったという。社会全体の資源量が急激に減少したにもかかわらず，社会内での相対的不平等が拡大することはなかった。また，平均所得の水準は低下したとはいえ，依然として開発途上国よりも高いものだった。だが，それらの事実は大勢のひとびとに襲いかかった貧困の深刻さを和らげるものではなかった。なぜならば，開発途上国と比較してオランダは，同一の機能を達成するためにより高い水準の財や所得を要する社会的・経済的仕組みを作っていて，総資源の急激な低下に合わせてそのよ

うな仕組みを急いで作り替えたり，財や所得の必要水準を急速に引き下げたりすることはできなかったからである。

このように，異なる社会の仕組みや様相に対しては相対的であるが，同一社会内の相対的不平等に還元することができない貧困・剥奪という問題を捉えるためには，資源や所得などの手段ではなく，それらによって達成可能となる機能に着目する《潜在能力》アプローチが有効であることが理解されるのである。

9　おわりに

本章においてわれわれは，《機能》と《潜在能力》の概念に基づいて，ひとびとの《必要》を充足する資源配分メカニズムを設計するというセンの《潜在能力》アプローチの輪郭を，多少なりとも明らかにすることに努めた。それはひとびとが現実にもつ可能性がある《潜在能力》の絶対的水準の平等化を目指す構想である。個人間の相対的格差ではなく，全ての個人の絶対的な《福祉》の水準を問題とするこの文脈においてこそ，「最も不遇なひとびとの境遇をできる限り改善する」というロールズ格差原理が意味をもってくるのである。

このように，資源配分メカニズムの設計に際して参照すべき情報はひとびとが享受する《潜在能力》の絶対的水準であるにせよ，社会的に保障すべき《福祉》の内容は，決して先験的・客観的に定められるものではない点に再度注意を喚起する必要がある。最小限必要な《潜在能力》の水準は，それに先立つ《機能》のリストの特定化のみならず，ひとびとが抱く《善》の観念や目的および価値，社会的に共有されている価値および信念，社会で確立されている慣習などに応じて異なったものとなり得るからである。また，社会的責任の領域と個人的責任の領域の境界設定に関する考え方，あるいは市場システムと《必要》に応ずる資源配分メカニズムとのバランス付けに関する考え方なども，最小限必要な《潜在能力》の水準に影響を与える要因である。他方，《潜在能力》の実行可能性および具体的な水準や範囲は配分可能な財や資源の総量によって制約されることは当然だが，それはさらにひとびとの労働インセンティブを規定する選好や行動様式，ひとびとがおかれた技術や環境などとも深く関わっている。したがって，社会的に保障すべき最小限の《潜在能力》の内容は，ひとびとによって規範的に合意された諸基準，ひとびとの選好や行動様式その他の経済的・

社会的諸条件によって規定され，これらの要因が変化するのに伴って変化せざるを得ないことに注意すべきである。

　最後に，社会的に保障すべき《機能》のリストおよびその水準に関する社会的決定の問題を簡単に考察して，本章の結びとしたい。第5章で述べたように，センはひとびとの選好を単層的なものとは見なしていない。少なくとも，財や資源に対する個人的選好と，さまざまな権利の評価や社会的ルールに対する選好とは，なんらかの方法で区別され得るものと考えられている。さらに，本章の冒頭で簡単に触れたように，《機能》や《潜在能力》に対するひとびとの《評価》もまた，財や資源に対する個人的選好とは異なる性質をもつものと想定されている。なぜならば，《機能》や《潜在能力》に対するひとびとの《評価》は厚生以外の多様な価値を目標とするとともに，自己を取り巻く環境に関する長期的・社会的な視野をベースとする内省的・熟慮的な推論であると考えられているからである。このような《評価》は，まずもって自己の《善》に関する観点から形成されるとしても，同一社会に住む隣人や他者の《善》に対する細やかな想像力をもとにして反照され，確定されていくものと考えられる。

　社会的責任において保障すべき《機能》や《潜在能力》の範囲と内容の確定に際しては，次章で扱う自由の問題，特に《行為主体的自由》の問題との兼ね合いが問題とされるであろう。また，保障すべき《機能》のリストの確定に際しても，《評価》は《善》に関する関心のみならず，《正》の問題，すなわち資源配分ルールの適正さに関する配慮によっても，少なからず影響を受けるであろう。このように複雑な《評価》の問題との関連で再び重要性を帯びてくるのは，開かれた討議の存在である。

第7章　自由と発展のパースペクティブ

1　はじめに

　『経済学と倫理学に関する省察』[Sen (1987)] という著書は，センによる経済学と倫理学との反照という長い旅の記録である。この旅の終着点で，センは経済学の分析的枠組みの重要性を次のように指摘した：「帰結的推論および相互依存関係を捉える理論的な枠組みは，一般均衡理論をはじめとする経済学のさまざまな文脈で，目覚ましい展開をみせてきた。経済学のこの分析的枠組みは，ある社会に存在するさまざまな権利を評価する際にも，諸権利の間の相互依存関係について多くの示唆を与えてくれる[1]」。

　センの《貧困》研究は，まさにこの観点——財や資源の所有・交換・利用を通じて不可避的に連結されている個人や集団の相互依存関係という観点——に立って，窮乏，貧困，飢餓，飢饉などの問題を体系的に捉えることを意図したものである。この研究で彼が自らに課した任務は，三つの課題に類別されている。第一の課題は，窮乏，貧困，飢餓，飢饉などの問題を惹起する原因と，その発生の仕組みを解明することである。第二の課題は，これらの問題に直面しているひとびとの悲惨な境遇を，分析的に識別する測度を構成することである。第三の課題は，ひとびとの識別された境遇の測度を社会的に集計して，その特徴を記述することである。

　センの分析の究極的な目標は，窮乏，貧困，飢餓，飢饉など，焦眉の課題の解決に資する社会政策を設計することである。だが彼は，性急に処方箋を提出しようとはしない。政策的な実行可能性を慮って問題それ自体を簡略化してしまうのではなく，また分析道具の貧困さに妥協して不十分な記述に甘んずるのでもなく，それらの問題をできる限り包括的に捕捉して，総合的に理解することを可能にする理論を構成すること——これがセンの《貧困》研究を通底する基本姿勢なのである。

　以上に列挙した三つの課題の比重は，考察する問題の性質に応じて少しずつ

---

1) Sen (1987, p.73)

異なっている。例えば，飢饉や飢餓の研究に際しては，悲惨な事態を惹起した原因と発生の仕組みの解明に高い比重が与えられている。他方，貧困の研究に際しては貧困の集計的測度を導出する方法が，そして窮乏の研究に際しては窮乏者を適切に識別する方法が，それぞれ最も高い比重を与えられている。この相違は各々の問題が直面する課題の緊急性を反映するものだが，ここで重要な点は，各々の問題はその詳細においては特殊性をもちつつも，問題の基本的な構造に関しては相互に関連し合っているという事実である。

センは，実証的な研究を通じて窮乏，貧困，飢餓，飢饉などの問題がそれぞれの社会的文脈で引き起こす個別的な困難性を認識する努力を払いつつ，これらの問題があぶり出す経済メカニズムの構造的特徴を捕捉するために，より一般的なアプローチ——《権原 (entitlement)》アプローチ——を構築することにも努めている。さらに，これらの問題の本質的な構造と意味を理解するために，前章までに吟味した公理主義的アプローチ，共通部分アプローチ，多元的価値の重み付けアプローチ，《潜在能力》アプローチなどの視点や方法を相補的に適用して，《権原》アプローチの視野を拡大することをも試みている。

他方，貧困研究への具体的適用の試みを通じて，公理主義的アプローチ，共通部分アプローチ，多元的価値の重み付けアプローチ，《潜在能力》アプローチそれ自体も新たな生命を注入されて，より豊かな内容へと展開されていく。こうして開かれる新たな眺望を，センは《自由と発展のパースペクティブ》と呼んだのである。

貧困研究の直接的な課題は倫理的判断をなすことではなく，貧困に関する事実的・記述的分析を行うことである。だが，それらの課題の背後には，貧困とはなにか，ひとにとって貧困はいかなる意味をもつものか，という倫理的な問いかけが控えている。裏返していえば，これらの問いかけは，だれからも剥奪することが許されない《善》とはなにか，全てのひとに共通して不可欠的な価値をもつ《善》とはなにか，を尋ねる問いかけである。不平等の測定との関連で第3章「不平等の経済学と倫理学」で既に指摘したように，同じ問いかけは事実的・記述的分析を行う際にも完全には無視できない基本的な視点を提供している。だが，不平等の問題と比較して貧困の問題は緊急性が高いゆえに，倫理的判断に関する個人間の齟齬はより小さいのではないか，多くのひとびとの

倫理的判断が部分的にせよ合意可能である限り，それに依拠した事実的・記述的分析が先行して推進されるべきではないか，とセンは考えた。

しかしながら，事実的・記述的分析が貧困研究の全てではないことも，センは十分に認識していた。上述した三つの課題との関連でも，それらの背後にある倫理的な問いかけと関連させて問題をさらに掘り下げる必要があることを，センは十分に自覚している。『自由と経済開発』[Sen (1999b)] は，まさにこの問題関心から書き下ろされた著書である。本章の後半はセンのこの問題関心に着目して，自由と発展のパースペクティブから探究される貧困の意味と，そのような探究を通じてさらに深められるこのパースペクティブそれ自体を理解することに努めている。

ところで，自由と発展のパースペクティブは普遍的な広がりをもっているが，それによって捕捉される主題は個人や集団が置かれている社会的・歴史的な文脈に依存する特殊な性質をもっている。とりわけ，産業の発展段階が異なる社会や政治的・経済的システムが異なる社会において，相互の同質性と異質性，普遍性と特殊性を正しく捕捉するためにはいかなる点に留意したらよいのだろうか。この問題を意識しつつ，本章の末尾では文化と普遍性の関係についても言及してみたい。

開発経済学に対するセンの貢献は，貧困・飢餓・飢饉に関する実証研究との関連で，また国連の《人間開発指標 (human development index)》の開発などとの関連で，多くの注目を集めてきた。それは第3章「不平等の経済学と倫理学」においても触れたセンの平等主義者としての顔，特に不遇な個人・集団へのセンの真摯な関心を明瞭に反映している。本章は，開発経済学に対するセンの貢献のオリジナリティを，これまで明らかにしてきた厚生経済学の新しい構想との関連で確認して，その理解を深めることを意図するものである。

2 《権原》アプローチ

飢餓と飢饉は深刻な食料不足によって引き起こされる。だが，近年発生した多くの飢饉の場合には，利用可能な食料が社会全体の総量としては決して不足していたわけではないことが指摘されている。ある特定の集団と地域においては，食料の余剰が存在していたことさえ確認されている。また，略奪，詐欺，

横領などによる権利侵害が，大々的に発生していたわけでもなかった。むしろ，所有権を合法的に保護された食料貯蔵庫の前で，多くのひとびとが飢えて死んでいったのである。さらに，ひとびとが責任主体的な選択に失敗した——日頃馴染みのない食料の購入を忌避したとか，あるいは自ら就労を拒絶して食料を稼得する手段を失ったとか——というわけでもなかった。物理的には確実に存在していた食料を合法的・慎慮的に入手しようとしても，その手段がなかったひとびとが飢えたのである。例えば，土地を所有しないがために自己の作物を消費する手段をもたなかったひと，供給が過剰であったがために自己の所有する財を食料と交換する手段をもたなかったひと，需要が減少したがために非自発的に失業して所得を稼得する手段を失ったひと，あるいは旱魃によって生産物が激減したがために食物と交換する手段を失ったひとなどが飢えたのである。その結果，飢饉に見舞われたひとびとから他のひとびとへ，また最小限の必要が充たされない地域からより豊かな地域へと，残された僅かな食料が流出する現象すら出現したのである。

このように，ある特定の集団において合法的・慎慮的に取得可能な財の範囲が急速かつ極端に狭まったことこそが，飢饉の発生の最も主要な原因だった。この点を明らかにするために，センは《交換権原写像 (exchange entitlement mapping)》という新しい概念を考案した。それは次のように説明される。いま，私的所有制度を前提として，《交易》——他者との交換——および《生産》——自然との交換——という二つの交換行為を基本的な活動とする経済を想定しよう。そのとき，交換権原写像 E とは，財の初期賦存量バンドルを，それに基づく交換行為によって取得可能となる財バンドルの集合——《交換権原 (exchange entitlement)》——に対応させる写像のことに他ならない。定義から明らかなように，各人が取得する交換権原は，彼の財の初期賦存量バンドルと交換権原写像によって決定される。例えば，土地と労働力その他の資源を初期保有する小作農と，彼の最小限の必要を充足する財バンドルの集合を想定せよ。彼は，財・サービスの初期賦存量バンドルを基にして自己が消費する食料を生産することもできるが，労働力を売って賃金を得て食料を購入することもできる。あるいはまた，販売用の作物を生産・販売して食料を購入することもできる。このように，所与の環境のもとで彼には食料の取得方法に関してさまざまな可能性が

開かれている。しかるに，食料を取得するいずれの方法をとっても最小限の必要を充足する食料を取得できないとき，彼は飢餓に陥るのである。

交換権原写像の内容は，ひとびとが置かれた社会の法的・政治的・経済的・社会的状況および個人的な境遇に依存して決定される。例えば，伝統的な経済学において定式化されてきた完全競争的な市場経済システムでは，所与の相対価格体系にしたがってひとびとが保有する財の初期賦存量バンドルが交換される結果として，ひとびとは《予算集合 (budget set)》に対する権原を獲得する。このとき，各個人の財の初期賦存量バンドルに彼の予算集合を対応させる写像が，この経済における交換権原写像となる。この経済では，「交換するものをあまり所有していなければ，多くのものを需要することができない。そこで，さほど切迫した必要がないものの，より強い権原をもつひととの競争に敗れることになる[2]」のである。

他方，失業保険，所得扶助などの社会保障制度においては，労働需要の減少や財の初期賦存量バンドルの喪失などがもたらすひとびとの交換権原の縮小を社会的に補填する交換権原写像が想定される。これ以外にも，租税制度や慈善行為の存在などが，交換権原写像の性質に反映されるものと考えられる。

《権原》という概念は，政治哲学者ロバート・ノージック [Nozick (1974)] によって，彼の手続き的正義論の鍵概念として導入された。ノージックは，あるひとが公正な手続きにしたがって歴史的に獲得・交換して得た資源に対しては，他の帰結的影響の如何に関わらず，そのひとの所有権・使用権・専有権などの権利が発生するという主旨の理論——《歴史的権原理論 (historical entitlement theory)》——を構成したのである。彼の用語法にしたがえば，《権原》とは，公正な歴史的起源をもつ財や資源への関係性のことに他ならない。ノージックのこの概念は，明らかに規範的な意義を担って構成されている。

これに対して，センが《権原》という用語に与えた概念的意味は，まずもって「規範的ではなく記述的」である。彼によれば《権原（関係）》とは，ひとの経済活動の多様な局面で発生するさまざまな《所有形態（ownership）》を，合法的なルールによって相互に関連付けるものである。例えば，私が一片のパンを所有するものとせよ。この所有はなぜ社会的に容認されるのか——それは私

---

2) Sen (1981a, p.161)。

が自分のお金と交換して，合法的に獲得したものであるからだ。ではお金の所有はなぜ容認されるのか——それは自分が保有していた傘を売って，合法的に得たものだからだ。では傘の所有はなぜ容認されるのか——それは自分の土地で採取した竹を素材として，自分の労働で作ったものだからだ。では土地の所有はなぜ容認されるのか——それは父親から合法的に相続したものだからだ。この主旨の議論を歴史的に遡って，そこに現れる取得と交換の連鎖に非合法的なステップが含まれていなければ，私のパンの所有は正当化されることになるのである。

　私的所有制度のもとでは，以下の四つの《権原》が広く承認されている。(1) 交易に基づく権原, (2) 生産に基づく権原, (3) 労働所有に基づく権原, (4) 継承と移転に基づく権原, がそれである。これらの権原はさらに相互に関連付けられつつ，あるひとが正当に取得可能な財バンドルの集合を規定することになる。

　センが駆使する《権原》概念の大きな特徴は，複数の正当化根拠に基づいてひとに開かれている選択可能性の広がり——選択肢の範囲——を，全体として捕捉することを意図している点にある。完全に指令的な経済においては，ひとは彼に割り当てられた特定の財バンドルを得るだけで，選択の余地がない。このような事例は，多かれ少なかれほとんどの経済において観察される。高齢者の居住施設や各種の福祉サービス施設などに関しては，そのような例が存在する。しかし，通常の場合には，ひとびとは選択できる広範囲なメニューをもっているのである。この選択可能性の全貌を捕捉するためにこそ，センは《権原》概念を活用しようとするのである。

　センは，異なる種類の権原の間に結ばれる相互連関を《権原システム》あるいは《権原関係のネットワーク》と呼んだ。彼の関心の焦点は，ひとびとを襲う飢餓や飢饉は決して偶然的な事故や災害ではなく，無数の合法的な《権原》の連鎖がもたらす社会的帰結に他ならないという事実を浮かび上がらせることに結ばれている。無数の合法的な権利を根拠とする《権原》の集まりがひとつの《権原システム》を構成するのである以上，このシステムそれ自体が飢餓・飢饉・貧困・窮乏を生み出す構造的特質をもっているのである。

3 貧困研究の枠組み

本節では，センの貧困研究の枠組みに考察の視点を移したい。この分野における分析の中心課題は，《識別》と《集計》の問題に移行する。ここでもまた，貧困研究の具体的検討に先立って，この課題に対するセンの分析の基本的な枠組みを明らかにすることにしたい。

前章でも言及したように，貧困研究でしばしば登場する概念は《相対的剥奪 (relative deprivation)》という観念である。「相対的剥奪という考え方は，明らかに参照集団の概念を必要とする」にもかかわらず，「はたして誰との関係において相対的に剥奪されているのか，参照集団をいかに特定化するか」[Sen (1981a, p.16)] という問題に対する解答は決して自明ではない。そのために曖昧さの余地を残さざるを得ないこの概念に替えて，センは《潜在能力》概念を駆使することによって，所得における相対的剥奪の問題を《潜在能力》の絶対的剥奪の問題と関連付けて説明することに成功した。彼が強調しているように，貧困の概念は（相対的）不平等の概念とは異なっている。貧困について語るためには，個々のひとの境遇を他者との相対的な位置関係によってではなく，潜在能力の絶対的剥奪の問題として理解する必要があるからである：

> 不平等と貧困とは根本的に異なる問題である。……なぜならば，最上位の所得階層に属する個人から中間の所得階層に属する個人への所得移転がなされた場合には，他の条件が一定である限り不平等は減少するだろうが，貧困という現象にはいかなる変化も生じないだろうからである。同様に，所得が全般的に減少して，所与の測度に基づく不平等度には変化が生じないにしても，飢餓や栄養失調，顕かな障害は激しく増加する可能性がある。このような状況において貧困の程度は不変であるというのは，余りにも愚かしいというべきである [Sen (1981a, p.17)]。

貧困の概念に含まれるこの意味の《絶対性》は，飢餓や飢饉の概念の場合にはより顕著になる。飢饉は，社会内での相対的格差のパターンがいかなるものであろうとも，非常に激烈な貧困であることに全く疑いの余地はない。この意味では，われわれの貧困観には《絶対的剥奪 (absolute deprivation)》という

——他の概念に還元することが不可能な——コアが確かに存在している。このコアがあるからこそ，飢餓や栄養失調，顕かな障害の発生をもってわれわれは直ちに貧困の存在を診断するのであって，この診断に先立って相対的な分析構図を思い描くわけでは決してないのである。

このように，貧困や飢餓，飢饉の問題を相対的不平等の問題に還元することは不可能である。ただし，自家用車の保有率の増加に伴って公共輸送機関が大幅に縮小されたために，自家用車を購入することができない低所得階層が移動能力を奪われるという前出の例のように，あるひとびとの絶対的窮乏が，他のひとびとの所得との相対的不平等と結びついて発生するケースがあることは否定できない。さらに，貧困は飢餓や飢饉と比較してより広い外延性をもつ概念であるため，他者との格差が存在する結果としてひとびとが苛まれる感情などを貧困の定義から完全に排除することは，困難であると考えられるかもしれない。したがって，所得空間内で貧困を評価しようとする限り，ひとびとの所得の絶対的水準のみならず，他のひとびとの所得との相対的不平等にも留意する必要があることになる。次節で検討するセンの《貧困測度 (poverty measure)》は，このような問題意識とまさに適合的な関係にある。

さらに，異なる文化や生活習慣をもつ集団や社会の間では，貧困層を特定化する所得水準——《貧困線 (poverty line)》——は異なるものとなる可能性がある。裕福な国において相対的に貧しいことは，絶対的な所得が共通の標準からみれば高い場合でさえ，極めて大きな《潜在能力》のハンディキャップとなり得るからである。そのような場合には，貧困線所得は特定の共同体や家族，さらには特定の個人に特有のものとなり得ることになる。現存する貧困測度の多くのものは，貧困線所得を所与として定義されている。だが，貧困線所得をいかに設定するかは，決して自明の問題ではないというべきである。

貧困の《識別》は最小限の必要に関する基準をベースとするが，ひとつの基準を全ての社会に適用して比較することは，はたして妥当だろうか。あるいは，異なる社会の間で剝奪の程度を比較する際には，最小限の必要に関する各社会に固有の基準のもとで測定された値をもって，相互に比較するのが妥当なのだろうか。後者の方法を全く退けるわけにはいかないとセンは主張する。例えば，イギリスのように公的扶助のカバレッジをもって貧困線を表現しようとする場

合にはもとよりのこと，アメリカのように公的扶助のカバレッジとは別個にそれに先立って貧困線の設定を試みる場合でさえも，各々の社会が有する個別的な特徴から全く独立に貧困線が設定されることはないだろう。

　これらの点を適切に考慮しさえすれば，貧困の問題を《潜在能力》空間から所得空間へ移して評価することは不可能ではないとセンは考える。次節からの議論はこのような思考の流れのなかに位置付けられる。ただし，そこには次のような重要な留保条件が付されていることには注意すべきである：「より高い個人所得によっても容易に補償できない障害が貧困の原因である場合には，所得空間へ移行して貧困を評価する方法は満足できるものではない。そのような場合には，実現された——あるいは実現されなかった——本人の《潜在能力》を直接に観察することが，どうしても必要とされることになるだろう[3)]」。

　貧困の研究にあたって，センがもうひとつ注意を喚起している点がある。それは，《処方》・《評価》・《測定》など，さまざまな実践を的確に区別する必要性である。貧困に対処するための政策勧告は，実行可能性の観点からの評価に依存せざるを得ないことは間違いない。だが，ある貧困をすぐには除去できないからといって，それを貧困とはみなさないことを意味するわけでは全くない。政策の処方に直接には役立たないからといって，貧困に関する評価の精緻化に意義がないわけではないことに留意すべきである。また，貧困の測定は広く受容されている《必要》の観点から，ひとびとの困窮状態を精査する記述的な実践であるとみなされるべきである。それは倫理的実践というよりは，まずもって事実に関する記述的な実践なのである。

　これだけの準備と注意を踏まえたうえで，所得空間における貧困の《識別》と《集計》の問題の検討に進むことにしたい。

4　所得の貧困：《識別》と《集計》

　本節では，分析視点を所得空間に限定して《所得の貧困（income poverty）》の《集計》問題を検討する。

　貧困の集計は，異なるひとびとの貧困の測度を結合して，ある社会的・集計的な指標に纏めあげる作業を意味している。このような集計作業を実行するため

---

3)　Sen (1981a, 邦訳 p.219).

の前提条件は，集計的貧困の測度を適切に定義することである。センが貧困の測度に関する記念碑的な貢献を行ったのは，1976年に公刊された論文「貧困：測定への序数的アプローチ」[Sen (1976b)] においてだった。それ以降の貧困研究の目覚ましい発展の軌道を敷いたこの論文以前には，貧困の程度の測定は代表的な二つの——非常に粗雑な——測度を用いて行われていた。第一の測度は《頭数比率（head-count ratio）》と呼ばれるものであって，社会の総人口に対して所得が貧困線以下であるひとびと（貧困者）の数が占める比率で与えられる。第二の測度は《所得ギャップ比率（income gap ratio）》と呼ばれるものであって，貧困線所得を基準として貧者の所得が平均的にどれだけこの基準を下回っているかを表すものである。これらの測度は以下のように定式化される。

いま，n人の構成員から成る社会Sを想定しよう。また，個人所得のベクトルを$\boldsymbol{y}$，貧困線所得をzとする。さらに，$\boldsymbol{y}$のなかでzより低い（またはそれと等しい）所得をもつひとびとの数を$q = q(\boldsymbol{y}, z)$とする。そのとき，頭数比率Hは次のように定義される：

$$H = \frac{q}{n}.$$

また，個人iの所得ギャップg_iは以下のように定義される：

$$g_i = z - y_i.$$

ただし，y_iは個人iの所得を表している。

明らかにg_iは貧困者に対しては非負であり，貧困者以外においては負となる。他方，所得ギャップ比率Iは以下のように定義される：

$$I = (z - \mu_p)/z.$$

ただし，μ_pは貧困線所得z以下の所得の平均値を表している。

所得ギャップ比率Iは，貧困線に対する個々のひとの所得の不足を同じ重みで集計して，貧困者階層の平均的な窮乏の程度を表したものである。だが，貧困者階層の内部における窮乏の分布に関しては，所得ギャップ比率はなにも語らない。例えば，最も貧困なA氏から貧困者階層のなかでは相対的に裕福なB氏への所得移転がなされた結果としてA氏の窮乏の程度が一層深刻になろうとも，移転後のB氏の所得が依然として貧困線の水準を上回らない限り，所得ギャップ比率にはなんらの変化も生じないのである。

センが分布感応的な貧困測度を考案した意図は，まさに平均的な窮乏には反映されない個々の貧困者の窮乏の程度を捕捉するためだった。彼が提案した貧困測度は，貧困と不平等という相互に関連してはいるが異なった二つの関心を統合する最初の試みであって，以下のようにして導出されている[4]。いま，貧困線所得 z と所得プロファイル y のもとで，個人 i の所得ギャップに対して非負のウエイト $v_i(z, y)$ を与えるものとしよう。他方，任意の所得水準 x 以下の所得をもつ個人の集合 $S(x)$ に対して，所得プロファイル y における《集計ギャップ》$Q(x)$ は以下のように定義される：

$$Q(x) = A(z, q, n) \Sigma_{i \in S(x)} g_i v_i(z, y).$$

ただし，A と v_i はさまざまな公理の組み合わせによってさらに特定化されるべき係数である。このとき，センの貧困測度 P は貧困線所得 z 以下の所得をもつ全ての個人の集合 $S(z)$ のもとで定まる集計ギャップ $Q(z)$ として定義される：

$$P = Q(z).$$

この一般的な定式化のもとで，センは係数 A と v_i をさらに特定化するために，より所得の低いひとはより厚生が低いという性質をもつ個人間比較可能で序数的な厚生概念を仮定して，以下の公理を導入したのである：

公理 E（相対的衡平性）

厚生の序数的な個人間比較において，相対的に厚生が低いひとの所得ギャップには，相対的に大きなウエイトが与えられる。

この公理をさらに具体化として，所得が相対的に低いという意味で厚生が相対的に低いひとに与えられるウエイトを特定化したのが次の公理である。

公理 R（序数的ランクによる重み付け）

貧困者階層の内部において，所得の相対的に高い個人から順番にひとびと

---

[4] 貧困者階層内部の所得分布に感応的な貧困測度に関する研究は，その後量的にも膨大で質的にも緻密な文献を誕生させている。センがジェームズ・フォスターの協力を得て出版した『不平等の経済学』の拡大版 [Sen (1997a)] の補論 A.6 には，この膨大な文献の簡潔な展望が与えられている。本節の考察はこの補論に大きく依拠している。

を逓降的にランク付けして，所得の最も高いひとの順位を 1，所得の最も低いひとの順位を q とする．そのとき，ひとびとの所得ギャップに与えられるウエイト v_i は，このランク付けによる順位数によって与えられる．

公理 M（厚生の単調性）

任意の所得プロファイル $\boldsymbol{y}$ に対して，個人の序数的厚生の集合 $\{W_i(\boldsymbol{y})\}$ は完全に大小の順序付けが可能であって，任意の個人のペア i, j に対して $y_i > y_j$ ならば，$W_i(\boldsymbol{y}) > W_j(\boldsymbol{y})$ が成立する．

公理 N（貧困値の標準化）

全ての貧困者が同一の所得をもつならば，$P = HI$（1 人当たり所得ギャップ比率）が成立する．

個々のひとびとの貧困の程度を集計して社会全体の貧困測度を導出する作業には，さまざまな集計方式が暗黙裏に含んでいる価値判断の間で選択を行うという作業が，不可避的に含まれている．貧困測度を公理化する最初の試みにおいて，センはこの暗黙の価値判断の選択の問題をさまざまな公理の間の明示的な選択の問題に転化して，貧困問題の本質に関する社会的な理解と公共的な議論を促進する重要なステップを踏み出したのである．

以上の公理を前提として，センは許容される貧困測度の形式に関する以下の定理を確立した：

定理（センの貧困測度）

貧困者の数が多い場合には，**公理 R, M, N** を全て満足する唯一の貧困指標は次のような数値測度で与えられる：

$$P = H(I + (1-I)G_p).$$

ここで，H は頭数比率，I は所得ギャップ比率 $I = (z - \mu_p)/z$ である．また，G_p は貧困者階層内部のジニ係数を表していて，以下のように定義される：

$$G_p = \frac{1}{2q^2 m} \sum_{i=1}^{q} \sum_{j=1}^{q} |y_i - y_j|$$

ただし，m は貧困者間の平均所得である。

P はセン測度と呼ばれている著名な貧困測度である。この測度は，所得ギャップ比率 I が大きいときにはその測度に反映される G_p（貧困者階層内部のジニ係数）のもつ重みが小さくなるが，所得ギャップ比率 I が小さいときにはその重みが大きくなるという性質をもっている。つまり，貧困線所得を基準として貧困者階層内部の平均的な窮乏度が非常に大きい場合には，貧困者階層内部の相対的不平等度は貧困の測度にさほど反映されないが，貧困者階層の窮乏度が平均的に小さい場合には，貧困者階層内部の相対的不平等度が貧困の測度に大きく反映されるという性質をもっている。セン測度を構成する三つの部分的指標——頭数比率 H，所得ギャップ比率 I，貧困者階層内部のジニ係数 G_p——は，貧困と呼ばれる社会的疾患の重要な側面を確かに捉える指標ではあるが，それぞれは貧困のある側面のみに光をあてる部分的な指標であるに過ぎない。これらの部分的指標を結合して定義されるセン測度は，貧困者の数が多い場合には四つの公理を満足するユニークな集計指標を定義するものであって，貧困研究の理論的基礎を拡充する重要な貢献であったことに疑いの余地はない。

さらに，セン測度は次の諸公理を満足することが明らかにされている。

1) 単調性（任意の貧困者のいかなる所得減少も貧困測度を増加させる），2) 弱移転性条件（相対的に富裕な貧困者から相対的に不遇な貧困者への所得移転は貧困測度を減少させる），3) 対称性，4) 複製に関する不変性（本書第 3 章 p.89 参照），5) 規模に関する不変性（貧困線 z と所得分配ベクトル x を定数倍しても貧困測度は不変に留まる），6) 焦点性（貧困者ではない個人の所得変化に対しては非感応的である）

その一方では，セン測度は次のようないくつかの公理を満足しないことも指摘されている。

1) 強移転性（相対的に不遇な貧困者から相対的に裕福な貧困者への所得移転は貧困測度を増加させる），2) 連続性，3) 分解可能性，4) サブ・グループに関する整合性

このうち，不平等測度との関係でとりわけ特徴的なのは強移転性と連続性を満足しない点であるが，その主な原因は，セン測度の定義には絶対的な貧困線所得が含まれているという事実に求められる。例えば，貧困者階層の内部で相対的に不遇な個人から相対的に裕福な個人に所得移転がなされた結果として，後者の所得が貧困線水準を越えたために貧困測度が減少する場合には，セン測度は強移転性を満足しない。同様に，貧困線の近傍においては連続性が満足されないことも明らかである。

　他方，分解可能性とサブ・グループ整合性に関しては，多くの相対的不平等測度（例えばジニ係数）もまたそれらを満足しないという性質をもっている。したがって，貧困者階層内部のジニ測度をひとつの構成要素とするセンの貧困測度がこれらの性質を満足しないのは，当然といえば当然のことである。だが，センの貧困測度がこれらの性質を満足しないことの意味は，（相対的）不平等測度がこれらの性質を満足しないということの意味と同じものではない。不平等は基本的に相対的な概念であるが，貧困は基本的に絶対的な概念だからである。事実，センの貧困測度は貧困線という絶対的基準に定義的に依存しているために，相対的関係が不変に維持される所得変化によっても，その測定値が変化する可能性をもっている点に留意する必要がある。

5　相対的不平等と貧困の測度

　センの画期的な貢献に触発されて，新たな貧困測度を提唱する膨大な研究がその後陸続として誕生した。特に，セン測度が満足しない公理や，貧困測度に備わることが期待されるその他の要請にも対応可能で，しかも——セン測度が最初の口火を切った——貧困者階層内部の所得分布に感応的な測度を開発・提唱するという精神を継承する拡張作業が，数多く試みられたのである。これらの後継研究を本格的に展望する作業は『不平等の経済学』の補論 A.6 およびそのなかで引用されている文献に譲らざるを得ないが，ほんの例示的な役割しか果たさないにせよ，本節の残りの部分でもいくつかの重要な研究に簡単に触れておくことにしたい。

　分解可能性とサブ・グループ整合性を満足する代替的な貧困測度としてジェームズ・フォスター＝ジョエル・グリア＝エリック・ソーベック [Foster, Greer and

Thorbecke (1984)] が考案した測度は,個人 i の所得ギャップに与えられるウエイトを——他のひとびとの所得からは独立に——貧困線 z と本人の所得 x_i のみに依存させる点に特徴をもっている。彼らが提唱した測度は,以下のように表現される広いクラスである:

$$P_\alpha(\boldsymbol{x};z) = \frac{1}{n}\sum_{i=1}^{q} g_i^\alpha, \qquad \alpha \geqq 0.$$

パラメーター α が値 0 をとるとき,この測度は $P_0 = H$,すなわち頭数比率に帰着するし,$\alpha = 1$ のときには,この測度は $P_1 = HI$,すなわち 1 人当たり所得ギャップに帰着する。また,P_α 族に属する貧困測度は,$P_\alpha = 0$ の場合を例外として単調性の公理を満足するうえに,対称性,複製に関する不変性,規模に関する不変性,焦点性,連続性の公理も満足することが知られている。さらにまた,α が 1 より大きい場合には,P_α 族に属する貧困測度は弱移転性と強移転性の公理も満足するのである。

だが,P_α 族がもつさらに顕著な特徴は,社会全体の貧困測度を構成要素であるサブ・グループの貧困測度に分解できる点にある。すなわち,社会全体の人口に対するサブ・グループの人口割合によってサブ・グループの貧困の測定値をウエイト付けたうえで,社会全体の貧困の測定値に対する割合を求めることによって,サブ・グループの寄与度を表現することができるのである[5]。この意味の分解可能性が成立するということは,以下に定義されるサブ・グループに対する整合性もまた満足されることを意味している。すなわち,任意の貧困線所得 z と $n(\boldsymbol{x}) = n(\boldsymbol{x}'), n(\boldsymbol{y}) = n(\boldsymbol{y}')$ を満足する任意の所得プロファイル $\boldsymbol{x}, \boldsymbol{x}', \boldsymbol{y}, \boldsymbol{y}'$ に対して,

$P(\boldsymbol{x}';z) > P(\boldsymbol{x};z)$ かつ $P(\boldsymbol{y}';z) = P(\boldsymbol{y};z)$
ならば $P(\boldsymbol{x}', \boldsymbol{y}';z) > P(\boldsymbol{x}, \boldsymbol{y};z)$

が成立するのである[6]。したがって,P_α 族の貧困測度を用いる限り,社会のあ

---

[5] 分解可能性が成立すればサブ・グループ整合性も満足されるが,この逆は必ずしも成立しない。分解可能ではないが,サブ・グループ整合性を満足する貧困測度が存在するからである。ただし,そのような測度はすべて分解可能な測度の単調変換(P_α 族はそのうちのひとつである)であることが示されている。Foster and Shorrocks (1991) を参照せよ。

るサブ・グループの貧困の測定値が上昇すれば，社会全体の貧困の測定値もまた必ず上昇することになる。

　これまでの議論からも明らかなように，セン測度とフォスター＝グリア＝ソーベック測度の本質的な相違は，前者が相対的不平等測度を含むのに対して後者がそのような測度を含まない点である。相対的不平等測度の場合には，たとえあるサブ・グループ内の平均所得が下がったとしても，そのサブ・グループ内の相対的不平等測度が変化しない限り，不平等の測定値が変化しないことは十分にあり得ることになる。ただし，その場合にもサブ・グループを越えた個人間の相対的不平等が変化する可能性が存在する。したがって，相対的不平等測度の場合には一般にサブ・グループに関する整合性は成立しない。事実，サブ・グループに関する整合性を満足する不平等測度のクラスは，一般化されたエントロピー・クラスに限定されるのである。

　これに対して，他者の所得からは独立に定義される絶対的な貧困測度の場合には，貧困線を基準とした各人の所得ギャップこそ測度の決定要因となる。そして，社会全体の貧困線と同じ貧困線が各サブ・グループに対しても適用されるので，社会全体の貧困測度とサブ・グループ間の貧困測度とは整合的であり得ることになる。

　相対的不平等測度と貧困測度のこのような相違を確認したうえで，改めて貧困測度それ自体に焦点をあてて考察したい。貧困測度としては，相対的不平等に感応的な測度と，感応的ではない絶対的測度のどちらが望ましいのだろうか。分解可能性をもつことは，大規模な社会全体の貧困測度をその構成要素であるサブ・グループの貧困測度に分解できる点で，政策分析にとって有用であることは疑いない。また，あるサブ・グループの貧困が上昇しているにもかかわらず（例えば裕福な所得階層の平均所得の減少に伴って，社会全体の相対的不平等が減少したために），社会全体の貧困が低下するという常識的な直観に反した事態を排除できるという点でも，分解可能な測度には一定の魅力が備わっている。とはいえ，次の二つの点には留意する必要のあることが指摘されている[7]。

---

6) Foster and Shorrocks (1991)。ただし，例えば $n(x)$ は所得プロファイル x に含まれる個人の総数を表している。

7) 例えば，Sen (1997a, 邦訳 pp.208–210) 参照。

第一に，窮乏に対するひとびとの感覚は，自己の所得のみならず他者の所得との差異にも依存している可能性がある。第二に，「最小限度見苦しくない」生活を送るために必要な財・サービスは，当該社会でひとびとの所得に依拠して決定される標準的な消費パターンに依存するかもしれない。したがって，貧困線所得 z はサブ・グループごとに異なる値をとると考える方がもっともらしい。もし仮に同じ値をとる場合でも，(とりわけ貧困線以下の貧困者階層において観察されるように) 異なるサブ・グループ間で相互依存関係が存在するならば，分解可能性とサブ・グループ整合性は依然として満足されない可能性がある。

　センによる貧困測度はジニ係数が反映するような相互依存関係と密接な関わりをもっている。もちろん，ジニ測度によって捕捉される相互依存関係は，可能な相互依存関係のほんの一部であるにすぎない。貧困測度に相互依存関係を組み込む必要性があるとしても，はたしてどのような相互依存関係をどのような方法で組み込むべきかは，必ずしも自明ではないといわざるを得ないのである。この事実に留意するとき，問題状況や文脈に応じて異なる特徴をもつ複数の測度を適切に組み合わせることによって，高い信頼性をもつ部分的判断を導出することを意図する準順序（共通部分）アプローチが，貧困測度に関しても有効性を発揮する可能性がある。いくつかのテストを同時にクリアする判断は，ひとつのテストのみに依拠して形成される判断よりも，一層信頼性が高いと考えられるからである。

　ここで改めて，貧困の測定には《識別》と《集計》という二つの構成ステップがあったことを想起したい。これらのいずれのステップにも，最終的な選択の段階では，程度の差こそあれなんらかの恣意性がつきまとうことは避け難い。準順序（共通部分）アプローチは，ある範囲の貧困線またはあるクラスの貧困測度が共通な判断を下す状況に関心を絞ることによって，貧困の測定に含まれる二つのステップの恣意性を排除して，貧困判断の頑健性を確保する試みなのである。この試みによって得られる貧困順序には，《識別》ステップに注目する《境界線変動型》の貧困順序と，《集計》ステップに注目する《測度変動型》の貧困順序がある。

　例えば，境界線変動型の貧困順序を研究することの意味と意義は，貧困線所得をどう定めるべきかという応用研究者が直面する実践的な難問と密接に関連している。ある社会の貧困に関する関心が《絶対的》な貧困水準を巡るもので

ある場合には，貧困線の選択にまつわる恣意性を回避する方法は事実上存在しないと認めざるを得ない。だが，ある所得プロファイルのもとにおける貧困の程度は，別の所得プロファイルのもとにおける貧困の程度と比較して，どちらが大であるか小であるかというように，貧困水準の《相対的》な比較が研究の主要目的である場合には，合理的根拠をもつ全ての貧困線の各々に対応する全ての貧困順序の共通部分を作れば，貧困線の選択の恣意性を離れた準順序を得ることができる。これこそが貧困の測定に適用された準順序（共通部分）アプローチの意味と意義なのである。

　このラインに沿って推進されてきた緻密な研究は，概念的に異なる二つの貧困順序――《境界線変動型》の貧困順序と《測度変動型》の貧困順序――が，実際には論理的に密接な関連をもっていることを明らかにしている。この事実に興味をもたれる読者は，Foster (1984), Foster and Shorrocks (1988a; 1988b; 1991) および『不平等の経済学』の補論 A.6 の検討に進んで戴きたい。

6　市民的・政治的権利と貧困

　所得の貧困を捉えるための道具を精緻化する作業と並行して，センの関心は貧困概念それ自体の意味内容と，貧困現象の発生メカニズムの解明へと向けられていく。第 2 節で述べた《権原》アプローチは，主として経済学的な観点から，貧困のメカニズムを理解しようとするものだった。このアプローチは，社会的・個人的な諸条件に制約されたひとびとが，合法的に取得した初期賦存バンドルの責任主体的な交換を通じて，貧困や窮乏に追いやられていくメカニズムの構造的特徴を捉えて説明するものだった。だが，あるひとの貧困な境遇は，彼の《権原》が剝奪されていることとただちに同値であるわけではない。たとえあるひとの《権原》が十分豊かなものであろうとも，彼は貧困である可能性がある。逆に，あるひとの《権限》が非常に限られたものであろうとも，彼は豊かに充実した人生を享受している可能性がある。このことは，あるひとの境遇が貧困であるか否かを判断するためには，財や資源に対する《権原》をもとにしつつ，彼がいかなる《機能》=《生き方》・《在り方》を達成することができるかという観点に依拠する必要があることを意味している。また，財や資源に対する《権原》は，さまざまな権利を源泉とする相互に還元され得ない《権原》

の連鎖によって正統化されるものだから，どのような権利がいかに特定化されるか，各々の権利の重み付けはいかなる方法で定められるかという観点も，貧困の問題にアプローチするためには必要であることになる。明らかに，この前者の観点は《潜在能力》アプローチの観点であり，後者の観点は《市民的・政治的権利》の観点である。

　ここで留意すべき点は，貧困にアプローチする《潜在能力》および《市民的・政治的権利》の観点は，貧困や窮乏がもたらされるプロセスをより詳細に描き出すことに役立つのみならず，貧困や窮乏の意味内容をより深く捉え返すことにも役立つということである。貧困や窮乏は単に《権原》の剥奪を意味するものではない。財や資源に関する不足はなくとも，他人に理解されることが困難な慢性的な疾患に苦しむひと，初等教育の機会を逸したままで取り戻すことができないひと，長い失業状態の過程で就労の意欲すら喪失したひとなど，自律的な機能，自尊心，互敬の念など，人間的な価値を剥奪されたひとびとが確かに存在するからである。

　第6章で検討した《潜在能力》アプローチは，財や資源をもとにひとが追求する《善》，すなわちひとの自律的な生に不可欠的な《機能》およびそれらの達成可能性（実質的自由）を捉えて，ひとの《福祉》の理解に迫ろうとする考え方だった。このような《潜在能力》アプローチと《権原》アプローチを適切に接合すれば，貧困や窮乏の問題を財や資源に対する《権原》の剥奪を通じる人間的な《善》や《価値》の剥奪の問題として捉えることが可能となる。他方では，市民的・政治的権利の剥奪は，財や資源に対する《権原》の縮小を意味するのみならず，それ自体に内在する人間的価値の剥奪をも意味するものである。次節では，財や資源の源泉となる諸権利，すなわち，市民的・政治的自由への諸権利について，貧困や窮乏との関連性，《善》や《価値》の剥奪との関連性に的を絞って，センの洞察を解読・検討することにしたい。

7　二つの《自由》概念の再検討

　センの最近著『自由と経済開発』によれば「民主主義や基本的な政治的・市民的権利は経済発展プロセスを促進するか否かという問いは，見当違いな問いである。なぜならば，これらの権利の発生や強化は，むしろ経済発展プロセスの

本質的な構成要素であると考えられるからである。これらの権利は窮状に置かれたひとびとに対する社会的責任を喚起するうえで有用であるのみならず，発展プロセスそれ自身の核心に他ならない[8]」。

アイザイア・バーリンは《消極的自由》と《積極的自由》という二つの自由概念を，自由に関して理論的に考察する際の標準的な分水嶺として位置付けたうえで，《積極的自由》に対する社会的な関与の必要性を否定して，《消極的自由》の保証を要請するに留まったことで知られている。ところで，彼が主張する《消極的自由》の概念は，通常，次のように理解されている。実際になにかをなす《潜在能力》をもっているか否かは問題にせず，他者からある行為をするように誘導されたり，妨害されたりしないという自由のみを問題としている。それは，他者の行為に干渉しないという束縛をひとに与えるが，他者の権利の行使を助ける義務をひとに課すものではない，と。

センによれば，《消極的自由》に対するこのような標準的な理解は，主としてバーリン以降に登場した《自由尊重主義者（libertarian）》たちの主張としては正しいが，バーリン自身の考え方とは似て非なるものである。バーリンが主張する《消極的自由》は，自由尊重主義者たちが強調する自由のプロセス的な側面，すなわち《免責（immunity）》の観念よりも，はるかに要求度の高い概念なのである。例えば，労働市場の需要不足に起因する貧困や餓死の発生も，バーリン自身にとっては《消極的自由》の侵害の観点から問題とすることが十分に可能であったのだという。これに対して，バーリンの《積極的自由》の概念は通常理解されているよりもはるかに狭義の概念であって，個人が直面する外部的障壁の除去というよりは，むしろ内部的障壁の克服による自律性の獲得という意味で用いられていたという。センはまた，自由尊重主義者たちが主張する自由の概念規定の恣意性——とりわけ《消極的》という表現を鍵とする概念の切り分け方の恣意性——を痛烈に批判する：

> たとえわれわれが《消極的自由》への権利のみに関心をもつとしても，そのような権利の行使を阻む行為に対しては，それを阻止する積極的な行為が正当化されるであろう[9]。

---

8) Sen (1999b, pp.287–288)

たとえ《消極的自由》が価値の全てであるとしても,《消極的自由》に関して帰結感応的な評価が要請されるケース,また《消極的自由》を擁護するためになんらかの積極的な義務が受容されるケースが,確かに存在するはずである。そうだとしたら,なぜわれわれの関心は,《消極的自由》を擁護することだけに留められるのか。なぜ,ひとびとが実際に為し得ることにまで向けられないのか。川に向かってひとを押さない義務を主張する一方では,川に落ちたひとを救助する義務はないと主張するのか。飢えたひとを助ける義務があるか否かを問う際に,もしそのひとが略奪(《消極的自由》の侵害)によって飢えたのであれば答えはイエスだが,職から解雇されたため,あるいは金貸しに土地を取られたため,さらには洪水や旱魃に見舞われたためならば,ノーと答えるとでもいうのだろうか [Sen (1984, pp.314–315)]。

　《消極的自由》を擁護するために自分にはなにができるかという考察を拒むとしたら,《消極的自由》の価値を正当に評価しているとはいえないであろう [Sen (1984, p.315)]。

　例えば,市場経済システムはひとびとの財の初期賦存量に関する所有権と,交換に関する自己決定の権利を前提として,はじめて機能する経済システムである。もしあるひとに対してこれらの権利が侵害されながら,その侵害を阻止して権利を回復する積極的な措置が講じられないとすれば,市場経済システムは機能できなくなってしまう。この意味において,市場経済システムの機能の前提条件は,単に権利が抽象的に存在することではなく,権利の侵害に対する実効性のある回復措置が存在することである。また,たとえ権利の侵害がないにしても,所与の自然的・社会的・主体的諸条件(資源,技術,社会制度やルー

---

9) Sen (1988c, p.274)。ところで,しばしば《貧困》と同義に用いられる《剥奪 (deprivation)》という用語は,(本来個人に備わっていたものが奪われたという主旨で)《消極的自由》の侵害と解釈される。この意味において,《剥奪》の阻止を意図する社会政策は,通常の理解とは異なって,《消極的自由》を守るための積極的行動と理解される余地がある点に留意すべきではなかろうか。

ル・慣習，他者の行動，本人の能力・資質）のもとで，ひとが実際に賦与される交換《権原》に著しい制約が課されるものとすれば，そのような制約を社会的に調整する積極的な措置が要請されるのはごく自然なことではなかろうか。例えば，労働者が自己の就労に関する自律的な決定権をもつとすれば，その自律的な決定を侵害する行為――強制労働や強制解雇など――を阻止する措置のみならず，雇用機会の創出あるいは再教育機会の確保などによって，ひとびとの交換《権原》の不足を補整する積極的な措置が要請されるべきではあるまいか。

このような問題意識から，センは自律的な決定行為が外部から妨害されないという《免責》に自由の要求を留めるか，あるいは積極的な政策措置の遂行までを自由の要請に含めるかという観点に基づく自由の概念的な区分方法を退けて，それに替わって個人の《生》のさまざまな局面に対応する自由の内容と意味に基づき，新たに二つの自由概念を提出するのである。次節では，センが提出した新たな二つの自由概念を解読・検討することにしたい。

8 福祉的自由と行為主体的自由

センは次のような観点に立って，《行為主体的自由（agency freedom）》と《福祉的自由（well-being freedom）》という二つの自由概念を提出した：

> われわれはひとを《行為主体性》の観点から捉えることができる。すなわち，目標やコミットメント，価値などを形成するひとの能力を認めて，これを尊重することができる。他方では，われわれはひとを《福祉》の観点から捉えることもできる [Sen (1987, p.41)]。

> 福祉の観点は，特に社会保障，貧困の緩和，著しい経済的不平等の除去などの文脈において，さらに一般的には社会的正義の追求に際して，その重要性をもっている。その重要性は，本人自身が彼の行為主体的な目的のひとつとして自己の福祉に優位性を付与しているかに依存するものではない。…それは社会的不平等の分析や公共政策の精査を行う際に重要となるのである [Sen (1992a, pp.71-72)]。

第6章で説明したように,センのいう《福祉(well-being)》とは,よき暮らし向きを意味する《富裕(well off)》あるいは主観的な満足を意味する《厚生(welfare)》とは異なって,ひとびとが獲得する自律的な《機能》の可能性に関する概念であった。そして,《福祉的自由》とは,ひとびとが自己の《機能》を選択する際の実質的機会の豊かさ,すなわち選択することが単に外部から妨害されないのみならず,本人の選択が実際に達成可能であることを保証する手段が存在することを意味する概念であった。たとえひとがよき暮らし向きを保障されているとしても,それが一時的なものであって,その暮らし向きを持続するために必要な本人自身の自律的《機能》を高めるものではないとすれば,あるいは,たとえ自律的な機能を高める措置が採られたとしてもそれが画一的なものであって,本人による自律的な選択の余地が限られたものであるとすれば,彼の《福祉的自由》が保証されているとは言い難いことになる。

　これに対して,《行為主体的自由》とは,ひとの主体的な意思に基づく多様な目的や価値の形成とそのもとでの自律的な選択に対して,外部的な妨害が存在しないことを意味する概念である。われわれが想定する社会は,資質や能力においてのみならず,目的や価値においても多元的なひとびとから構成されている。この社会においてある選択状況に直面するひとの関心は,必ずしも自らの《福祉》には向けられていない。本人以外の《福祉》の向上,あるいはいかなるひとの《福祉》の向上とも直結しない理想や信念が,主要な関心対象となる場合さえある。《行為主体的自由》がまずもって着目するのは,このように多様な目的を設定してそれを追求するひとびとの意思と行為が,外部から妨害されないことである:「行為主体性が本質的な重要性をもつ領域は,確かに存在する。それはひと自らの《生》の領域である。《自律》や《私的な自由》などの概念は,ひとの《生》における行為主体性の特別な役割と関連するものである。そのような観点は,ひとの《福祉》への配慮に留まるものではない[10]」のである。

　したがって,《行為主体的自由》に関連する社会的責任の在り方は,ひとの《福祉》に関連する社会的責任の在り方とは異なるであろう。それは,ひとびとが行為主体的に設定する目的が実際に達成可能となること,そのために必要な手段が社会的に保障されることを,全面的に要請するものでは決してない。「社会

---

10) Sen (1985b, p.186)

は個人の《福祉》に対するなんらかの責任を受容するだろう。とりわけ，個人の《福祉》が非常に劣悪なものとなる危険に曝されている場合にはそうである。だからといって，この事実は社会がひとの行為主体的目的の向上に対して全般的に等しい関心をもつべきことを意味するわけではない」[Sen (1992a, p.70)]のである。

ただし，政治的参加の自由に関しては，その重要性と基底性に鑑みて実質的な機会の保障までが社会的責任の問題とされるべきだと考えられる。すなわち，障害・疾病・老齢などの個人的諸条件の相違を越えて，全ての個人が等しく政治的自由の権利を行使できるように——実際に投票が可能であるように，また判断の基礎になる情報が入手可能であるように——参加のための実質的手段がさまざまな形で社会的に保障される必要があるだろう[11]。

《行為主体的自由》の観点は，例えば社会保障の支給に先立って居住・移転の自由，学問の自由，職業選択の自由が保証されているか，また社会保障政策の遂行に際してひとびとの私的領域における自己決定権が保証されているか，あるいは個人間・権利間の調整を行うルールの社会的選択に対する参加の自由が保証されているかなど，帰結をもたらす決定手続きの内在的価値に関する有効な分析視角を与えてくれる。

《行為主体的自由》という概念の意義は，政治的プロテストのための断食による尊厳死と，食物に対する《権原》が剥奪されたために選択の余地なく餓死する状況を対照させることによって，印象的に浮き彫りになる。政治的プロテストのための断食による餓死は，食物が物理的には存在しても敢てその飲食を退けることによって強烈な政治的意思を顕示しつつ，《行為主体的自由》を貫徹して自律的に尊厳死を選択する行為である。これに対して，飢饉の犠牲者が否応なく餓死を強いられる状況では，彼もまた政治的プロテストを行う行為主体的な動機や目的をもっていたとしても，彼が選択の余地なく飢えているという事実は《行為主体的自由》を貫徹する機会を彼から剥奪して，餓死という悲惨な

---

11) 政治的自由に関してその公正な価値を平等に保障するという表現は，例えば視覚障害ゆえに投票行動に必要な基本的情報の獲得可能性を制約されているひとびとに対して，点字の選挙広報を作成・配布するなどの施策をとることによって，各人の票の行使の機会を実質的に平等化することを意味して用いられている。

結末のみならず，政治的意思を顕示する機会を与えないという手続き的な側面においても，彼の《福祉的自由》を大きく損なうことになるのである。

このような枠組みにおいては，貧困とはひとびとの《福祉的自由》の剥奪として定義される。すなわち，《行為主体的自由》が制約されているとか，《権原》あるいは利用能力が欠如しているために，選択可能な《機能》の機会集合が非常に狭く限られている状態こそ，貧困なのである。この意味における貧困状態では，ひとは行為主体的な意思や目的すら喪失してしまうとか，意思や目的をもつにしてもそれを顕示する機会さえ剥奪されてしまう可能性がある。貧困撲滅のための社会的コミットメントの意義は，貧困に対するこのような理解を確立することによって，強い説得力を得るもののように思われる。

9 自由の拡大プロセスとしての発展アプローチ

これまでの考察によって，自由に関する基本的な概念が明らかにされた。本節以降では，具体的な自由の概念を基礎にすえて，経済の開発と発展の問題を再検討するセンの斬新な試みを解説・評価してみたい。センによれば，

> このアプローチにおいては，自由の拡大は経済発展の基本目的であると同時に，その主要な手段でもある。経済発展とは，ひとびとが自己の理性的な行為主体性を行使するための選択の機会を狭めるさまざまなタイプの自由の欠如を除去していくことを意味している。行為主体的自由は，発展の構成要素であると同時に，優先的な目標に他ならないのである [Sen (1999b, p.244)]。

ところで，「さまざまなタイプの自由は互いに他の自由を促進するための道具的な効果をもっている。したがって，政策分析の課題は，経済発展プロセスを先導し得るパースペクティブを提出するために，さまざまなタイプの自由を相互に整合化しながら，それらの間に経験的な連繋を確立することに設定される[12])」ことになる。このように，それ自身として内在的価値をもつとともに，他の価値を高めるための道具的効果をもつタイプの自由としてセンが注目する

---
12) Sen (1999b, p.xii)

のは，政治的自由，経済的便宜，社会的機会，透明性の保証，保護的保障の五つである．

政治的自由とは統治者や統治原理を定めること，権威を精査して批判すること，政治的表現の自由，出版の自由，政党の選択，政治的対話，否認や批判の機会，投票権，立法者や政治家の選出など，民主主義に関連するさまざまな政治的《権原》を指している．他方，経済的便宜は，ひとびとが消費，生産，交換を目的として経済的資源を利用する多様な機会を指している．国の所得や富の増加も，適切な分配を通じて機会の拡大に反映されることが期待される．また社会的機会は，教育・再教育，訓練やヘルスケアなどを指している．さらに，透明性の保証は，ひとびとが提供されるものに関する情報の開示とその平明性を指しているが，この保証には汚職，無責任，賄賂などを阻止する効果が期待されている．最後に保護的保障は，失業給付，所得保障などのセーフティ・ネットの社会的提供を意味している．

これらさまざまな自由の間の連繋関係は，例えば次のように説明される．政治的自由は自由な意見表明や選挙を通じて，経済的保障を促進する．教育や健康促進など社会的機会の拡大は，ひとびとの技能レベルを高めて維持することを通じて，交換や生産など経済活動への参加を容易にする．交換や生産など経済活動への参加を促進する経済的便宜は，社会的機会を増進するための公的資源を生み出すとともに，ひとびとに私的な豊かさをももたらしてくれる．これらの自由の相互連繋的発展は，ひとびとの自由を総合的に高めるはずである．

とはいえ，このことは，逆に負の連繋が発生する可能性をも示している．例えば，失業は稼得手段の欠損という経済的便宜の縮小を意味するだけではなく，個人が有する自由，主導性，技能水準などにも深刻な影響を与えるものである．また，ある集団内で《社会的排除（social exclusion）》が行われる誘因を与えたり，自らに対する信頼と自負心，心理的・身体的な健康の喪失をもたらす可能性もある．近年，ヨーロッパでは失業者に対して自助努力を強調して，失業給付の支給を控える風潮が高まっているが，失業はこのような経済的・社会的自由の負の連繋を通じて，自助を支える人間的な条件を破壊する恐れがある点を忘れてはならない．

ところで，自由の拡大プロセスとしての経済発展というパースペクティブは，それを支える社会制度に関しても，国家や政党，公益団体などの公共機関を越えて，非政府組織や協同組織などの私的機関の役割を広く捉える視点をも提供するものである：

> 個人的自由に対する社会的コミットメントは，国家を通じて行われるものには限られない。他にもいくつかの制度が考えられる。例えば，政治的・社会的組織，共同体におけるさまざまな活動，さまざまな種類の非政府組織，公共的理解と相互伝達を促進するメディアなどの手段，市場や契約関係の働きを支えるさまざまな制度などがそれである。さらに，民主主義システム，法制度，市場構造，教育制度，コミュニケーション機能，公共的討議のフォーラムなどが含まれる。個人的責任に関する恣意的に狭い見解……は，国家の役割のみならず，他の制度や主体の働きを認めることによって拡張されなければならない [Sen (1999b, pp.284-285)]。

　このパースペクティブは，次のように個人の主体的コミットメントに関する理解を深める役割も果たしてくれる。ひとびとがなにを達成し得るかは，さまざまな社会制度が諸々の自由をいかに保障するかによって影響されるものである。逆に，さまざまな社会制度が諸々の自由を保障し得る程度は，ひとびとがいかに諸々の自由——とりわけ社会的選択や公共的意思決定への参加の自由——を行使するかによって影響される。ところで，これらの参加の自由を行使するためには，討議や論争を行うための知識や基礎的な技能が必要不可欠である。これを裏返せば，あるひと——例えば女児——に対して学校教育の機会を否定することは，参加の自由の侵害をも意味することになる。

　政治的・市民的自由を保証すれば行為主体としてのひとびとの意思と能力が醸成されて，《潜在能力》の一層の拡張を可能にする条件が整備されることになるだろう。このようにして，ひとびとは発展プログラムの便益を受動的に享受することに安住せず，状況に自ら働きかけて変化をもたらす能動的な行為主体，発展の主導的なエンジンとなるような自由な個人へと，自生的な成長を遂げるであろう。国家や社会もまた，多元的な諸制度を通じてひとびとの《潜在

能力》の拡張プロセスを支援する役割の一翼を担うことが期待される。自由の拡大プロセスとしての経済発展のシナリオを，センはこのように描いてみせたのである。

10　市民的・政治的自由の権利

　貧困や窮乏など，緊迫した経済的ニーズがかくも山積している状況において，政治的自由や市民的権利の適正さを憂慮する必要がはたしてあるのだろうか。そもそも貧困に喘ぐひとびとには，自由や権利を行使する余裕などないではなかろうか。1993年の春に開催された人権に関するヴェニス・コンファレンスにおいて，政治的・市民的権利の一般的向上に反対して中国，シンガポールその他の東アジア諸国を先頭とする第三世界の国々から挙げられた声は，主としてこのような種類のものだった。この議論に対して，センは断固として反論を試みた。市民的・政治的自由の権利は，まさに経済的ニーズや飢饉を克服するために必要な手段を提供するのみならず，固有の内在的価値をもっているというのが，彼の反論の主たる論旨であった。以下ではこの反論の内容を詳述することにしたい。

　市民的・政治的自由の権利の重要性は，大きく分けて二つの角度から捉えることができる。第一の角度は，政治的・社会的参加などの基本的《機能》がひとの《生》にもたらす直接的な意義である。第二の角度は，(1) 政策インセンティブへの効果，すなわちひとびとが自分たちの要求を表明して他者の政治的関心や公共的活動を喚起することを促進する効果，(2) 他者との対話や公共的討議を通じて，経済的ニーズの概念化とその識別および重み付けを促進する建設的な役割，という二種類の道具的意義である[13]。

　はじめに，自由の権利がもつ直接的意義を，センは以下のように述べている：

> 政治的自由や市民的権利を剥奪されているひとびとは，たとえ適切な経済的保障がなされているにせよ，また偶々快適な経済環境を享受できているにせよ，依然として生きていくうえで必要不可欠な重要性をもつ自由を剥奪されているのである。……（なぜならば）政治的・市民的自由は人間的自

---

13) Sen (1999b, p.16).

由の構成要素に他ならず，それらを否認されていることは，ひとつのハンディキャップに他ならないからである [Sen (1999b, p.16)]。

次に，自由の権利がもつ第一の道具的意義を，センは以下のように説明している：「市民的・政治的自由の権利は，ひとびとに対して自分自身のために行為する機会を与えるのみならず，自分以外のより一般的な必要に対して関心を抱く機会，あるいは他者に対して公共的行為を要求する機会を与えるものである[14]」。正統派経済学のいわゆる合理的選択の理論では，ひとは自己利益を専ら追求する存在へと矮小化されているために，少数者の必要を社会的に満たすことは困難である。だが現実には，少数者の必要であっても公共的討議の土俵に乗せることによって，当事者以外のひとびとの関心を広く喚起できた事例がしばしば観察されている。例えば飢饉のケースでは，餓死の脅威に直接脅かされていない多くのひとびとをも，市民的・政治的キャンペーンによって公共的行動へと動かすことができた。政治的権利を行使すれば，政府に対して経済的ニーズへの政治的応答を促すとともに，ひとびとの間に政治的な連帯を生み出すきっかけを作り出すことができるのである[15]。

一般的にいって，社会政策や経済政策を評価する際には，さまざまなタイプの自由の優先性や相対的な重み付けを決定する作業が不可欠である。参加の自由が保証されている社会では，この作業に関連してひとびとが討議や論争を行う機会が確保されていて，政策の内容の精査と批判を公共的に推進することが可能である。この作業に参加して「討議することは，発展を特徴付ける民主的参加プロセスの一部である[16]」ことをセンは力説している。

11 経済的ニーズの概念化

最後に，自由の権利がもつ第二の道具的意義に関するセンの説明に耳を傾けたい。自由の権利の機能は，所与の経済的ニーズに対する政治的応答を喚起す

---

14) Sen (1999b, pp.16–17)
15) ただし，この可能性については，より深い考察が必要である。この点に関しては第9章4節参照のこと。
16) Sen (1999b, p.34)

ることには留まらない。経済的ニーズそれ自身の認識・発見を助ける機能もまた重要なのである。表現の自由や討論を含む政治的権利は，経済的ニーズそれ自身の概念化においても中心的な役割を果たすものである。このような自由の建設的な役割は，市民らの相互行為を通じて（経済的ニーズの）重み付けの形成を可能にするのである。

このような考え方は，以下に引用するハイエクの記述と対照的である：

> 現代の福祉社会においても，大衆がもつ日常的な大多数のニーズの最も重要な部分は，当該政府が知らず，また知ることができないプロセスの結果として充足されている。政府が提供することを要求されている最も重要な《公共善》は，特定のニーズを直接的に充足することではなく，個人や小集団が各々のニーズを相互に提供する機会を十分にもてるような条件を整備することである [Hayek (1973, p.2)]。

ハイエクは，個々のひとのニーズは容易に社会的に知られ得るものではない私的情報であること，公共情報としてひとびとが共有し得るものではないことを熟知していた。この認識から出発して，ハイエクは私的情報である個人的ニーズを公的情報として社会的に集約する試みは不可能であるとして退けて，価格シグナルを道標として，個別的なニーズを社会的に充足し合うようなメカニズム——競争的市場メカニズム——こそが，最も情報効率的で自由なメカニズムであるとして推奨したのである。

だが，第6章で述べたように，競争的市場メカニズムの特徴は，予算制約のもとで各個人が市場における選択行動によって顕示した選好が，彼に関する唯一の確かな情報的基礎とされてしまう点にある。例えば，長い失業の苦境のなかで，唯一の救いとしてアルコールへの偏向的な選好を強めてしまったひとを考えよ。彼が慈善家からの私的な，あるいは公共的な施しを受けて得た食料を，全て市場でアルコールと交換したとするならば，彼のニーズは100％アルコールに集中していて，そのニーズを満たす市場機会を彼もまた活用できたと解釈されざるを得ないのである。

ひとの選好は市場に先立って存在するものではなく，市場を通じて生成・変

化していくものであるとしても，あるいは他者のみならず本人自身でさえも自己の真の選好を認識し得るものではないとしても，メカニズムとしての競争市場の特質それ自体は変わらない。市場が関心を寄せるのはあくまでひとびとが市場で顕示する選択であって，それこそが本人に関する唯一の情報的基礎とされるのである。人間の《知》に関するハイエクの以下の洞察も，このような特質をもった市場メカニズムに変更を迫るようなものではなかった：

> 進歩とは，人間的知性の形成と修正のプロセスである。すなわち，われわれが知識の対象とする確率的事象のみならず，われわれの価値や欲求それ自体もまた，継続的に変化していくという意味での適用と学習のプロセスである [Hayek (1960, p.40)]。

> （真の個人主義）は，個人的精神の限界を正確に認識することの産物である。そのような認識は，本人の自覚をはるかに越えてひとが偉大なものを創造することを助けるような，非人称的かつ匿名的な社会的プロセスに対する謙譲の念をもたらすであろう [Hayek (1948, p.8)]。

ハイエクと同様に，センも人間的知性の形成と修正のプロセスを事実として認めたうえで，真の価値や欲求，ニーズを自覚的に認識していく個人の営みを支えるシステムを構想しようとする。それは（形成された）ニーズを相互に充足し合う競争的市場メカニズムではなく，ニーズを相互に形成し合う民主主義的政治システムであった。ニーズはまずもって各個人によって個別主体的に認識されるだろう。だが，同時にニーズは——少なくともある同一の共同体に属する個人の間では——共通に了解され得るものである。例えば，マラリアに襲われたひとびとのニーズ——マラリアから逃れること——は，とりわけ悪疫が伝播するおそれの強い環境においてはひとびとに共通するニーズとして認知されて，予防接種の公的援助などの社会的措置を要請する際には，共通の情報的基礎とされるのである。

ただし，そのような共通の了解は，決して自明に存在するものではない。社会政策の情報的基礎となるニーズは，第5章で扱った権利の特定化や重み付け

に関する判断の場合と同様に，反省的・熟慮的な性質をもつことが要請される。したがって，それはひとびとの内省的な営みのみならず，開かれた対話や公共的な討議を通じて形成されていくものと考えられる。対話や討議を通じてひとびとは，ひとにとって普遍的な価値をもち，各々の共同体の具体的分脈で緊急性をもつニーズや価値を発見していくのである。そこにおいては，市場価値ベースの評価もまた自明の評価ではあり得ず，批判的な精査を受ける対象のひとつとして，吟味の俎上に載せられるのである。

12　おわりに：文化と普遍性

　センの自由と発展のパースペクティブは，人間の実質的自由の拡大という観念を根幹的な手掛かりとして，貧困と発展の意味内容を捉え直すことを試みた壮大な構想である。この構想を具体化する際には，ひとびとの多様な目的を達成する機会がより広い観点から再考されるのみならず，選択のプロセス，政治的決定や社会的選択への参加という問題も，多角的に検討されている。

　発展の目的は国富やGNPの増大に限られるものではないという主張は，決してセンに始まるものではない。例えば，ノーベル経済学賞を受賞した開発経済学者ウイリアム・アーサー・ルイス（William Arthur Lewis）は，その著書『経済成長の理論』（Lewis, 1955）のなかで，経済発展の主要な目的および基準は人間の《選択の範囲 (the range of choice)》，すなわちひとびとに開かれている実効的な選択肢の範囲の拡大におかれるべきであると主張している。だが，人間の選択の範囲を捉えるために彼が実際に行った経済分析は，あくまで「一人当たりの産出物の増加」に限定されていた。その理由は，産出物の増加を通じてこそひとびとは環境に対するコントロールを強めることができ，それがひいては《選択の範囲》の拡大を可能にするという考え方に基づくものだった。

　だが，価値あるものに対してひとがもつことのできる実効的な選択肢の範囲は，産出物以外の多くの要因にも依存するのであって，産出物や所得の増加や財の購買力の向上に分析視点を限定することは不適切であるとセンは批判する。それに替わってセンが注目したのは，政治的自由や社会的機会などのさまざまな自由がもつ内在的価値と，さまざまな自由の間の相互連関と相互発展のプロセスだった。このような多元的な視点なくしては，個人の《選択の範囲》を的

確に捉えることは不可能であると彼は考えたのである。

　また，センと親交を結んでいる世界銀行の総裁ジェイムス・ヴォルフェンソーン（James Wolfensohn）は，発展プロセスに関する画一的な見解——例えば《自由化》とか《市場の開放》のみを強調する見解——に反対して，《包括的発展の枠組み(comprehensive development framework)》を提唱している。それは，異なる諸制度の異なる側面を同時に進歩させることを意図する統合的・多面的なアプローチであって，例えば民主主義的な権利や安全保障，協調の機会など，異なるタイプの自由の包括的発展こそが，普遍的に適用可能な発展であると主張するものである。より具体的にいえば，経済的便宜のみならず，社会的機会などの多元的な自由の発展と結びつくように市場メカニズムを展開することが，包括的発展の枠組みの根幹にある発展計画なのである。このような構想に対してセンはその重要性を評価しつつ，次のような点に注意を促している。すなわち，これらの多元的な自由が普遍的な重要性をもつことは承認するにせよ，その具体的適用においては，各々の社会や共同体が置かれる歴史的・社会的状況に応じて，多元的な自由には異なる重みが与えられる——例えばインドでは社会的機会の保障が焦点とされるが，中国では政治的自由の保証が焦点とされるというように——という点を同時に見逃してはならない，と。活躍の舞台をインド，イギリス，アメリカに求め，国連や世銀においても大規模なプロジェクトを指導的な立場で推進してきたセンならではの，普遍性と特殊性に的確な目配りをしたコメントだというべきではあるまいか。

第8章　社会的選択理論の再構成

1　はじめに

　厚生経済学と社会的選択の理論への顕著な貢献を対象として1998年度のノーベル経済学賞を授与されたセンは，その授賞記念講演の主題に《社会的選択の可能性》を選んだ。授賞に結実した膨大な業績を振り返って自己の研究の精粋を簡潔に述べるこの機会に，センは彼がアローから継承して発展させた社会的選択の理論の統一的なフレームワークを駆使して，多岐にわたる業績の本質を総括することを選択したのである。綿密な推敲を経て *American Economic Review* に掲載されたセンの講演は，アロー以降の社会的選択の理論の創造的な展開をつねに先導してきた彼に相応しく，理論の本質的な特徴を鮮やかに凝結したうえで，さらに豊かな発展の可能性を読者に確信させる迫力と魅力を備えていた。

　この講演の冒頭には，ひとの意表をつく次のような表現がある。

> 「駱駝とは委員会によって設計された馬である」といわれてきた。この言葉は，委員会による決定がいかに欠陥だらけなものであるかという事実を，巧みに例示したものだと考えられるかも知れない。だが，それはむしろ穏健に過ぎる告発なのである。駱駝は馬のスピードこそもたないが，非常に有益で均整のとれた動物——食物や水を摂取せずに長距離を旅行できる整合的な機能をもつ動物——である。馬を設計する際に，委員会がそのさまざまなメンバーの多様な要請を反映しようと努めるならば，ギリシャ神話に登場する半馬半人のセントールのように，駱駝よりも遙かに不様な動物……にいとも容易に辿り着いてしまうに違いない。

　小さな委員会ですら経験するこの難関は，大規模な社会が「人民の，人民による，人民のための」選択を反映する決定を行おうとする際には，さらに峻険な障害にならざるを得ないだろう。大雑把にいって，この難関こそ社会的選択の理論の主題に他ならないのである [Sen (1999c, p.349)]。

センの経済学と倫理学を解読する本書の作業も，そろそろ予定された終着点に接近しつつある．残された二つの章では，社会的選択の理論と厚生経済学に新たな息吹きを与え続けているセンに伴走しながら，彼の議論の中心的なメッセージを同時代的な関心をもって解読する作業に取り組んで，センが提起した問題に対してわれわれ自身が構想・開発しつつある理論の素描を与えてみたい．

われわれの作業プランは以下の通りである．本章では，社会的選択の理論が依拠する哲学的な諸前提に関するセンの議論を踏まえて，アロー流の社会的選択の理論の枠組みを拡張する具体的な方法を考えてみたい．第5章で記述したように，センは厚生主義的帰結主義への社会的選択の理論の偏重を克服する新たな構想を提示した．彼の構想を，拡張された理論的枠組みのもとで的確に定式化することが，われわれの当面の関心事である．最終章にあたる第9章では，福祉国家の再構築を念頭に置きながら，社会保障や民主主義の制度に関するセンの考え方をより丁寧に解読したい．

2　社会的選択理論の枠組み

第2章で解説したように，アローが創始した社会的選択の理論は，社会を構成するひとびとの個人的評価のプロファイルを情報的基礎として，社会的評価を形成するメカニズムを公理主義的に分析することを主要な課題としていた．彼の理論的枠組みには二つの基本的な特徴がある．

第一に，アローは個人を超えた《公共善 (social good)》の存在を先験的に措定するのではなく，社会を構成するひとびとの個人的な《善》の合成物として公共《善》を捉えようとした．彼の構想によれば，公共《善》は社会構成員の意思を離れて外部から賦課される観念ではなく，あくまでも社会構成員の個人的な判断に依拠して構成されるべき観念なのである．『社会的選択と個人的評価』[Arrow (1951)] の以下の一節は，アローによる社会的選択の問題の定式化がもつ意味と意義を的確に指摘している．

> ある固定された社会的選択肢のペアの相対的な序列は，少なくとも一部の個人の評価が変化すれば，それに伴って変化するのが通例である．個人的評価がどう変化しても社会的序列は不変に留まると仮定することは，プラ

トン的実在説のような伝統的社会哲学に加担して，個人の願望とは独立に定義される客観的な《公共善》が実在するという仮定に帰着してしまう。この公共《善》を把握する最善の方法は哲学的な探求であるという主張がしばしば聞かれるが，そのような哲学は——宗教的であるか世俗的であるかを問わず——エリートによる支配を正当化するために利用されがちであるし，実際に利用されてもきた……。現代的な唯名論的気質の持ち主にとっては，プラトン的な公共《善》が実在するという仮定は無意味である。ジェレミー・ベンサムとその追随者たちの功利主義的哲学は，それに替えて公共《善》をひとびとの個人的な《善》に依拠させることを試みた。さらに進んで，功利主義的哲学と結び付いた快楽主義的心理学が，各個人の《善》を彼の《欲望》と同一視するために利用された。このようにして，公共《善》はある意味でひとびとの《欲望》の合成物であることになったのである。この観点は，政治的な民主主義と自由放任主義的な経済学——少なくとも，消費者による財の自由な選択と，労働者による職業の自由な選択を含む経済システム——の双方に対する正当化の根拠として，その役割を果たしている。

　本書（『社会的選択と個人的評価』）においても，快楽主義的哲学は，個人の行動は個人的選択順序 R_i によって表現されるという仮定のなかにその表現を発見している [Arrow (1951, pp.22–23)]。

　第二に，アローは社会的な評価を形成する情報的基礎となる個人的な評価に関しては，その内容と性質のいずれに対しても，特別な理論的制約を——操作的にも規範的にも——課していない。ひとびとが表明する個人的な選好判断は，いかなる内容の判断であっても論理的に整合的である限りにおいて，彼らの私的情報の顕示としてそのまま社会的集計の素材に採用されている。顕示された私的情報を社会的に集計するルールに関しても，ひとびとが一致して顕示する選好をそのまま社会的選択に反映することを要求するパレート原理や，社会的集計の過程で利用される個人的選好に関する情報投入量を最大限に節約するという主旨の情報的効率性の要求のように，非常に普遍的・一般的な性格の形式的要請が課されるだけで，公共的な意思決定の対象に応じた繊細・微妙な区別

立ては，むしろ意識的に排除されている。

　このように，アローの理論的枠組みは，普遍的・一般的であるために広範な適用可能性を備えているのだが，その事実の盾の半面として，個々の主題に応じて要請される特殊な条件や特徴を分析するためには，肌理が荒い理論である可能性も否めない。本書の冒頭に引用したセンの講演によれば，

> 社会的選択の理論のテーマは次の通りである。どのような場合に多数決ルールは明晰で整合的な決定をもたらすことができるのか。社会構成員たちの非常に多種多様な利益を考慮に入れるとき，いかにしたら社会は全体としてうまく機能していると判断できるのか。社会構成員たちのさまざまな困窮や悲惨を考慮に入れるとき，貧困はどのように測定されるべきか。ひとびとの選好に適切に配慮しながら，彼らの権利や自由を調整するためにはどうしたらよいか。自然環境や公衆衛生のような公共財に関する社会的な価値評価は，どのように形成すべきか。この他にも，直接的には社会的選択の理論に属さないにせよ，集団的決定に関する研究の成果によって理論的に促進された研究——例えば，飢饉や飢餓の原因と予防，ジェンダー間の不平等の形態と影響，あるいは社会的コミットメントとみなしうる個人の自由のさまざまな要求など——が，少なからず存在している。社会的選択の理論の到達地点に関連する研究領域はこのように広範囲にわたっているのである [Sen (1999c, p.349)]。

　これほどまでに多様で広範な課題を担う理論であるだけに，アローの理論が具体的な論脈を捨象して普遍的・一般的な分析に関心を傾注したことは，社会的選択の理論の内容を貧困化させる危険性と隣り合っていることを意味するといわざるを得ないのである。

　同じ認識を反映して，アローの理論が依拠する哲学的な前提に対しても，いくつかの根本的な疑問が提起されるようになってきた。

　第一の疑問は，ひとびとの個人的評価を基礎にすえて社会的評価を導出するという基本的な分析図式に対して提起されている。個人を超越した客観的価値の存在を措定することなく，あくまで個人の主観的評価のみに社会的評価の根

拠を求める構想は，はたして正当化可能なのだろうか。

　第二の疑問は，社会システムに関する構成主義・設計主義的な接近方法に対して提起されている。社会・経済システムは自生的に進化・生成していくものであって，人間の理性によって設計し得る範囲はきわめて限られたものでしかないとすれば，社会的評価を形成するプロセスないしルールを合理的に設計しようとするアローの試みは，そもそも無謀な企てなのではなかろうか。

　第三の疑問は，ひとびとの自律性・主体性に基づく理性的な活動を，社会的選択の理論の前提とすることに対して提起されている。この疑問ないし批判は，主として，共同体的・社会的自我の存在を主張するコミュニタリアンから寄せられている。ひとは，自己の存在のみならず，その認識においても深く社会によって規定されているものだとすれば，互いに独立した個人の選好・判断を想定するアローの理論的前提には，どれ程の意味があるのだろうか。

　先に述べたように，センもアローの理論が抽象的な普遍性・一般性を獲得することと引き換えに，社会的選択の具体的・個別的な問題を取り扱う繊細さを欠いている点を批判している。この欠陥を補整するためにセンが提出した構想は，アローの理論的枠組みを適切に拡張して社会的選択の理論がもつ潜在的可能性を十全に引き出すことを意図するものだった。個人の主体的な意思を尊重しながら《公共善》を形成するためには，アローが創始した普遍的・一般的な枠組みを主題に応じて解体して，新たに再構成する必要があるというのが彼の主張だった。アローの不可能性定理のメッセージを，このような解体と再構成の必然性を教える積極的な問題提起であると了解して，社会的選択の理論の射程を大きく拡張する作業をセンは自己の任務として引き受けたのである。

　このような立場に依拠して，センは社会的選択の理論の哲学的前提に対する上記の根本的疑問に対して，真正面から答えることを試みている。以下では，順を追って彼の議論を検討することにしたい。

3　評価と客観性：民主主義の基礎

　社会的選択の理論の哲学的基礎に対する第一の批判は，社会的評価を社会構成員の主体的・個人的な評価に基づいて根拠付ける点に向けられていた。第6章で解読した潜在能力アプローチにおいても，福祉の個人間比較の指標とされ

る機能のリストの特定化やさまざまな機能の間の重み付けの問題は，最終的には，当該社会の構成員らの個人的評価に依拠して形成される社会的評価に基づいて決定されることになっている．

> 生活の質（quality of life）を規定する異なる諸要素に対して明示的に評価的な重み付けを行うこと，さらにその重み付けを開かれた公共的討議と批判的精査に付託することには，非常に重要な方法論的な意義がある．なぜならば，評価のための基準を選択する際にはなんらかの価値判断を用いる必要があるが，そのような価値判断に関しては，しばしば完全な同意が成立しないからである．この種の社会的選択の実践においては，これは不可避的な問題である．したがって，評価の重みを与えるという目的に相応しく，しかも（ひとびとの情報化された判断・理性的判断を根拠とする）公共的な支持 (public support) をより多く獲得し得るような基準を探すことが，現実的には重要な課題となる．真の論点は，技術的な理由で推奨されている粗雑な指標——例えば実質所得の測定法——よりも多くの公共的な支持が得られる基準を用いることができるかどうかである．これは公共政策の評価的基礎に関する中心的な問題である [Sen (1999b, p.81)]．

このような重み付けに関する価値評価の必要性は，決して潜在能力アプローチに固有の問題ではない．例えば，実質所得を個人間比較の指標とする場合でも，その指標は依然として価値評価から独立ではあり得ない．この指標を採用するという選択は，死亡率，罹病率，教育，自由，権利など，他のさまざまな価値にゼロの重みを付けるという価値評価を示していることになるからである．問題をこのように一般化したうえで，センは評価に関して次のような積極的な主張を行っている．

> どのような重み付けが選ばれるべきかは実践的な判断の問題であって，理性的な評価を通して解決される他はない．諸個人が彼自身の個人的判断を形成する際には，重み付けは，彼が理に適うと思う方法で選ばれるであろう．だが，例えば貧困の研究において社会的な評価を行うために「合意さ

れた」重み付けを見出そうとするならば，重み付けに関して——あるいは少なくとも重み付けの範囲に関して——ある種の理性的な「意見の一致」が存在しなければならない。これは，社会的選択の実践であって，そこでは公共的討議と民主的な了解と受容が必要とされるであろう [Sen (1999b, pp.78-79)]。

　このように，センは社会政策の基礎とすべき価値評価の正当性を各個人が主体的に形成する判断に求めている。ただし，それは各個人が客観的な情報を正しく熟知していると考えるからではない。第7章の末尾で述べたように，センは，ひとは自分自身のニーズに関してさえ，初めから十分に熟知しうるものではないことを洞察している。それにも関わらず，彼は，ひとに対して自己自身に関する評価主体であり続けることを要請するのである。センはまた，社会的評価の正当性の根拠をひとびとの了解と受容に求めているが，その理由はひとびとの間の了解と受容が直ちに判断の普遍性を意味すると考えるからではない。事実，各個人が自己中心的であれば，普遍性をもつ判断の形成はとても期待できそうにない。この場合には，ひとびとによる合意が実現されるとしても，それは個別的な利益の妥協がもたらす判断であるに過ぎない危険性がある。そうであるにせよ，各個人の判断に基づく公共的な了解と受容を社会的評価の基礎とするという枠組みは，依然として堅持されなければならない。なぜならば，この点に関するコミットメントこそ，民主主義的な社会の基本原則だからであるとセンは主張する。

　この枠組みを堅持しようとすれば，かならずしも客観的でも普遍的でもない個人の判断を，社会的評価の正当性の根拠とするためには，いかなる社会的決定の制度的仕組みを構想したらよいかという設問を，避けて通るわけにはいかなくなる。そのような仕組みは，ひとびとがもつ主観的・事実的な選好をそのまま集約する仕組みではなく，ひとびとが理に適っているとして納得し得る理性的な評価に基づく仕組み——換言すれば，ひとびとの間の理性的な意見の一致を形成し得る仕組み——でなければならないはずである[1]。そのような理性

---

1) 「ここでの中心的論点は，価値判断と価値評価の必要性である。それは理性的な営みであって，古典的な功利主義が専ら依拠してきたような感性的な営み（快楽や欲求）と同じもの

的な評価や意見の一致を形成する仕組みとは，どのようなものだろうか．平等，権利，福祉，および正義を巡るセンの理論的・実証的研究は，この論点に向かって次第に収斂していくことになる．なぜなら，いずれの問題においても，各々の価値を構成するさまざまな要素を特定化する作業ならびにこれらの要素にどのような重み付けをすべきかを判断して公共政策に反映させる作業は，避けることができない重要性を担っているからである．

センによれば，民主主義社会の基礎となる個人の理性的な評価の形成ならびにその理性的な一致を支えるものは，まさに民主主義システムそれ自身である．ただし，この期待に応え得る民主主義とは，さまざまなタイプの自由——政治的な参加の自由，経済的な便宜，社会的な機会，多様な形態の組織による手続き的な透明性，社会的保護——さまざまの相互連繫的な発展を実現できる政治形態でなければならない．そして，このような条件を満足する「民主主義社会においては，社会を構成するひとびとの情報に精通した判断（informed judgment）こそが，評価の基礎を与えるべきである．民主主義社会において恣意性を免れた評価を形成するためには，批判的精査に対してその評価メカニズムが開かれていること，および——明示的にしろ暗黙裏にせよ——そのメカニズムに関する公共的な合意が成立していることが，不可避的に要請されている[2]」．

民主主義システムがもつ重要性とそのシステムの在り方に関するセンの見解については，第9章において改めて一層の検討を加えることにして，ここではひとまず第二の論点に移ることにしたい．

4　合理主義的アプローチと進化論的アプローチ

社会的選択の理論の哲学的前提に対する第二の批判は，この理論が採用しているかに思われる社会・経済システムに関する構成主義・設計主義的方法に向けられている．この方法は，人間の主体的コミットメントによって社会・経済システムを合理的・理性的に設計することが可能でもあり，必要でもあるという考え方に立脚するものであって，社会・経済システムの自生的生成・進化プ

　　ではない」[Sen (1997a, p.205, footnote 145)]．評価することにおける理性的な営みの必要性を指摘している文献としてセンは，Rawls (1971), Scanlon (1982), Williams (1985), Nagel (1986), および Nozick (1989) を挙げている．
2)　Sen (1997a, p.206)．

ロセスの理解を主眼とする進化論的アプローチとは，明らかに基本的立場を異にする。とはいえ，両者を排他的に対置させることが不可避的であるかといえば，そこには慎重な考慮の余地がある。異なる二つのアプローチを相互補完的に活用することによって，社会・経済システムに関するわれわれの理解をさらに深化させる可能性があるからである。このような関心から出発して，センは次のような問いを立てている。

> 本人の意図せぬ帰結が出現することがあるという経験的事実は，本書で採用している合理主義的なアプローチ，例えば理性的な進歩（the idea of reasoned progress），意図された変化（intended changes），誘因体系を備えたプログラム（motivated programs）への着目という分析視角を無効にするものだろうか [Sen (1999b, p.257)]。

この問いに自ら答えて，センは次のような議論を展開している。《意図されざる帰結（unintended consequences）》の存在は，アダム・スミスによって指摘され，カール・メンガーやフリードリッヒ・ハイエクによって強調されてきた。確かに，ひとりひとりの個人によっては意図されていない帰結が集合的に出現することがあるという事実は，経験的にも数多く観察されている。だが，重要なのはそのような事実の存在それ自体ではなく，その事実を因果的な分析によって理性的に予測可能なものにすることである。消費者も生産者も，意図的な自己利益の追求によって，意図せざる利益を他者にもたらすことがある。そのような意図されない帰結の存在をひとびとが理性的に予測するからこそ，彼らは互いの経済的関係が持続的であることを期待し得るのである。このような意図されない帰結の予測は，組織の改革や社会の変化に対する合理主義的アプローチの一つの構成要素である。スミス，メンガー，ハイエクたちの慧眼が見抜いた事実は，《意図されざる帰結》のさまざまな効果をも含めて，政策がもたらす帰結を合理的・総合的に精査することの重要性を示唆するものだと解釈されるべきものである。

　例えば，競争的市場メカニズムの成功は，交換によってもたらされる利益を見通したひとびとの理性的・意図的な制度設計がその目的を成就したためであっ

て，それを「人間の設計ではなく，人間の行為の結果である」とみなすのは誤っている[3]。なぜならば，ひとびとは自己の目的を追求するという行為を通して市場に参加することは確かだが，同時に彼らは，競争的市場メカニズムという制度それ自体の設計・存続に関する意思決定にも参加しているのである。換言すれば，ひとびとは，目的追求的な行動を通して他者と出会う《場》としての市場の目的と機能を理解したうえで，市場への事実的な参加を通して間接的に，あるいは社会的決定プロセスへの参加を通して直接的に，市場メカニズムの設計と存続に関する社会的意思決定に参加しているのである。この場合には，行為を経由した参加において追求されるものは個人的な価値であるのに対して，制度の設計と存続に関する社会的な意思決定への参加を通じて追求される価値は公共的な価値である。

センによれば，「(《意図されざる帰結》に関する) スミスの議論は，ひとびとによって意図された結果，すなわち参加者による《設計》を成就することに加えて，意図されざる帰結をも達成するという市場の能力を解読したものだと解釈される。……ひとびとは交換に対する共通の利益をもっている。そして，市場は，彼らが共通の利益を追求する——失敗する機会ではなく成功する機会としての——機会を提供するものである。もちろんひとびとは，他の多くの事柄に関して葛藤を引き起こすさまざまな利害関係をもっているが，市場はそれらの葛藤を解決することには関心をもたないのである[4]」。

これに対して公共政策とは，相互に対立するさまざまな利害を市場メカニズムの外部で調整するために，ひとびとの意図に基づいて設計されるものである。とはいえ，だからといって，公共政策は《意図されざる帰結》とは全く無関係だと言い切れるかといえば，必ずしもそうではないことには注意すべきである。例えば，進化論的立場の経済学者が指摘するように，経済的な成功や競争者に対して勝利を収めるという私的利益の追求を目的とするひとびとの行動から，正義，衡平その他の諸規範が，派生的にひとびとによって受容される場合もあり得るからである。したがって，「公共政策を設計するにあたっては，その政策のさまざまな目的や優先事項を選択するために正義の諸要求やひとびとによっ

---

3) Sen (1999b, p.108)。
4) Sen (1999b, p.93)。

て表明された価値を精査するのみならず,正義の感覚をも含めてひとびとが受容しているさまざまな価値を幅広く理解する必要がある[5]」ことになる。

公共的な価値がひとびとによって受容されるルートとして,センは四つの異なる可能性を列挙している。第一に,公共的な価値はひとびとの反省と分析を通じて受容される可能性がある。スミスやカントの議論に代表されるように,反省と分析はいかに行動すべきかという倫理的考察を通じて熟慮的な選択へとひとを誘う可能性があるからである。第二に,公共的な価値は慣習に追従しようというわれわれの意思——確立された既存の慣習の示唆にしたがって調和的に行動する意思——に基づいて受容される可能性がある。第三に,公共的な価値は公共的討議を通じて受容される可能性がある。フランク・ナイトとジェームズ・ブキャナンが強調したのはこの可能性であって,公共的な価値は,「社会的・知性的・創造的な公共的討議によって,確立され,信頼され,認証される[6]」ことになる。第四に,公共的な価値は進化論的な淘汰によって受容される可能性がある。

社会的活動における価値の役割を理解するためには,これら四つの種類の公共的価値の受容ルートを総合するような広大な概念的ネットワークが必要だとセンは考えている[7]。この文脈において,先に挙げた競争的市場メカニズムに関しても,その成就を支えるものはひとびとの目的追求的な行動と制度設計の意図だけではないことに言及すべきである。例えば,責任や信用,市場経済を容認し支持するようなさまざまな社会規範,さらにはひとびとのよきビジネス行為を支える個人道徳などの存在が,競争市場メカニズムの機能の達成を支える前提条件となっていることはいうまでもないからである。

このような考察をもとに,ひとびとによる熟慮的選択と制度それ自身における進化論的淘汰とをひとつの統合された枠組みのもとに結合させることは,決して不可能ではないとセンは結論付けている。

---

5) Sen (1999b, p.274)。
6) Sen (1999b, p.273)。
7) Sen (1999b, pp.273–274)。

5 理性と社会的自我同一性

　社会的選択の理論の哲学的基礎に対する第三の批判は，個人の主体的・理性的な判断や選択を，社会的選択の情報的基礎として無条件的・無批判的に受け入れている点に向けられている．これとは対照的に，コミュニタリアンは社会的自我同一性（social identity）の観念を重視する．彼らの主張によれば，ひとはその存在においても認識の様式においても，自己が所属する特定の集団あるいはその構成員によって，深く規定されている．そうだとすれば，互いに独立した個人の自律的・理性的な判断や選択を社会的選択の前提とすることには，どれほどの意味があるのだろうか．

　伝統的な経済学は，他者あるいは社会との同一化という問題をほとんど議論してこなかったといって差し支えない．ひとびとの行動原理を説明する際には，自己利益の追求以外の動機を想定する必要はないと考えられてきたのである．センは，個人の行動を純然たる自己利益の追求として説明する見解を断固退けて，同感やコミットメントなど，個人の行動を動機付ける原理の多様な可能性に対してわれわれの注意を喚起してきた．だが，個人の行動の背後にある動機の多様性を強調したからといって，社会的な自我同一化の観念を全面的に支持することに直結するわけでは決してない．問題はむしろ，個人の行動を規制するさまざまな規範や価値の受容は，どの程度まで究極的に他者への関心あるいは社会的自我同一性の観念によって跡付けられるものかという点にある．センの最近の講義を収録した小著『自我同一性に先立つ理性』[Sen (1999a)] はまさにこの問題を取り扱った興味深いエッセイである．以下ではこのエッセイの内容を簡潔に検討することにしたい．

　前節で述べた公共的価値の受容ルートのうちで，諸個人の主体的・反省的な選択というルートをとるにせよ，行動様式の進化論的淘汰というルートをとるにせよ，両者の間のさまざまな混合形態をとるにせよ，いずれの場合にも社会的な自我同一性という観念は重要な役割を果たしている．われわれが所属する共同体やそのメンバーは，行動，知識，認識，そして道徳的判断に重要な影響をもたらすことは当然だからである．それのみならず，われわれの道徳的判断は共同体の価値や規範によって絶えず倫理的に査定されるという側面も見逃せない重要性をもっている．

問題は，共同体とその諸規範，そして個人の理性的活動という三者の間の関係をどう理解すべきかである。われわれの社会的自我同一性は，いかなる経路を辿って形成されるのだろうか。また，われわれの理性的活動は，どの程度まで自我同一性の形成・発展を促進するものだろうか。

　コミュニタリアンによれば，自我同一性の観念は《描写》と《認知》という二つの経路をとって表出される。《描写》とは，諸個人の自我が同一化されている集団を特定する作業である。ある集団はその内部で共有されるなんらかの共通《善》によって特徴付けられるので，自我同一性を描写するためには，各々の集団に共有されている共通《善》を特定する作業が不可欠である。この点を確認したうえで，センはこの意味の《描写》も本質的にひとが選択したり推論したりする余地を残さざるを得ないという事実を指摘している。

　通常の場合，ひとりの個人は複数の集団に属している。例えば，ある個人はイタリア人として，女性として，フェミニストとして，菜食主義者として，作家として，保守主義者として，ジャズ・ファンとして，そしてロンドン在住者としての顔を合わせもち，各々の集団を特徴付ける《善》を共有している。そうだとすれば，なぜある個人をある特定の集団との関係で同一化するのだろうか。なぜある個人をヨーロッパ人として同一化し，イタリア人とかドイツ人として同一化しないのだろうか。なぜ，ある個人をアイルランド人として同一化して，アイルランドのカソリック教徒あるいはプロテスタント教徒として同一化しないのだろうか。そもそも，各々の集団を厳格に区分けする根拠はなんだろうか。このように，諸個人が複数の集団に属していることが例外というよりは通例であり，集団相互の境界が必ずしも明瞭ではない以上は，各個人の社会的自我を《描写》する方法は一意的ではないことになる。われわれは，問題の文脈に応じて，最も適切な《描写》方法を選択する他はないのである。

　ところで，ある個人が複数の集団に所属して，各々の集団の共通《善》を受け入れていることを前提にすれば，彼の内部で複数の自我同一性が対立と葛藤を引き起こす可能性が危惧される。偶々ある国・ある文化に生まれ落ちたからといって，その国や文化に属する大多数のひとが共有する世界観や忠誠心を疑問の余地なく受容できるとは限らないからである。それでは，個人は自己の社会的な自我同一性をいかにして《認知》するのだろうか。コミュニタリアンな

らば，社会的な自我とは対象に従って発見されるなにものかであると考えるだろう。同様に，社会組織とはひとびとに彼らが自己や世界に関して発見し得たものに対して表現をあたえ，他者にその価値を説得するための手段であると主張するだろう。だが，自我同一性は本当に《発見》されるだけのものなのだろうか——そうではないとセンは考える。自我同一性を《認知》するにあたっても，ひとは選択の問題にまたも直面せざるを得ないだろう。例えば，自分がユダヤ人であることを《発見》したひとは，国籍や階級や政治的信念などと比較して，ユダヤ人であることにいかなる重要性を賦与すべきかという問い——選択の問題——に直面せざるを得ないだろう。

　このように，単なる《描写》に際しても，ましてや《認知》に際しては，選択の問題が確かに存在している。それにもかかわらずこの事実を認めないものとすれば，理性的推論の使用に替わって順応主義的な行動が無批判的に容認されることになりかねない。そのような順応主義は，典型的には旧い習慣や実践を理性的な批判から防御するという保守的な意味をもつだろう。実際，女性に対する不平等な処遇に見られる伝統的な差別は，女性という自我同一性が問われることなく受容されることによって，歴史的に存続してきたのである。問われることのない前提とは，問うことができない公理なのではなく，単に問われなかったために存続してきた虚構にすぎないのである。

　他方では，自我同一性の無批判的な受容は，根源的な変化を突発的に自我同一性にもたらすことがある。その一例はセン自身が体験したインドの事例である。ある年の1月にはインド人あるいはアジア人という自我同一性をもっていたひとびとが，同年3月には突如としてヒンズー教徒あるいはムスリム教徒などの政治的共同体に分裂して，暴力的な対立に突入してしまった。彼らは理性的な営みを欠いた頑迷固陋な行動によって細分化された自我同一性を《発見》したのだが，それに対して批判的な吟味を行うことには完全に失敗したのである。この例にみられるように，自我同一性の多元性，選択および理性的活動の意義を否定すれば，暴力，蛮行，抑圧に道を拓いてしまう危険性がある。

　ただし，この文脈でいう選択とは，いかなる自我同一性によっても拘束されない位置 (nowhere) からなされる行為を意味するものではない。選択とは，ひとが偶々置かれた位置に拘束されつつ，なお理性的にとる行為なのであって，白

紙状態で任意の場所へ飛躍するような抽象的な行為ではないのである。われわれの理性的活動も，偶然的・恣意的に形成される憶測や偏見からの影響を免れ得ないことは確かだが，個人の理性的な活動が営まれるのは特定の文化的伝統のなかでしかないとか，単一の社会的な自我同一性のもとでのみ理性的な活動が可能だという類の偏狭な見方に対しては，強い異議を唱えておかなくてはならない。

　それでは，理性的活動と文化との関係はどう捉えるべきだろうか。端的にいって，影響することと決定することとは同じことを意味しはしない。われわれの活動が文化によって影響されることは否定できないにせよ，またその影響をどれ程重要視しようとも，ひとが選択する余地はそれでもなお残されている。文化は，一義的に定義された態度や信念の体系であるわけではないからである。事実，文化は非常な多様性をもち，異なる態度や信念の体系が同一の幅広く定義された文化のもとに包摂されているのが，例外というよりは通則なのである。また，成熟したおとなであれば，自分が教えられたことを問い返すことができるはずである。たとえ環境によって反問する習慣が阻害されているとしても，教えられたことを疑い，問い返す能力はひとりひとりの人間のうちに確かに備わっている。同じく伝統を尊重するといっても，選択の余地があるにも拘わらずある特定の伝統から離反することを敢えて選ばないことと，理性的な活動なしにある特定の伝統に無批判的に帰依することでは，その意味するところは全く異なっている。共同体や自我が有する《認識》的な役割がいかに重要であろうとも，理性的な選択活動の可能性が否定されることはあり得ない。このようにセンは，社会的自我同一性に関する多元性の認識を基礎にすえて，個人の主体的な選択や理性的活動の重要性を強調するのである。

　最後に，正義の理論を巡る重要な論点を追加して，センとコミュニタリアンとの対決に焦点を絞った本節の議論を閉じることにしたい。ロールズの正義の理論は，個別的・具体的な集団の境界を越えて，一般的・普遍的な社会的諸関係に適用可能な規範理論の構築を意図したものであって，センはロールズのこの問題設定の意義を正しく評価していた。だがセンは，コミュニタリアンが提示した社会的な自我の観念の重要性にも理解を示し，異なる複数の集団——協会，属性，職業，コミュニティなど——に属するひとびとが，各集団がそれぞれ共

有する《善》を内部的に整合化していくプロセスの中に，より一般的な正義の原理に対する規範的合意の可能性を発見しようという構想を提示している。この構想は，「原初状態の装置を，(ロールズが提示したような) 分断された2段階構造としてではなく，異なる集団を含む重複的な構造として再構成する[8]」ことを意図したものである。この重層的な分析装置は，複数の——相互に対立する——正義の要求を登場させる可能性があることは否定できない。そうだとしても，正義の理論を，実践的計画の厳密な青写真としてではなく，個人や集団の直面する倫理的要請を明示化するための政治的思考装置として理解するならば，われわれの多様な関心に一層適合的な分析装置として，非常に役立つ可能性があるというわけである。

センのこの議論においては，複数の集団は《善》の観念においてのみならず，正義の主題となる問題や関心においても，互いに異なる可能性があると想定されている点が注目に値する。それだけに，自己の所属する複数の集団の《善》を自己の内面において整合化するプロセスでは，ひとびとは単に比喩的に他人の立場に身を置く——想像上の交換——わけではない。実際に複数の集団に重複的に所属するひとびとが，自己を内面的に統合化していく営みを通じて集団相互の異質性に対する理解と部分的合意を形成して，相対立する利害や目的を調整する一般的・普遍的ルールの成立を可能とするひとつの鍵となることが期待されているのである。

コミュニタリアンとの論争を経て明らかとなったセンの議論の要諦は以下のように集約することができる。理性的・自律的な活動の主体として個人を捉えるのがセンの基本的な立場だが，個人は実際には異なる複数の集団に所属しており，各集団がそれぞれ共有する目的・規範・価値は当然異なっている。そのため，ときとして個人は異なる集団の矛盾・対立する要請に引き裂かれて，自己同一性の危機に見舞われる可能性がある。そのとき彼は，複数の集団間の目的・規範・価値の対立を，自己の内面的な分裂として再現する状況に置かれるわけである。社会的な自我の観念は，個人の選択とは単なる私的関心に基づく自己利益の最大化行動ではなく，複数の目的・規範・価値に対する社会的関心を背景として，絶え間ない分裂の危機に置かれる自我を統一化する過程に他な

---

8) Sen (1999a, p.30)

らないことを，われわれに気づかせる役割を果たしてくれるのである。

　本節をもって，社会的選択の理論の哲学的前提に関するセンの議論をひとまず終えたい。次節からは，センの問題提起に応答してわれわれ自身が開拓作業に取り組んでいる理論の簡潔な展望を示すことにしたい。伝統的な規範的経済学における厚生主義的帰結主義への偏重を克服するためにセンが提示した新たな構想を，社会的選択の理論の拡張された枠組みを用いて定式化することが，われわれの当面の課題となる。

6　権利の再定式化

　センによる社会的選択の理論の新構想を検討していくうえで重要な手掛かりとなるのは，権利概念——とりわけ，《福祉的自由》の権利——の新たな定式化である。この問題を考察するためには，ロバート・ノージックに代表される個人的権利の概念に対するセンの批判を辿ることが有益である。
　ノージックの意味での権利は，いかなる社会的目標をも先験的・義務的に制約する権能を備えている。それは個人が個別的に保有する権能であって，個人間の利害調整の問題に先行して定められ，優先的に配慮されるべきものである。センもまた，権利とは個別性，先行性，優先性を本質とする観念に他ならないと考える。そのうえでノージックの権利論に対する彼の批判は，第一に権利の定め方に対して向けられている。確かに権利は，個人間の利害調整問題に先行して定められる必要がある。だが，それは権利がひとびとの意思を離れて先験的に定められるべきことを意味するものではない。なにを権利として定めるべきか，各々の権利にいかなる効力を与えるべきかは，個人の主体的判断を基礎として，社会的に決定されなければならない問題である。アローの言葉を借りるなら，諸権利もまた，諸個人の目的の合成として導出される《公共善》，より正確には，個人の私的関心に基づく個人的評価を集約して社会的評価を形成する場合，その評価によって確定される社会的価値に他ならないのである。
　ゲーム理論の用語法を援用していえば，互いの利害調整行動に参加する諸個人（プレーヤー）の権利を記述する一つの手段は，彼らに許容される戦略集合である。各個人の戦略集合としてどのようなものが許容されるかは，ゲームのルールとして予め規定されており，それがゲームに参加する各個人の選択可能な行

動範囲を定義すると考えられている。このような枠組みで定義される個人の権利は，まさにノージックが描いたような先行性，優先性を賦与されている。ゲームに参加する諸個人は，ゲームのルールに従って，賦与された権利を行使ないし放棄しつつ行動するのであって，ゲームのルールの決定それ自体に参加するのではない。これに対してセンは，諸個人の権利を規定するゲームのルールの社会的決定プロセスを明示化するようなモデルを構成すること，そして権利それ自身の定義のなかに，諸個人の選好（公共的観点に基づく判断）を集約して社会的評価が形成されるプロセスを記述することの必要性を主張する。ところで，そのようなプロセスを簡潔に表現するものは，まさに社会的選択理論の枠組みに他ならない。

　ノージック流の権利論に対するセンの第二の批判は，権利の内容に向けられている。権利は他の諸目的に対する優先性を賦与されている。だが，そのことは各権利の具体的な実効性（effective power）が絶対的なものであることを意味するものではない。通常，権利はそれが個人によって行使されることによって，本人のみならず他者をも含む社会状態を広く制約する可能性をもっている。そのような可能性を権利の実効性と呼べば，はたして，各々の権利に対して，どの程度の実効性を与えることが妥当であるかは，決して自明の問題ではないだろう。それは，各々の権利ごとに，あるいは各々の文脈ごとに，次のような二つの観点に基づいて具体的に考慮されるべき問題である。第一の観点は，権利それ自身の内在的性質や，他の諸権利との整合性あるいは他の社会的目標との間の関係性を考慮する観点である。第二の観点は，社会を構成するひとびとの選好や行動様式を通じて，権利の行使が実際にもたらすであろう帰結を考慮する観点である。ノージックに対するセンの第二の批判は，この第二の観点，すなわち帰結の考慮に関連するものだった。ノージックが考える権利は先験的・絶対的な性質をもつものであり，ひとびとの実際の行動によって経験的にもたらされる帰結を考慮する余地はなかったからである。

　センの主張の意味と意義を一層明確にするためには，次のような二つの概念的区別によってゲーム理論の枠組みを照射することが有益であろう。第一の概念は，《行為の選択それ自体の自由》，すなわち行為の選択が外部的に妨げられないことを要請するが，行為の目的の実現に関しては保障しないような自由で

ある。第二の概念は,《行為の目的の実現に関する自由》,すなわち行為の選択を通して行為の目的をどの程度実現しうるかを問題とする自由である。ところで,上述したゲーム理論における各プレーヤーの戦略とは,目的を追求する個人が主体的・自律的に選択する行為に他ならない。そして,各個人に許容された戦略集合とは,目的を追求する個人が主体的・自律的に選択できる行為の範囲,すなわち行為の選択それ自体の自由度を表現するものに他ならない。これに対して,行為の目的の実現は,定められたゲームのルール（戦略集合と結果関数）のもとで各個人が実際に選択した戦略によって実現される均衡結果——通常は諸個人の取得する利得あるいはそのもとで得られる厚生——として表現される。したがって,各個人がいかなる戦略を選択するかは,定められたゲームのルールの他に,ひとびとに共有されている均衡概念や諸個人の選好プロファイルなど,ゲームの均衡結果に影響をもたらすさまざまな要因を考慮したうえで,相互連関的な最適化行動の結果として理解されることになる。

　このようなゲーム理論の枠組みを用いるならば,センのいう帰結の考慮とは,さまざまな制約条件のもとで主体的・自律的に目的を追求する諸個人の相互連関的行為のもとで実現される帰結から遡って,各個人の権利を規定するルール——戦略集合ならびに結果関数——の適正さを判断することと解釈される。このような観点は,諸個人に賦与される異なる種類の権利がその社会的実現において矛盾する可能性をもつ場合には,総じて不可欠な観点であるとセンは考える。例えば,表現の自由の権利とプライバシーの権利との間の調整,あるいは生命と幸福追求の自由の権利に属する異なる種類の自由——例えば,パイプを楽しむ自由と煙を吹きかけられない自由——との間の調整などのいわゆる消極的自由の問題に対しても,あるいは生命と幸福追求のための具体的手段に関して,諸個人の間に社会的資源をいかに配分するかという積極的自由の問題に対しても,共通して適用し得る観点である。

　以上の考察によって,権利概念の再定式化に関するセンの考え方の基本的な方向性が明らかになった。次節からは,《福祉的自由》の権利に的を絞り,社会的決定手続きの新しいモデルのもとで,その具体的な定式化を試みたい。

7 《福祉的自由》の権利の定式化：予備的考察

　センが示唆する新たな社会的選択の理論の見地から，福祉的自由の権利を定式化するための主柱は二本ある。第一の柱は，福祉的自由の権利を規定するルールの社会的決定手続きを定式化することである。この定式化にあたっては，各ルールの内在的性質を考慮する手続き的観点，並びに各ルールのもとで実現する結果を考慮する帰結的観点という二つの観点が明示的に活用される。第二の柱は，福祉的自由の権利に関して，センの潜在能力理論が要請する公正基準を明示化することである。手続き的観点と帰結的観点という二つの基本的な活用観点のもとで，具体的にどのような公正基準が要請されるかは，依って立つ規範理論に応じて異なることが想定される。センの潜在能力理論は，各々の観点においていかなる要請をなすものだろうか。

　このような形での定式化にあたっては，三つの問題を解決する必要がある。その第一は，社会的評価の基礎となる個人の判断に関する問題である。ルールの適正さを評価する諸個人の判断は，どのような性質をもつものと考えられるだろうか。それは，所与のルールのもとで自己の利益を追求する諸個人の私的選好と同じものだろうか。もし異なるとすれば，両者を明確に区別するためにはどのように定式化したらよいのだろうか。第二は，帰結的観点に関する問題である。上述したように，利害調整的ゲームの帰結は，通常，各個人が取得する利得あるいは各個人の私的選好のもとで達成される厚生として表現されることになる。だが，福祉の権利を定めるにあたって考慮すべき帰結はそのような種類の厚生主義的な帰結ではなく，潜在能力，すなわち達成可能な機能集合こそが相応しいのではないだろうか。そうだとすれば，それはどのように定式化されるのだろうか。第三は，手続き的観点に関する問題である。ゲームの帰結としてもたらされる諸個人の福祉は，彼らが自己に許容された戦略集合から実際に選択した戦略プロファイルを変換する結果関数によって規定される。たとえ諸個人に許容された戦略集合がきわめて小さなものであるとしても，結果関数の定め方によっては，ひとびとの福祉を高めることも不可能ではない[9]。だ

---

9) 例えば，後述するモデルにおいて個人が選択できる労働時間をきわめて限られたものにすることによって，社会的に配分可能な外的資源の生産量を増加させたうえで，諸個人の潜在能力を全体的に向上せしめることも可能である。

が，福祉的自由の権利を評価する際に考慮すべき問題は，そのような帰結としての福祉に限られるものではないはずである。帰結をもたらすプロセス，例えば福祉を実現するにあたって各個人はどのような行為を主体的に選択することが可能であるか，あるいは福祉以外の価値をもつ行為に関して自律的決定権がどれだけ保証されているかといった問題もまた重要となるはずである。

次節では，これらの三つの点に留意しながら，福祉的自由の権利を具体的に定式化する作業に取りかかりたい。

8　福祉的自由の権利の社会的決定手続き

最初に，簡単なモデルを構成して，福祉的自由の権利を規定するルールを定めるための社会的決定プロセスを定式化しよう。

n 人の個人から構成される社会 $N = \{1, \ldots, i, \ldots, n\}(2 \leqq n < +\infty)$ を想定しよう。社会を構成する諸個人は，福祉的自由の権利を規定するルールの必要性（各人の多様な目的・価値に基づく行為はルールによって規制され，改訂される必要があること）と目的（なにを主題とするルールであるか），ならびにルールの社会的決定手続きに関する了解（ルールの適正さに関する諸個人の判断を集約して社会的評価を導出するということに合意が成立している）のもとに，福祉的自由の権利を規定するルールに関する自己の判断を形成するものとする。ここでまず問題となるのは，このような諸個人の判断を定式化することである。

第5章では，宗教的教説や政治的権威に委ねることなく，あくまで社会構成員個々の判断を尊重する一方で，すべての社会構成員に適用され遵守されるような一般的・普遍的ルールを制定しようとする限り，ルールの適正さそれ自体を関心とする諸個人の判断こそを情報的基礎とすべきであるという議論がなされた。そのような判断は，私的関心に基づいて形成される諸個人の事実的選好そのものではなく，諸個人の理性的反省や公共的討議を経て形成されるものだと考えられている。ここではそのような判断を個人の公共的判断と呼び，その値域ならびに定義域を順に確定していくことにしたい。

まず，諸個人の公共的判断の値域は，帰結的観点と手続き的観点という二つの観点をもとにして確定される。帰結的観点は，各個人が取得する分配分では

なく，資源の社会的配分に着目すべきことを要請する。ここで問題とされているのは，資源それ自体の公正な分配，資源をもとに達成される諸個人の厚生の平等化，あるいは資源をもとに達成可能となる諸個人の潜在能力の平等化などであるからだ。他方，手続き的観点は，結果的にもたらされる資源の社会的配分には還元し得ないルールの多様な価値——例えば，帰結をもたらすプロセスが実現すべき価値など——に着目することを要請する。これらの二つの観点を明確に区別したうえで，個人の判断における両者の関係性を考慮するためには，資源の社会的配分のみならず，ルールそれ自体の可能な選択肢の集合を，個人の公共的判断の値域に組み入れる必要がある。

　次に，諸個人の公共的判断の定義域は，公共的判断が考慮すべき情報的基礎をもとに確定される。福祉的自由の権利に関する公共的判断の形成にあたって考慮すべき情報は，この社会が直面する《経済環境（economic environment）》である。ただし，それは現存する特定の経済環境ではなく，想定されるあらゆるヴァリエーションの集合でなければならない。なぜなら，公共的判断は，個々の経済環境の特殊性を越えて，あらゆる経済環境のもとで妥当性をもつような判断であることが要請されるからである。しかも，個々の経済環境の特殊性が明らかになったときには，各々の特殊性を十分に考慮にしたルールを指定できるように非常に普遍的・一般的な枠組みをもつことが期待される。換言すれば，ここで要請されるものは個々の経済環境の特殊性を捨象する判断ではなく，個々の経済環境の特殊性を条件節とした命題群をもたらすような，具像的かつ一般的な命題なのである。

　福祉的自由の権利に関して考慮すべき経済環境の内容としては，当該社会で利用可能な生産技術や資源の初期賦存量，公共施設や公衆衛生，社会構成員の資源利用能力，社会を構成する諸個人の私的関心に基づく選好などが挙げられる。例えば，ひとびとの投入した労働をもとに資源を財に変換するような生産経済において，労働に関する自己決定権が認められているとしたら，社会的に配分可能な資源の総量は，諸個人の私的関心に基づく選好に依存して制約されることになる。

　以上の議論をもとにすると，諸個人の公共的判断は次のように定式化される。いま，この社会で実現されうるひとつの経済環境を e，生起し得るあらゆる経済

環境の集合を $\mathcal{E}$ としよう。また，ある経済環境 $e \in \mathcal{E}$ を所与とした場合に，この社会で物理的に実行可能な資源配分の集合を $Z(e)$ と記し，あらゆる経済環境のもとで実行可能となる資源配分方法の集合を $Z(\mathcal{E}) := \bigcup_{e \in \mathcal{E}} Z(e)$ と記すことにする。ある経済環境 $e \in \mathcal{E}$ のもとで物理的に実現可能な資源配分 $z \in Z(e)$ とは，e によって記述された資源の初期賦存量と生産技術のもとで得られる財を，消費者に配分するひとつの可能な方法であると考えてほしい。さらに，個人 $i \in N$ の私的関心に基づく選好——通常は，消費空間上に定義される選好として定義されるが，資源の利用によって獲得される機能空間上に定義される評価として定義することも可能である——を R_i と表記して，彼が潜在的にもちうるあらゆる選好の集合を $\mathcal{R}$ で表記することにする。また，福祉的自由の権利を規定するあるルールを θ，想定しうるありとあらゆるルールの集合を Θ と記述する。このとき，個人 $i \in N$ の公共的判断は，直積集合 $\mathcal{E} \times \mathcal{R}^n$ を定義域として，$(Z(\mathcal{E}) \times \Theta)^2$ を値域とする対応 $Q_i : \mathcal{E} \times \mathcal{R}^n \rightarrow\rightarrow (Z(\mathcal{E}) \times \Theta)^2$ として表現される。したがって，ある経済環境 $e \in \mathcal{E}$，私的選好のプロファイル $\boldsymbol{R} = (R_1, R_2, \ldots, R_n) \in \mathcal{R}^n$ が与えられるとき，個人 $i \in N$ が表明する公共的判断順序は $Q_i(e, \boldsymbol{R}) \subseteq (Z(e) \times \Theta)^2$ で与えられることになる。ただし，$Q_i(e, \boldsymbol{R})$ は集合 $Z(e) \times \Theta$ の上で定義される個人 i の公共的判断を表現する選好順序である。任意の二つの実行可能配分 $z^1, z^2 \in Z(e)$ と，任意の二つのルール $\theta^1, \theta^2 \in \Theta$ に対して，$(z^1, \theta^1) Q_i(e, \boldsymbol{R})(z^2, \theta^2)$ は，ルール θ^1 によって配分 z^1 が実現されることは，ルール θ^2 によって配分 z^2 が実現されることと比較して，個人 i の公共的判断によれば少なくとも同程度に望ましいことを意味している。

　われわれの定式化の試みの次のステップは，諸個人の公共的判断のプロファイルに基づいて，社会的な公共的判断を形成する集約ルール——《社会的決定手続き（social decision procedure）》——を定式化することである。この集約ルールの形式的な定式化は容易であって，諸個人の公共的判断の任意のプロファイル $\boldsymbol{Q} = (Q_i)_{i \in N}$ に対して，それに対応する社会的な公共的判断 Q を指定する関数 Ψ を導入しさえすればよい。したがって，諸個人の公共的判断のプロファイル $\boldsymbol{Q}$ に対応する社会的な公共的判断 Q は，$Q := \Psi(\boldsymbol{Q})$ によって与えられるわけである。

われわれが社会的な公共的判断に要請する性質は，形式的には集約ルール Ψ に課される公理によって捕捉される。例えば，アローの社会的選択の理論では，社会的厚生関数によって形成される社会的選好順序が順序の公理を満足することが要請されていた。形式的にはこの要請は，アローの社会的厚生関数の値域が社会状態の集合で定義される順序関係全体の集合であるという公理によって捕捉されていた。他方，センの潜在能力と福祉的自由の理論では，社会的な公共的判断は必ずしも順序の公理——特に完備性の公理——を満足することを要請されていない。福祉的自由の権利を保障する政策的判断に役立つ限りにおいて，センは完備性をもたない社会的な公共的判断を受け容れている。むしろ，本質的な理由から生じる公共的判断の非完備性を無理に解消しようとして不可能性定理の罠に陥る愚を犯すよりは，現状からの改善の指針となる非完備的な公共的判断を形成することに，センは遥かに大きな価値を見出していたのである。

　福祉的自由の権利を規定するルールの社会的決定手続きの形式的な定式化は，これでひとまず完了した。この形式的な手続きのもとで，具体的にどのようなルールが実際に決定されるかという問題は，当該社会の諸個人が形成する公共的判断と，その社会で採用される集約ルールの具体的内容に依存することになる。これらの具体的内容は，諸個人が福祉的自由の権利に関してどのような規範理論あるいは公正基準を受容するかに依存して決められることになる。セン自身の潜在能力理論は，そのような規範理論のひとつである。それでは，センの潜在能力理論は福祉的自由の権利に関してどのような公正基準を提出するものだろうか。この視点から潜在能力理論の特徴を明らかにすることが，次節におけるわれわれの課題である。

9　潜在能力理論の再定式化

　福祉的自由の権利を規定するルールの内容に関してセンの潜在能力理論が提案する公正基準を定式化すれば，それはいかなるものとなるだろうか。

　これまでに述べてきたように，セン自身は個人の福祉的自由を《潜在能力》——すなわち，個人の自律的な選択が実際に可能であるような機能ベクトルの集合——として，すなわち個人の自律的な選択が外部的に妨げられないのみならず，その実現可能性もまた保障されているような機能ベクトルの機会集合と

して定式化した。したがって，ある機能ベクトルがある個人の潜在能力に含まれないとすれば，それはその機能ベクトルを自律的に選択する自由が外部的に制限されているか，あるいはその機能ベクトルを達成する手段が不足しているか，いずれかの理由に因るものと解釈される。福祉的自由をこのように定式化することの意義は，福祉の実現のみならず，福祉を実現する機会の豊かさを内在的に評価することにあった。

　だが，この定式化では，実現可能性の有無に関わらず，いかなる選択肢を選択するか，しないかに関する本人の意思が妨げられないという行為選択それ自体の自由を表現することができない。第7章でも述べたように，センは福祉的自由を重視する一方では，目的の追求に関する行為主体的自由の重要性をも強調していた。たとえ実現可能性がないとしても，行為の選択それ自体を保証することには，行為主体としての個人の自尊の念を公共的に支える意味があると考えられている。さらに，潜在能力理論の再定式化の必要性は，近年セン自身によって次のように認識されている。

　　ある個人の潜在能力は，次のような二つのケースにおいて，まったく同じ様相で縮小される。ひとつは，個人の私的領域において自由を侵害されることによってであり，他のひとつは，個人が内的に被る衰弱によってである。潜在能力空間ではこれらの二つのケースを区別することはできない。だが，正義の理論において，両者の相違は決して無視し得るものではない。この意味で，潜在能力の理論的視野は完全なものとはいえないだろう。(その視野をより完全にするためには)自由に関する諸要請を，付加的な原理として組み込む必要がある。……達成のためのより全般的な自由を捉えることがいかに重要であろうとも，そのこと自体は消極的自由のもつ特別な意義をいささかも減ずるものではないからである [Sen, (1992a, p.87)]。

　そこで，センの議論を踏まえたうえで，行為の選択それ自体の自由を優先的に尊重しうる形で福祉的自由の権利を定式化したい。個人の潜在能力は，彼が消費可能な二つの資源——外的資源および余暇（資源）——，並びに，それらを利用する彼の資源利用能力によって規定されるものとする。ただし，社会全体

9　潜在能力理論の再定式化

で配分可能な外的資源の総量は，共通の生産技術のもとでひとびとが投入する労働によって規定される．さらに，各人の外的資源の分配分および余暇は，定められたゲームのルール（戦略集合と結果関数）のもとで，自己にとって最適な行動を選択しようとする諸個人の相互連関行為の均衡として定められるものとする．

簡単なモデルを用いて，これを定式化しよう．いま，個人 i が保有する労働と余暇に使える総時間を全個人共通で $\overline{x}$ とするとき，彼が提供する労働時間が $x_i \in [0, \overline{x}]$ であれば，彼が留保する余暇は $l_i = \overline{x} - x_i$ となる．また，個人 i が受け取る外的資源の分配分を $y_i \in R_+$，外的資源と余暇を m 種類の機能ベクトルに変換する個人 i の資源利用能力を対応 $C_i (C_i : [0, \overline{x}] \times R_+ \to R_+^m)$ とすれば，ある消費ベクトル $z_i = (l_i, y_i)$ のもとで取得される個人 i の潜在能力は $C_i(l_i, y_i) \subseteq R_+^m$ という機能空間内の部分集合によって表現される．また，社会共通の生産技術を $f : R_+ \to R_+$（ただし，f は連続的，増加的であり，$f(0) \geqq 0$）という生産関数によって表現して，その普遍集合を F によって表示するものとすれば，ひとびとの資源利用能力対応のプロファイル $\boldsymbol{C} = (C_1, \ldots, C_n)$ と生産技術 f から構成されるリスト $e = (\boldsymbol{C}, f)$ をもって，この経済のひとつの環境を定義することができる．さらに，ありとあらゆる個人の資源利用能力対応の集合を $\mathcal{C}_i$，ひとびとの資源利用能力対応のプロファイルを $\mathcal{C}$ とすれば，ありとあらゆる環境の集合は $\mathcal{E} = \mathcal{C} \times F$ と表される．

さて，あるひとつの環境 $e \in \mathcal{E}$ が実現されたとき，そのもとで実行可能なひとつの資源配分は，全ての i に関して，$z_i = (l_i, y_i), l_i = \overline{x} - x_i, 0 \leqq x_i \leqq \overline{x}$ を満足して，しかも $f(\Sigma_{i=1}^n x_i) \geqq \Sigma_{i=1}^n y_i$ という不等式制約——生産された量以上の財を消費することは不可能であるという制約——を満足するベクトル $\boldsymbol{z} = (z_1, \ldots, z_n)$ によって与えられることになる．先にも述べたように，環境 $e \in \mathcal{E}$ のもとで実行可能な資源配分の集合は $Z(e)$ で与えられ，ありとあらゆる環境のもとで実行可能な資源配分の集合は $Z(\mathcal{E}) = \bigcup_{e \in \mathcal{E}} Z(e)$ で与えられる．

この概念的枠組みを用いれば，福祉的自由の権利に対して，単純な定式化を与えることができる．この定式化の鍵となるのはゲーム形式の概念である．まず，この経済を構成する諸個人に許容される戦略集合として，各個人 $i \in N$ が提供できる労働時間の集合，すなわち閉区間 $M_i = [0, \overline{x}]$ を指定する．各個人が彼に

許容される戦略——すなわち，彼に実行可能な労働時間——を選択して，許容戦略のプロファイル $\boldsymbol{x} = (x_1, x_2, \ldots, x_n)$ が定められ，経済環境 $e \in \mathcal{E}$ が特定化されたとき，順序対 $(e, \boldsymbol{x})$ に対してひとつの実行可能な資源配分 $g(e, \boldsymbol{x}) \in Z(e)$ を対応させる関数として，結果関数 $g: \mathcal{E} \times M \to Z(\mathcal{E})$ を定義する。ただし，ここで $M := M_1 \times M_2 \times \cdots \times M_n$ である。このとき，$\gamma := (M, g)$ はひとつのゲーム形式——前節では直観的な意味でこれをゲームのルールと呼んだ——を表している。

ゲーム形式それ自体には，諸個人が自律的に戦略を選択した結果として，どのような資源配分が実現するかを予測する能力は備わっていない。そのような予測のためには，各個人が戦略集合を選択するための指針を与える主観的な選好順序のプロファイル $\boldsymbol{R} = (R_1, R_2, \ldots, R_n)$ と許容戦略のどのようなプロファイルのもとでゲーム $(\gamma, \boldsymbol{R})$ が均衡するかを告げる均衡概念が必要となるのである。いま，この経済で受容されている均衡概念が σ であるものとして，説明の単純化のために，ゲーム $(\gamma, \boldsymbol{R})$ はユニークな均衡 $\sigma(\gamma, \boldsymbol{R}) \in M$ をもつものと仮定しよう。したがって，経済環境が $e \in \mathcal{E}$ であるとき，ゲーム $(\gamma, \boldsymbol{R})$ がプレーされた結果として実現される均衡配分は，$g(e, \sigma(\gamma, \boldsymbol{R})) \in Z(e)$ で与えられることになる。そのとき，各個人に賦与された資源利用能力を記述する対応 C_i にしたがって，各個人には $C_i(g(e, \sigma(\gamma, \boldsymbol{R})))$ という潜在能力へのアクセスが保障されることになる。こうして得られる潜在能力プロファイル $C(e, \sigma, \gamma) := (C_i(g(e, \sigma(\gamma, \boldsymbol{R})))) : i \in N)$ を規定する三つの概念——経済環境 e，均衡概念 σ，ゲーム形式 γ——のうち，ひとりゲーム形式 γ だけは人間の設計の対象となる制度的な仕組みである。したがって，的確な制度設計を行えば，ひとびとが獲得する潜在能力の拡大を通じて，ひとびとの福祉的自由の拡張を実現することができる。

それでは，福祉的自由の拡張のためのゲーム形式の社会的決定手続きは，どのように定式化されるべきか。この問題との取り組みには，帰結的観点と手続き的観点の両者の観点が関わってくる。

帰結的観点の重要性を例示するひとつの方法は，セン自身が提唱した《潜在能力の平等化》という規範的要請を，われわれが提示した枠組みに即して捕捉する仕方を考えてみることである。われわれの枠組みには潜在能力の広狭を数

値的に表現する指標は含まれていないため，潜在能力の平等化を規範的要請として表現するためには，潜在能力空間内の集合を比較して，なんらかの意味で平等性の観念を弱めて，センの規範的要請にオペレーショナルな意味を賦与する必要がある。幸いにも，もしある個人の潜在能力集合が他の個人の潜在能力集合に完全に含まれてしまうとすれば，非常に直観的な意味で前者の個人は後者の個人よりも潜在能力の観点からみて不利な処遇を受けているということができる。この事実に鑑みて，潜在能力の平等化の弱い基準として，どの個人の潜在能力も，他のどの個人の潜在能力にも真の部分集合として含まれることはないという要請を考えることができる。ゲーム形式を選択するルールは，そのルールのもとでは潜在能力の平等化の弱い基準を必ず満足する潜在能力プロファイルがもたらされる場合には，センの規範的要請を弱い意味で満足するということにしたい。

帰結的観点の重要性を例示するもうひとつの方法は，ロールズが彼の正義の理論において提唱した《最も不遇な個人の境遇の最大限の改善》という規範的要請を，われわれが提示した枠組みに即して捕捉する仕方を考えてみることである。この場合にも，異なる個人の境遇を潜在能力の観点から比較して最も不遇な個人を認定する作業は，潜在能力の完全な大小比較を可能にする数値指標がないために，必ずしも容易ではない。だが，各々のゲーム形式 γ に対して潜在能力プロファイルの共通部分

$$CC(e,\sigma,\gamma) := \bigcap_{i \in N} C_i(e,\sigma,\gamma)$$

を定義して，二つのゲーム形式 γ^1, γ^2 の優劣比較を $CC(e,\sigma,\gamma^1)$ と $CC(e,\sigma,\gamma^2)$ との間の集合論的な大小比較に依拠させるアプローチは，潜在能力理論をロールズの正義の理論と連結するひとつの可能性を拓くものとして，真剣な検討に値するように思われる。事実，もしあるゲーム形式のもとにおける潜在能力プロファイルの共通部分が，別のゲーム形式のもとにおける潜在能力プロファイルの共通部分を完全に含む場合には，具体的にどの個人が最も不遇な個人であるかを認定する作業を行うまでもなく，前者のゲーム形式は後者のゲーム形式よりも，ロールズの規範的要請の観点から見て望ましいということができるからである。これに対して，手続き的観点は，ゲーム形式が表現する各個人の戦

略集合がどの程度に豊かな選択の自由度を賦与しているか，また各個人が行う選択に対して結果関数が社会的な帰結を指定する際に，どの程度まで各個人の自律的な選択を尊重しているかという意味で，選択の機会の豊富さと選択の実効性の双方の視角から，各個人の福祉的自由の手続き的側面を捉えるうえで重要な意義を担っている．

　本節でその概略を説明したアプローチを具体的に展開して，センが開拓した社会的選択の理論の新たなフロンティアを実際に踏査した研究報告としては，Gotoh, Suzumura and Yoshihara (2000), Gotoh and Yoshihara (1999), Pattanaik and Suzumura (1994; 1996), Suzumura (1996; 1999a; 1999c; 2000a; 2000b) および鈴村 (2000) を挙げることができる．議論の詳細に関心をもたれる読者は，これらの文献を参照して戴くことにしたい．

10　おわりに

　プディングの味は食べてみて初めて分かるという表現は，正統派の理論に対する批判的反省を踏まえて提唱された新たな理論の構想の場合にも，まことに的確に妥当することはいうまでもない．本章の末尾で簡潔に説明したわれわれ自身の理論的試みは，センの構想が形式的な展開のシナリオとして機能できるだけの整合性を備えていることを例証する主旨で解説したものであって，センがすえた道標を辿る道がこれしかないなどと主張する意図は，われわれには全くないことを付記しておきたい．事実，われわれが行うことができた定式化作業は依然としてアローの社会的選択の理論の伝統を少なくとも部分的には継承していて，センが強調する重要な側面の一部には，全く理論的な取り組みを行っていない．例えば，諸個人の公共的判断のプロファイルを社会的な公共的判断に集計する社会的決定手続きの定式化は，基本的にはアローの社会的厚生関数アプローチを継承するものであって，諸個人の公共的判断の形成プロセスそれ自体の分析は，この理論の射程の外部に放置されている．明らかにこのアプローチは，理性的反省や公共的討議を経て個人の公共的判断が形成されるプロセスを強調するセンの重要な観点を捕捉できていないのである．

　それにも関わらず，われわれの理論的展開は第 2 章で解説したアロー流の社会的選択理論とは，いくつかの点で重要な相違をもっていることも事実である．

ここではわれわれが最も重要な差異と考えているひとつの点のみを指摘して，本章の結語としたい。

　第2章の解説からも明らかなように，アローが構想した社会的選択の理論は，社会状態に対する個人的評価を情報的基礎として，社会的な観点から合理的・情報節約的に社会状態を選択する理論だった。これに対して，センの構想を踏まえてわれわれが定式化した理論的な枠組みは，全く異なる役割を社会的決定手続きに賦与している。端的に言って，社会的な決定の対象とされるのはゲーム形式で表現された経済の制度的枠組みであって，アローの理論の場合のように社会状態それ自体ではない。帰結的な社会状態の決定は，社会的に選択されたゲーム形式を事後的に判明した個人的選好プロファイルのもとでゲームとしてプレーした結果として，諸個人の間の戦略的相互作用を経ていわば分権的に行われるのである。社会状態の選択の理論から，経済の制度的枠組みの選択の理論へのこの移行こそ，センの道標を辿ってわれわれが構成した理論が，社会的選択の理論の創始者アローの理論的展望と比較してもつ最大の相違点なのである。

第9章　エピローグ

1　はじめに

　1996年に制定されたアメリカの『個人的責任と就労機会調停法』(Personal Responsibility and Work Opportunity Reconciliation Act) に見られるように，近年，社会保障の分野においては，個人の意思決定に関する自律性の尊重と並んで，自己の自立的な生に関する個人的責任が強調されるようになった。裏返せば，それは，社会的責任に基づく保障は，諸個人の自立的な活動を補助的に援助するような機会の保障に留めるべきことを要請するものである。このような論調は，規範的経済学の理論的潮流においても同様に看取される。例えば，平等を優先的な規範的価値とする《平等尊重主義 (egalitarianism)》の立場から，次節で検討されるような《責任尊重的補償》あるいは《厚生の機会の平等》という考え方が提出され，望ましい資源配分メカニズムの設計に関して新しい光が投じられた。いまや《責任》の観念は，政策的にも理論的にも，無視することができない重要性を帯びてきている。第7章では発展途上国を主要な舞台として，発展とそれに対する社会的援助に関するセンの基本的見解が示されたが，舞台を現代の福祉国家と呼ばれる国々に移すとき，福祉とそれに対する社会保障に関するセンの議論はどのように展開されていくと考えられるだろうか。

　上述のような潮流を前に，センもまた，個人的責任の重要性について言及している。個人的責任は個人の行動のイニシアティブやモティベーションを規定し，努力や自己理解の営みを促進し，ひいては彼自身の自尊の念を支えるものであるから，いかなる他者も機関も，「個人的責任を肩代わりしうるものではない」とセンは明確に断言する。だが，そのような認識のもとでセンがまずもって注目する責任とは，《個人的責任》ではなく《われわれの責任》である。少し長いがそのまま引用しよう。

　　共に生きる民――広い意味で――としてわれわれは，この世界で見聞され

るさまざまな惨事は実のところわれわれ自身の問題なのだという考えから逃れることはできない。それらはまさにわれわれ自身の責任なのだ。たとえ誰か他の個人の責任が明確になろうとも，それによってわれわれ自身の責任が軽減されるものではない。われわれは，考察する力を備えた存在として，物事のあるべき姿や為すべき事柄を判断するという営為を避けて通るわけにはいかないだろう。われわれはまた，内省する力を備えた被創造物として，他者の生に思いを馳せないわけにはいかないだろう。われわれの責任の感覚は，単にわれわれ自身の行動が引き起こした惨事に留められるものではない。それは，われわれ自身の視野が広がる限り，また，われわれ自身の援助が及ぶ限り，この世界の惨事一般に向けてどこまでも到達しようとするものなのである。もちろん，そのような責任はわれわれの注意を喚起する唯一の《声》ではない。だが，もしわれわれがそのようなより一般的な《声》の重要性を否定しようとするならば，われわれの社会的実存にとって本質的ななにものかが失われる恐れがある。このような考察は，われわれの行動を正確に規整する精密なルールを形成することではなく，直面する選択状況においてわれわれの《共有された人間性 (shared humanity)》の意味を深く認識することへと向けられるものである [Sen (1999b, p.283)]。

　上記の引用は，発展に対する社会的援助であるか福祉に対する社会保障であるかを問わず，なんらかの《社会的コミットメント》の問題を考察しようとする際の基本的な足場を思い起こさせてくれる。ここでは，センは，個人の責任の観念を大きく二つの内容で捉えている。ひとつは，所与の制度やルールのもとで自己の選択や行為に責任をもつ狭義の《個人的責任》である。他のひとつは，われわれを取り巻く制度やルールの在り方を社会的に決定していく責任であり，政治的参加の自由そして民主主義のもとで諸個人が協同して担うべき責任である。そして，望ましい制度やルールのあり方を決定していく際に，狭義の《個人的責任》をいかに勘案すべきかを理性的・公共的に考察していく個人の責任こそが，上述された《われわれの責任》に他ならないのである。

　以下では，このような区別に留意しながら，センの福祉国家観を解読する作業を始めよう。それは，福祉国家の制度的支柱である社会保障と民主主義につ

いて，自由と個人の主体形成という視角から，その基本的性格と意味を解明する作業となる。

2　自由と責任

前節で言及した《責任尊重的補償》あるいは《厚生の機会の平等》という考え方は，個人間の自然的・社会的格差に起因する経済的不平等の解消を目的とする一方で，個人がコントロール可能な要因に対する本人の自律的意思を尊重するような資源配分方法を要請する。換言すれば，個人が最終的にいかなる厚生を達成しうるかは各自の責任に委ね，諸個人が達成可能な厚生の選択肢の集合を社会的責任において平等化することを要請する。彼らによれば，分配的正義の主要な関心は，公正な資源配分を行うに際して個人が自己責任を問われる要因と問われることのない要因とを，いかにしたら適切に峻別することができるかという問題に向けられるのである。

このような議論は，一方では個人の自律的・主体的行為の尊重という考え方を，他方では個人の自律的・主体的行為を阻む自然的・社会的偶然に対する社会的保障という考え方を含むものであるから，個人の責任的要因と非責任的要因との間の線引きをどこでなすかによって，自由尊重主義から平等尊重主義までの異なる立場を包含することになる。事実，その線引きをどこでなすか，どのような形で行うかについては，多種多様な議論が提出されている。例えば，ロナルド・ドゥオーキンは，個人には制御不可能な不運（brute luck）を制御可能な不運（option luck）に変換する《保険システム》に関する個人の《選好》は，個人の責任的要因であると主張した。それに対して，ジェリー・コーエンは，個人の《選好》もまた制度負荷的に形成されるものであることを理由に挙げて，ドゥオーキンの線引き（Dworkin's cut）は不適切であると批判した。これらの議論を受けてジョン・ローマーは，個人の置かれた境遇の相違に応じて，個人の自律的選択可能性の程度を測るような分析枠組みを提出した[1]。たとえ一般的には個人が選択可能であるような要因に関しても，個人の置かれた境遇による制約性がきわめて高いと判断される場合には，当該個人は道義的責任を有するとしても彼に対する補償の社会的責任が免ぜられることはないという議論で

---
1) Dworkin (1981a; 1981b; 2000), Cohen (1989), Roemer (1996) 参照。

ある。

　個人が責任を負うべき要因を特定化していくこの作業は，帰結の悲惨さのみを情報的基礎として受給資格を決定する方法に比べて，はるかに利点が多い。例えば，自動車保険や疾病保険などの民間保険においては，個人のリスク管理の努力を積極的に反映するようなシステムが設計され，効率性の観点のみならず，費用負担の公正性に関する観点からも，一定の支持を受けている。だが問題は，その観点の背景にすえられるべき考え方，人間観である。分配的正義の問題を考察するにあたって，また，社会的責任のもとで施行すべき保障プログラムを構想するにあたって，考慮すべき中心的問題を《責任》という観念で捉えきることができるのだろうか。

　このような疑問に対応するセンのコメントは，以下のようなものであった。

　　慢性的疾患に対する医療処置を受けることのできないひとは，本来ならば予防できたはずの疾病に罹患し，回避し得たはずの死に直面する恐れがあるだけではない。責任あるひとりの人間としてさまざまなことを為し遂げたい——自己自身に対して，また他者に対して——と願ったとしても，それらのことを為す自由を否定される恐れがあるのだ。半奴隷的な境遇に生まれ落ち，拘束的な状態にある労働者，抑圧的な社会で束縛的な状況におかれている女性，自己の労働力以外に格別の実質的稼得手段を持たない労働者らは，福祉の観点から剥奪されているばかりではない。彼らは責任ある生を送る能力という観点からも剥奪されている。なぜなら，責任ある生を送る能力は基本的諸自由をもつことに依存するものであるからだ。責任はその前提条件として自由を要求するのである [Sen (1999b, p.284)]。

　第 7 章で記したように，センは《発展》の本質的特徴を捉えるにあたって，その基本的視座を《自由》の観念に定めた。そして，社会的援助のプログラムを考案するにあたって，市民的・政治的自由や社会的諸機会などの自由の具体的リストならびに自由を支える諸制度間のネットワークに着目した。上記の言葉は，現代福祉国家における社会保障の在り方という文脈においても，センが依然として考察の手掛かりとする中心的観念は，《責任》ではなく《自由》であ

ることを示している。それはどのような根拠に基づく考え方なのだろうか。

　センの意図を理解するためには，彼とジャン・ドゥレーズの共著である『インド：経済発展と社会的機会』のなかの「手段としてではなく目的としてのひとびと」という節に記された次のような言葉を参照することが有用である。

　　教育，ヘルス・ケアその他ひとびとの基本的諸機能を達成するような諸政策の目的を《人的資本（human capital）》の拡大として捉えること，あたかもひとびとは生産の手段であって，生産の究極的目的ではないかのようにみなすことには問題がある。人間生活を改良する諸政策の正当性を，善き生産者を作ることに限定する必然性はなにもない。「自分自身の人格であれ他者の人格であれ，人間性を常に目的として尊重すべきであって手段としてのみ取り扱ってはならない」というカントの言葉は，定言的な要請として留意される必要がある [Dreze and Sen (1995, p.183)]。

　この言葉が示すように，センとドゥレーズは，社会政策の究極的な目的は個人を目的として尊重することに置かれなければならないということを最も基本的な原理にすえている。だが，社会保障において個人を目的として尊重するとは，具体的にいかなることを意味するのだろうか。例えばそれは，個人の《幸福》を保障することといえるだろうか。否。なぜなら，なにを幸福と感ずるかは個人によって多種多様だからである。あるいは，《平等》にすることといえるだろうか。否。平等は互いの関係性に伴う価値のひとつであって，個人に内在する価値ではない。諸個人に対して等しくなにを保障すべきかは依然として明らかではないからである。このような推論をもとにセンが到達したのが《自由》という観念であった。社会制度や慣習・因習，身体的・精神的限界などさまざまな制約条件のもとで，ひとがなお理性的・道徳的に，制度を改善して，自己の生を意味あるものとして追求し続けることができるとしたら，ひとは確かに《自由》である。そのような個人の《自由》を支える諸制度を確立することこそが，社会政策の中心的目標として掲げられなければならない。

　ひとびとの自由を拡大するような社会的援助は，個人的責任と対立的なも

のではなく，個人的責任と親和的なものである。ひとは，実質的自由となにかを為す潜在能力なくして，自分が為すことに対する責任をもつことができない。しかし，実質的自由と実際になにかを為す潜在能力をもつならば，人は為すか為すまいかを考える（普遍的な）責務をもつのであって，そのような責務のうちにこそ（社会的文脈で要請される）個人的責任が内包されている。この意味で自由は責任に対して必要かつ十分の関係にあるといえるだろう [Sen (1999b, p.284：括弧内は執筆者による補足)]。

　センがここで，「自由は責任に対して必要かつ十分の関係にある」と断言することには，やや勇み足の感があるかもしれない。《責任》を個人の置かれている集団や社会という文脈依存的な観念として捉える場合，あるいは個人の宗教的・実存的な体験として捉える場合には，自由のないところに責任が発生したり，逆に自由があったからといって直ちに責任が発生するとは限らないようなケースを想定することは十分に可能だからである[2]。だが，センがここでいう《責務》とは，自由の価値を十全に発揮しようと努めることを指している。それは特定の社会的文脈を越えて，自由で理性的な個人の間で普遍的に了解可能であるような観念として考えられている。そしてその背景には，自己が自由であることを感得しうるとき，ひとは率先して自由を善く行使するという普遍的な責務を引きうけるとともに，特定の社会的文脈で要請される個人的責任を果たそうと努めるだろうという人間観が存在する。このような考察をもとに，彼は個人の理性的・自律的な選択を尊重しながら，同時に個人の自立的活動を促進しうるような社会保障プログラムの考案を志すのである。その基本的な方向性は以下のようなものである。

　個人の理性的・自律的選択を尊重するためには，第一に，個人が責任をもつことのできる帰結に関しては社会が介入しないことが望ましい。だが，個人がある帰結に対して幾ばくなりとも責任をもつためには，その前提条件として，本人の選択によって帰結を変化させることが可能でなければならない。換言すれば，ある個人が責任を負うべき帰結の範囲は，少なくとも部分的であれ，本人が実質的に決定可能であるような範囲に留められなければならない。そして，

2) 例えば，Duff (1998, Vol.8) 参照。

そのような自律的決定権の範囲を個人に対していかに保障するかという問題は，まさに権利の実効性を規定するルールの選択の問題に他ならない。さまざまな権利の実効性をいかに規定すべきかという問題は，個人の公共的判断に基づく社会的決定に委ねられなければならないというのが，第8章で定式化したセンの基本的枠組みであった。福祉に関して個人が責任を負うべき範囲，すなわち福祉的自由の権利の内容もまた，そのようなルールの社会的決定手続きのもとで規定されることになるのである。

　この意味で，個人はまず，社会的意思決定に参加する主体的存在としての責任をもたなければならないことが理解される。すなわち，個人は自己の公共的判断の形成に責任をもつとともに，決定あるいは改訂手続きを守らなければならない。そのうえで，個人は社会的に決定されたルールの実行に関して責任を負わなければならない。すなわち，ルールによって容認された自己の福祉的自由の権利を実際に行使することに関して，責任を負わなければならない。第8章で記述した潜在能力理論の定式化に拠れば，それは許容された戦略集合からの選択に責任をもつこと，また，自己の労働に関する自律的決定に関して責任をもつこと，さらには機能ベクトルに対する自己の《評価》の形成に責任をもつこととして表現される。

　個人が理性的・自律的主体であり続けるためには，第二に，社会的保障の焦点を選択の《結果》ではなく，選択の《機会》に合わせることが望ましい。ただし，センが着目する《機会》とは，所得を取得する機会でも厚生を達成する機会でもなく，ひとの潜在能力，すなわち多様な自立的活動を実際に行うために必要不可欠な基本的諸機能の達成機会でなければならなかった。そのなかには個人の理性的・自律的選択それ自体を促進するような機能，例えば，自分自身の現在を反省的に捉える視野，自己のライフ・ヒストリーを客観的に分析できる能力，人生の目標を着実に追求していく意思が含まれる。また，社会的意思決定に実質的に参加するための機能，すなわち公共的意見を形成し，伝達し，理解する能力，討議を行う能力なども含まれる。

　したがって，センによれば個人の選択の機会を実際に保障するためのプログラムとは，個人のライフ・ヒストリーの各時点において，自立的活動の能力や意欲の形成を阻むような個別的諸条件――例えば，基礎教育の中断，性差や人

種に関する因習，生来的な資質や能力の相違，さらには複数の阻害要因間の相互連関と累積的影響など——に対応するものとして構想されなければならないことになる。

　　個人的責任に過度な比重を与えることに対する代替的な提案は，しばしば想定されているように過保護国家を招来することではない。個人の選択に干渉することと，選択および実質的な決定を可能とするようなより多くの機会を個人に対して創出することの間には，大きな相違がある。もしそのような機会が創出されたとしたら，個人はそれを基に責任をもって行為することが可能となるだろう [Sen (1999b, p.284)]。

3　《潜在能力》の観念と個人の主体形成

　既に述べたように，《潜在能力》とは本人の主体的選択が妨げられないのみならず，物理的に達成可能でもあるような自立的活動の選択機会を意味する観念であった。このような観念を提唱することによって，センは個人の目的の多様性と自律的選択を尊重しながら，同時に自立的活動の能力と意欲を促進するという社会保障プログラムの課題をより鮮明にすることに成功したのである。だがそればかりではない。《潜在能力》の観念は，社会保障プログラムの対象となる個人の主体形成に関しても，重要な意義をもつとセンは指摘する。

　以下ではその内容を二つ確認しよう。第一に，潜在能力の観念は，福祉受給者本人に対して自己の人生計画に対する総合的・長期的な評価を行うこと，並びにそのような評価に基づいて慎慮的・合理的な選択を為すことを可能とする。このことは《福祉のわな（welfare fraud）》——例えば，長期的な失業給付の及ぼす就労インセンティブの減少——と呼ばれている問題に対して重要な意義をもっている。自己の人生計画における基本的諸機能の重要性を十分に理解したうえで，自己の行動を合理的に選択するような観点をもつとしたら，単に所得あるいは経済的効用を高めることを目的として，自己のコントロール可能な要因を操作するような誘因は生じにくいと考えられるからである。

　例えば，就労機会の喪失は，所得や資産の減少を招くのみならず，ひとびとの基本的諸機能に対して広範囲な影響を及ぼすものである。それは，就労を媒

介として個人が確立してきた社会的な認知・役割・関係性を損傷すること，またそれらの損傷に伴って私的な家族関係や友人関係の変容が余儀なくされること，さらには就労を目標とする健康への配慮，生涯教育・自己研鑽への意欲を減退させられることなどに及んでいく。そしてこれらの影響は，総じて主体的行為者としての個人の自尊あるいは相互尊重の念を失わせる恐れがある。しかし，もし個人がこのような点に留意しながら就労の意味を十分に捉え返すならば，失業給付の及ぼす就労インセンティブの減少効果はそれほど大きなものとはならないだろう。その一方では，失業給付に関する政策目標を《所得保障》から《潜在能力》の保障へと広げること，すなわち就労機会の創出といった雇用政策と連動させながら，多様な雇用形態とそれに呼応する多様な活動能力・意欲を育成するようなプログラムを立てることの重要性が理解されるだろう。

　第二に，潜在能力の観点は福祉の受給に関する個人の倫理的・公共的営為を促進する力をもつと考えられる。すなわち，第6章で記したように，個人は潜在能力の観点を基にして，自己の私的な必要や欲求を他者の諸状況や社会的諸条件と広く照合させながら，社会的なニーズ——すなわち，社会的責任において保障すべきであるようなニーズ——へと醸成させていくと考えられる。彼らは内省や討議を通じて，自らのうちに社会的な観点を取り込んでいくのである。このようにして形成されたニーズは，個人の価値を反映するものでありながら，同時に公共的な価値を反映したものとなり得るのである。このような意味で，彼らの請求は個別的なものでありながら，公共的な妥当性を獲得するのである。

　もしも福祉の受給者自身にこのような営為が存在することが公に理解されるならば，彼らが自尊の念を失うことはないだろう。また，彼らに対して向けられていた偏見——福祉の受給者は個人責任を放棄した存在であるという認識，あるいは福祉の受給者は特殊な存在であるという認識——は，徐々に改められていくだろう。そして，受給者の心に刻み込まれたスティグマは少しずつではあっても確実に剝奪されていくに違いない。

　とはいえ，潜在能力概念に基づく《目標別給付（targeting payment）》においても，政策意図とは異なる帰結がもたらされる可能性は依然として残るかもしれない。だが，それはむしろ個人が動かざる受動体（motionless patients）ではなく，主体的な行為者であることの証左であるとセンは主張する。給付が

目標とするのは，個人の主体的な活動性の回復そのものであった。個人の活動は，彼の目的や意思の多様性に応じて多様な展開を遂げることを本質とするものであるとすれば，《目標別給付》が当初の目論見通りに達成されるとは限らないのはむしろ自然なことである。そして，たとえ目論見通りにはいかなかったとしても，ある実行可能性の範囲内で個人が理性的な活動の意欲や方向性を見出したとすれば，給付は確かに成果をもたらしているといえるのではなかろうか。

4　民主主義と個人の主体形成

　潜在能力の保障によって促進される個人の主体形成の重要性は，政治的には民主主義の重要性という問題につながる。『貧困と飢饉』[Sen (1981a)] のなかでセンはインドと中国の経験を比較しつつ，民主主義の果たした役割を次のように記述している。インドでは，飢饉は独立の直前（最後の飢饉は 1943 年のベンガル飢饉）まで発生し続けたが，1947 年に独立を達成して以降，民主的な政治制度と自由な報道伝達システムのもとで統治者に対する批判的言論の自由が保障されてからは，大きな飢饉は全く起こらなかった。それとは対照的に，全体主義的・中央集権的制度のもとにあった中国では，1958 年から 61 年の 3 年間にわたって，度重なる政府の飢饉撲滅政策にも拘わらず史上最悪の飢饉が続き，最大で 3000 万人の命が失われた。両者の相違は，まさしく民主主義の有無によってもたらされたものだとセンは主張する。なぜなら，民主主義のもとでは，「飢饉に遭遇した死者たちが被る惨状は，自分自身は飢餓の脅威に曝される恐れを全くもたない多くのひとびとをも動かすことが可能となる」[3]からである。近年もセンは，民主主義に対する揺るぎない信頼を次のような言葉で表明している。

　　19 世紀にはある国が「デモクラシーに適合するか否か」という論争が数多く行われたが，20 世紀後半には全ての国がいかなる例外もなくデモクラシーに適合すること，各国はデモクラシーの実践を通じてさらに一層デモクラシーに適合するようになることが，広範に承認されるようになった。……実のところ，最善の形態の政治形態としてデモクラシーに対してわれ

---

3)　Sen (1994a, p.36)。

われが寄せる信頼は、それ自体として自由を志向する展望の一部なのである。成熟した人間がどのような人生を生きるか、相互にいかなる交流をもつかについては、彼らが自ら決定する自由をもつべきだという考え方に、われわれはますます強くコミットするようになりつつある[4]。

　だが、同時にセンは、民主主義はマラリアの特効薬であるキニーネのように、社会病理に対する自動治療装置として機能するわけでは決してないことをも十分に認識している[5]。その主たる理由として、センは二つの点を指摘する。第一に、政治的参加の自由と通称されているものは、《好意的処偶の譲許（permissive advantage）》すなわち機会の提供にすぎないのであって、それだけでは十分なものとはいえない。というのは、提供された機会が実際にどの程度利用されるか、その結果として政治的諸権利がどこまで実現され得るかは、政治的参加の自由がひとびとによっていかに行使されるかという問題——政治的なコミュニケーションが十分に可能であるか、あるいは政治に参加しようという積極的な意欲が形成されうるかという問題——に依存せざるを得ないからである。そして、政治的参加の自由がいかに行使されるかという問題は、公共的な審議・討議に参加する個人の道徳や価値の形成に関するダイナミズムに依存せざるを得ないのである。

　例えば、アメリカ社会においてアフリカ系アメリカ人の死亡率が増加していることは、彼らがヘルスケアや教育その他の社会的機会を剥奪されていることと関連をもつことが明白であるにも拘わらず、アメリカ民主主義はそれを阻止し得なかった。このような事実の背景には、選挙における低投票率、とりわけアフリカ系アメリカ人自身の低投票率や政治的な無気力の問題が存在するとセンは指摘する。

　第二に、解決すべき問題それ自体が見えにくい場合には、民主主義の機能が十全に発揮されない恐れがあるとセンはいう。

---

4) Sen, "Our Hopes for the Twenty-First Century"（21世紀への希望）、『2001年度版イミダス』所収。
5) Sen (1999b, p.155)。

民主主義は理解しやすい惨事，つまり同感が迅速に形成されやすい惨事を防ぐことには成功してきた。しかし，容易に取り組むことのできない問題も，数多く残されている。例えば，インドは飢饉を防ぐことに関しては成功してきたが，極度の飢えではない慢性的な飢えの解消，文盲の解決，社会的性差における不平等の解消などに関しては，同様な改善を進めることができなかった。飢饉の犠牲者の訴えを政治の舞台に乗せるのは比較的容易であったが，その他の剥奪に関しては，問題それ自体に関するより深い分析と，より完全な民主主義——すなわちより効果的なコミュニケーションや政治的参加——がより多く要請されなければならないだろう [Sen (1994a, p.35)]。

例えば，「問題の当事者である少数集団があまりにも排斥的で特異な性向をもつとしたら，当事者以外のひとびとが彼らの必要を理解し同感することを困難にする恐れがあるだろう[6]」とセンは危惧する。だが，その一方で彼は，問題の当事者から遠く離れた個人をして当事者たちの抱える真の必要を理解し同感することを可能とするものは，諸個人による政治的参加の自由の行使その他の民主主義の地道な実践をおいて他にはないという確信を抱いている。「各国はデモクラシーの実践を通じて，さらに一層デモクラシーに適合するようになるだろう」という先に引用した彼の言葉は，このような確信のもとで語られたものなのである。

5 民主主義と不正義

ところで，問題の当事者から遠く離れたひとびとが，いかに当事者たちの問題を理解し同感することができるかという問いは，センにとって正義の理論の要となる問題に他ならない。センが民主主義に注目する理由は，民主主義こそがこのような問題を解く鍵になると考えるからである。では，正義の理論と民主主義との理論的・実践的関係について，センの見解はいかなるものだろうか。

第8章で言及したように，社会的自我の観念を核とするコミュニタリアンは，正義に対する諸個人の関心に依拠しながら正義の基本原理を導出するというア

---

6) Sen (1994a, p.36).

プローチ——例えば，原初状態という仮想的装置を出発点として正義の二原理を導出するというロールズの枠組み——を真っ向から批判する。その理由は，正義への関心に先だってひとびとの自我を深く規定する共同的価値や道徳的慣習，例えば同一のコミュニティに属する他者への思いやり，愛情，忠誠，連帯などの存在を重視することにあった。だが，これに対してセンは，こうした価値の存在を重視すること自体は，なんら正義の理論と矛盾するものではないと反論する。その理由は次のように説明される。

　コミュニタリアンは，正義の理論を退ける理由として，愛情や忠誠，連帯などの共同体的価値の感受なくしては，正義は存立し得ないという議論を提供する。だが，そのような議論は正義の理論を否定することになるのだろうか。センはそうは考えない。仮に彼らの議論が正しいとしても，つまり共同体的価値を感受することが正義を存立せしめる構成要件の一部あるいは前提条件のひとつであるとしても，そのこと自体は正義観念が有する独自の意義を否定するものではない。しかも，正義の観念は共同体的価値を感受することに依存するとは考えにくい。なぜなら，公共政策や社会ルール，行動規範などは，必ずしも愛情や仲間意識によって緊密に結び付けられていないひとびとを広く対象とするものである。このような場面においてこそ効力を発揮するのが，正義の観念なのである。正義は，共同体の連帯によって緊密に結び付けられていないひとびととの関係にも対応するものでなくてはならない。正義は共同体的紐帯の領域を遥かに越えるものでなくてはならない。

　しかしながら，センはこのようにコミュニタリアンの見解を批判する一方で，正義の基本原理を導出するロールズの枠組みに対しても批判的であり，正義の基本原理が満たすべき具体的性質ならびにその正当性に関する議論にも積極的に加わろうとはしない。ひとびとにとっては，諸権利を規定する個々のルールを制定するにあたって，諸個人の公共的判断を集約して社会的判断を形成するという，まさに民主主義の骨格を表現する社会的選択の理論の枠組みを再構成することこそが重要である。そして，それを踏まえたうえで，センの眼差しは現実世界に向かって降下していく。すなわち，諸権利の内容を具体的に規定する——諸権利のリストおよび各々の実効性を規定する——立法的なルールの在り方へとセンの眼差しは突き進み，福祉的自由の権利を具体的に定式化するこ

と，その帰結的観点となる潜在能力観念を定式化することに向けられていくのである。それゆえ，それらの具体的な諸権利や諸ルールを束ねる高次原理としての正義の基本原理を構想することに対しては，センはあくまでも慎重な態度を崩さない。その理由を，彼は次のように説明している。すなわち，いかなる正義の基礎的諸観念であっても，互いに競合的な関係にある諸要件間の相対的重みを決定するための精密な公式を，あたかもそれだけが唯一の《正しい社会》を表現するかのように提供することはできない。例えば，防ごうとすれば防げたはずの飢饉を発生させてしまった社会は明らかに不正義であると診断されたとしても，そのような診断は，食物や所得その他の権原の配分方法に関してある特定の配分パターンが最高度に正義に適っているという確信に基づくわけではない。「最も重要な正義の諸観念は，世界はいかに運行すべきかに関する特定の公式から導出されるのではなく，理性に基づく合意が可能であるような根深い不正義（patent injustice）を特定化することのうちに見出されるだろう[7]」。

このようなセンの態度を理解するためには，第3章で記した道徳判断，とりわけ《基礎的判断》に関するセンの見解を思い起こすことが有益である。センが着目する《なにが不正義か》という問いかけは，《なにが正義か》という問いかけとは本質的に異なる方法論に基づくものである。なにが正義かという問いかけは，ロールズの正義の理論に代表されるように，存在しうるあらゆる事実，起こりうるあらゆるケースに妥当し得るような判断，センの分類に即して言えば正義に関する基礎的判断を確定しようとするものである。それに対して，なにが不正義かというセンの問いかけは，不正であるような具体的な諸事象をひとつひとつ確定しながら，それらを除去するための具体的ルールを積み重ねていこうとするものである。センは，存在しうるあらゆる事実，起こりうるあらゆるケースを想定することは困難であるために，正義に関する基礎的判断を確定するのはほぼ不可能であるという見通しを抱いている。そのような見通しをもとにして，ある特定範囲の事実やケースにおいて妥当性をもつような非基礎的な諸判断を相互に整合化する方法を探求するというのが，センの経済学と倫理学の基本的なスタイルなのである。

それに加えて，なにが根深い不正義であるかを特定化する作業もまた，理論

---

7) Sen (1999b, p.287)。

的・先験的になされるものではなく，あくまで民主主義の実践，すなわち直接の当事者を越えた多くのひとびとの理解や同感に基づく開かれた討議や実践のなかで進められていくものだろう。公共的な討議や実践を通して，個々の事実の重みや意味を了解しながら，また相対立する判断や理由に耳を傾けながら，根深い不正義の特定化に関する理性的な合意をひとびとの間で広く——当事者たちから遠く離れたひとびとを広く含める形で——形成していくこと，合意可能な分配的正義に接近していく方法としてセンが描いたこのような道筋を理解するとき，市民的自由の権利や政治的参加の自由の重要性が改めて理解されるのである。「批判的評価ならびに価値形成のプロセスに参加する自由は，社会的存在にとって最も重要な自由のひとつ[8]」なのである。

6　おわりに

　センが示した自由や責任，潜在能力あるいは民主主義などの議論の含意は深く広い。本章で取り挙げられた点は未だその豊かな含意の一部に留まり，一層の探求はさらに将来に開かれている。ここでは，いくつかの残された問題を列挙して結びにかえることにしたい。

　先にわれわれは，第8章で「潜在能力理論に基づく福祉的自由の権利の公正基準」を定式化するための試論を提出した。だが，そのような定式化は，「食物や所得その他の権原の配分方法に関してある特定の配分パターンが最高度に正義に適っているという確信」を提起するものであり，具体的な「不正義」をひとつひとつ確定し排除していこうというセンの基本姿勢にはかならずしもそぐわないかもしれない。われわれの議論はあくまで民主主義のもとで公正基準が確立される可能性を定式化しようとするものであるが，センの関心により忠実であろうとするならば，公正な配分方法を一般的に規定する条件を確立することよりも，不公正な配分に関してその理由を明確に指摘するための指標を立てること——それぞれの社会において《貧困》すなわち潜在能力の不足を指摘するための機能のリストの特定化——を先行させなければならないかもしれない。この点はさらに検討を必要とするであろう。

　また，センは民主主義を支える個人の主体形成に関して，さまざまな問題状

---

8) Sen (1999b, p.287)。

況にある他者への《理解》と《同感》の重要性を指摘した。その射程は，直接見聞しうる共同体的他者を越えて，見知らぬ他者へと及ぶことが期待されている。そして，コミュニタリアンとの論争においては，そのような射程の広がりを支えるものは《理性》であり《正義》の観念であることが強調されていた。だが，民主主義を具体的に論ずる文脈においてセンが再度《同感》に着目するのはなぜだろうか。ひとつの仮説として次のような理由が考えられる。確かに，個人が自己の直接的な体験を《この世界》へと広く押し拡げていくためには，個別・特殊を一般・普遍へと変換することを可能とする理性の力が必要である。だが，目前の不正義を見逃すことなく断固として摘発する原動力となるものは，豊かな同感の能力であるかもしれない。この能力によってこそ，民主主義もまた不正義の是正へ向けてよりよき働きをなし得るかもしれない。この点は，第5章で取り上げた《同感》と《コミットメント》に関するセンの見解との関係で，さらに整理される必要があるだろう。

あとがき

　アマルティア・センの経済学と倫理学を解読して，福祉的自由に視点をすえた彼の新しい規範的経済学の精粋を読者に伝えるわれわれの試みを，これで閉じることにしたい。第1章（プロローグ）でも紹介したように，センの研究領域は非常に膨大であって，本書で触れるゆとりさえなかった重要な業績も数多い。だが，厚生経済学と社会的選択の理論がセンの研究の中枢に位置することは紛れもない事実であるだけに，本書を読まれたことで読者がセンという稀有な経済学者の真摯な研究の軌跡の主要な轍を見失うことはないと確信している。

　本書のシニアな著者（鈴村興太郎）がセンという経済学者をはっきりと意識したのは，1960年代末尾に東京で開催されたエコノメトリック・ソサエティ極東大会でのことだった。当時大学院の1年生だった著者は，その時代にはまだ稀だった国際会議に好奇心をたぎらせて潜入して，若き俊秀センが "On Pareto Optimality" という論文を発表するのを魅入られるように聞き入ったのである。この論文は，後に改題されて "The Impossibility of a Paretian Liberal" という古典に成熟した。センと実際に言葉を交わして長い交友関係が始まったのは，著者がブリティッシュ・カウンシル・スカラーとして最初の滞英生活を過ごしたケンブリッジ大学時代のことだった。その後，ロンドン・スクール・オブ・エコノミクスで同僚として過ごした時代，オックスフォード大学オール・ソウルズ・カレッジでヴィジティング・フェローとして過ごした時代，フルブライト・シニア・リサーチ・フェローとしてハーヴァード大学に滞在した時代，そしてヴィジティング・フェロー・コモナーとしてケンブリッジ大学トリニティ・カレッジに滞在中の現在に到るまで，著者の研究生活のなかでセンとの交流が占める比重は圧倒的に高い。この間，センとあるときは密着して，またあるときは論争相手として，社会的選択と厚生経済学の理論分野を伴走してきた著者としては，本書によって彼の貢献のプロファイルを紹介できたことで，長年にわたるセンの友情と厚誼に対して，僅かなりとお応えすることができたならば

幸いに思っている。

　本書のジュニアな著者（後藤玲子）にとっても，センという経済学者・倫理学者は特別な重みをもっている。ジョン・ロールズの正義理論の研究から経済哲学の本格的な研究に入った著者にとって，ロールズとは異質な構想をもちつつも，ロールズの正義理論との対決を自己の規範理論の試金石としているかに思われるセンは，気にせずにはいられない存在であり続けた。偶々，奉職する国立社会保障・人口問題研究所が1998年に福祉政策に関する国際セミナーを主催した際に，ノルウェーの経済学者アグナー・サンドモと並んでセンを招待講演者として招聘したのは，この研究関心の素直な表現であった。センが1998年度のノーベル経済学賞を受賞したことによって，この招聘計画は軌道修正を余儀なくされたとはいえ，準備過程でセンと会って研究計画に対する激励と助言を受けたことは，望外の幸せであった。本書の執筆を助走作業として現在準備中のロールズ正義理論に関する著書も，センの規範理論との細心の対決によって，大いに内容を充実させることができた。

　センの経済学と倫理学を解読する著書の執筆計画を著者たちに最初に提案してこられたのは，実教出版の望月一郎氏だった。著者の多忙によって滞りがちな執筆過程を辛抱強く耐えて待ち，最後には断固として本書の完成に持ち込んだ望月氏の編集者魂には，大いに感謝を捧げたいと思う。

　また，本書の各所で引用した文献について，関係者の寛恕を請いたい点がある。邦訳がある著書については目に付く範囲で参考にさせて戴いたし，邦訳を引用させて戴いた場合も少なくはない。だが，本書の他の部分での言い回しや用語法との整合性を図るために，引用文を多少修正して用いさせて戴いた場合もある。したがって，本文中の引用文に関する責任は著者にあることを，ここで明記しておくことにしたい。

　最後にしかし最小にではなく，本書の作成過程で資料の収集・整理や原稿のタイピングなど，さまざまな補助作業を献身的に行って，本書のスムーズな執筆を可能にして下さった鈴村研究室の仁木嶋ひろみさん，田崎幸代さん，森山由美子さんにも，その建設的な貢献に対して両著者から厚く感謝申し上げたいと思う。

参 考 文 献

Arrow, K.J. (1951/1963): *Social Choice and Individual Values*, New York: Wiley, 1st ed., 1951; 2nd ed., 1963(長名寛明訳『社会的選択と個人的評価』日本経済新聞社, 1977 年)。

Arrow, K.J. (1959): "Rational Choice Functions and Orderings," *Economica*, N.S., Vol.26, pp.121–127.

Arrow, K.J. (1977a): "Extended Sympathy and the Possibility of Social Choice," *American Economic Review: Papers and Proceedings*, Vol.67, pp.219–225.

Arrow, K.J. (1983): "Contributions to Welfare Economics," in Brown, E. Cary and R.M. Solow, eds., *Paul Samuelson and Modern Economic Theory*, New York: McGraw-Hill, pp.15–30.

Arrow, K.J. (1987): "Arrow's Theorem," in Eatwell, J., Milgate, M. and P. Newman, eds., *The New Palgrave: A Dictionary of Economics*, Vol.1, London: Macmillan, pp.124–126.

Arrow, K.J. (1999): "Amartya K. Sen's Contributions to the Study of Social Welfare," *Scandinavian Journal of Economics*, Vol.101, pp.163–172.

Arrow, K.J., Sen, A.K. and K. Suzumura, eds. (1996/1997): *Social Choice Re-examined*, London: Macmillan, 2 vols.

Arrow, K.J., Sen, A.K. and K. Suzumura, eds. (forthcoming): *Handbook of Social Choice and Welfare*, Amsterdam: North-Holland, 2 vols.

Atkinson, A.B. (1970): "On the Measurement of Inequality," *Journal of Economic Theory*, Vol.2, pp.244–263.

Atkinson, A.B. (1999): "The Contribution of Amartya Sen to Welfare Economics," *Scandinavian Journal of Economics*, Vol.101, pp.173–190.

Barberá, S. (1983): "Pivotal Voters: A Simple Proof of Arrow's Theorem," in Pattanaik, P.K. and M. Salles, eds., *Social Choice and Welfare*, Amsterdam: North-Holland, pp.31–35.

Bardhan, P. (1998): "Reflections on Amartya Sen's Prize," *Economic and Political Weekly*, November 7, pp.2863–2864.

Barker, P. (1996): *Living as Equals*, Oxford: Oxford University Press.

Basu, K. (1984): "The Rights to Give up Rights," *Economica*, Vol.15, pp.413–422.

Basu, K. (1987): "Achievements, Capabilities and the Concept of Well-Being," *Social Choice and Welfare*, Vol.4, pp.69–76.

Basu, K. (1998): "Amartya Sen and the Popular Imagination: In the Wake of the Prize," *Economic and Political Weekly*, December 12, pp.3206–3208.

Basu, K., Majumdar, M. and T. Mitra, eds. (1993): *Capital, Investment and Development: Essays in Memory of Sukhamoy Chakravarty*, Oxford: Blackwell.

Basu, K., Pattanaik, P.K. and K. Suzumura, eds. (1994): *Choice, Welfare, and Development: Festschrift in Honour of Amartya Sen*, Oxford: Clarendon Press.

Becker, J. (1996): *Hungry Ghosts: China's Secret Famine*, London: John Murray (川勝貴美訳『餓鬼——秘密にされた毛沢東中国の飢饉』中央公論新社, 1999年).

Bergson, A. (1938): "A Reformulation of Certain Aspects of Welfare Economics," *Quarterly Journal of Economics*, Vol.52, pp.310–334.

Bergson, A. (1954): "On the Concept of Social Welfare," *Quarterly Journal of Economics*, Vol.68, pp.233–252.

Bergson, A. (1976): "Social Choice and Welfare Economics under Representative Government," *Journal of Public Economics*, Vol.6, pp.171–190.

Berlin, I. (1969): *Four Essays on Liberty*, Oxford: Clarendon Press (小川晃一・小池銈・福田歓一・生松敬三訳『自由論』みすず書房, 1971年).

Besley, T. and S. Coate (1992): "Workfare versus Welfare: Incentive Arguments for Work Requirements in Poverty-Alleviation Programs," *American Economic Review*, Vol.82, pp.249–261.

Binmore, K. (1988): "Book Review: On Ethics and Economics by Amartya Sen," *Economica*, Vol.55, pp.279–282.

Black, D. (1948): "On the Rationale of Group Decision-Making," *Journal of Political Economy*, Vol.56, pp.23–34.

Black, D. (1958): *The Theory of Committees and Elections*, Cambridge: Cambridge University Press.

Blair, D., Bordes, G., Kelly, J.S. and K. Suzumura (1976): "Impossibility Theorems without Collective Rationality," *Journal of Economic Theory*, Vol.13, pp.361–379.

Blau, J.H. (1957): "The Existence of Social Welfare Functions," *Econometrica*, Vol.25, pp.302–313.

Bowen, H.R. (1943): "The Interpretation of Voting in the Allocation of Economic Resources," *Quarterly Journal of Economics*, Vol.58, pp.27–48.

Buchanan, J.M. (1954a): "Social Choice, Democracy, and Free Markets," *Journal of*

Political Economy, Vol.62, pp.114–123.

Buchanan, J.M. (1954b): "Individual Choice in Voting and the Market," *Journal of Political Economy*, Vol.62, pp.334–343.

Buchanan, J.M. (1996): "An Ambiguity in Sen's Alleged Proof of the Impossibility of a Pareto Libertarian," *Analyse & Kritik*, Vol.18, pp.118–125.

Caplin, A. and B. Nalebuff (1991): "Aggregation and Social Choice: A Mean Voter Theorem," *Econometrica*, Vol.59, pp.1–24.

Chipman, J.C., L. Hurwicz, M.K. Richter, and H.F. Sonnenschein, eds. (1971): *Preferences, Utility, and Demand*, New York: Harcourt Brace Jovanovich.

Chipman, J.S. and J.C. Moore (1978): "The New Welfare Economics 1939-1974," *International Economic Review*, Vol.19, pp.547–584.

Cohen, G.A. (1989): "On the Currency of Egalitarian Justice," *Ethics*, Vol.99 pp.906–944.

Dalton, H. (1920): "The Measurement of the Inequality of Incomes," *Economic Journal*, Vol.30, pp.348–361.

Dasgupta, P. (1990): "Well-Being and the Extent of Its Realisation in Poor Countries," *Economic Journal*, Vol.100, pp.1–32.

Dasgupta, P., Sen, A.K. and D. Starrett (1973): "Notes on the Measurement of Inequality," *Journal of Economic Theory*, Vol.6, pp.180–187.

d'Aspremont, C. (1985): "Axioms for Social Welfare Orderings," in Hurwicz, L., Schmeidler, D. and H. Sonnenschein, eds., *Social Goals and Social Organization: Essays in Memory of Elisha Pazner*, Cambridge: Cambridge University Press, pp.19–76.

d'Aspremont, C. and L. Gevers (1977): "Equity and the Informational Basis of Collective Choice," *Review of Economic Studies*, Vol.44, pp.199–209.

Deb, R., Pattanaik, P.K. and L. Razzolini (1997): "Game Forms, Rights, and the Efficiency of Social Outcomes," *Journal of Economic Theory*, Vol.72, pp.74–95.

Debreu, G. (1959): *Theory of Value*, New York: John Wiley & Sons (丸山徹訳『価値の理論』東洋経済新報社, 1977 年).

Dreze, J. and A. Sen (1989): *Hunger and Public Action*, Oxford: Clarendon Press.

Dreze, J. and A. Sen (1991): "Public Action for Social Security: Foundations and Strategy," in Ahmad, E., Dreze, J., Hills, J. and S. Sen, eds., *Social Security in Developing Countries*, Oxford: Clarendon Press, pp.3–40.

Dreze J. and A. Sen, 1995, *India: Economic Development and Social Opportunity,* Delhi and Oxford: Oxford University Press. (The Amartya Sen&Jean Dreze Omnibus,

New Delhi: Oxford University Press に再録．)

Duff, R.A. (1998): "Responsibility," *Routledge Encyclopedia of Philosophy*, Vol.8, London: Routledge.

Dummett, M. (1984): *Voting Procedures*, Oxford: Clarendon Press.

Dworkin, R. (1978): *Taking Rights Seriously*, London: Duckworth（木下毅・小林公・野坂泰治抄訳『権利論』木鐸社，1986 年).

Dworkin, R. (1981a): "What is Equality? Part 1: Equality of Welfare," *Philosophy & Public Affairs*, Vol.10, pp.185–246.

Dworkin, R. (1981b): "What is Equality? Part 2: Equality of Resources," *Philosophy & Public Affairs*, Vol.10, pp.283–345.

Dworkin, R. (2000): *Sovereign Virtue: The Theory and Practice of Equality*, Cambridge, Mass.: Harvard University Press.

Elster, J. (1983): *Sour Grapes: Studies in the Subversion of Rationality*, Cambridge: Cambridge University Press.

Feinberg, J. (1992): "In Defence of Moral Rights," *Oxford Journal of Legal Studies*, Vol.12, pp.149–169.

Fine, B.(1975): "A Note on 'Interpersonal Aggregation and Partial Comparability'," *Econometrica*, Vol.43, pp.169–172.

Fishburn, P.C. (1970): "Arrow's Impossibility Theorem: Concise Proof and Infinite Voters," *Journal of Economic Theory*, Vol.2, pp.103–106.

Fishburn, P.C. (1973): *The Theory of Social Choice*, Princeton, New Jersey: Princeton University Press.

Foley, D. (1967): "Resource Allocation and the Public Sector," *Yale Economic Essays*, Vol.7, pp.45–98.

Foster, J.E. (1983): "An Axiomatic Characterization of the Theil Measure of Income Inequality," *Journal of Economic Theory*, Vol.31, pp.105–121.

Foster, J.E. (1984) "On Economic Poverty: A Survey of Aggregate Measures," in Basmann, R.L. and G.F. Rhodes, Jr. eds., *Advances in Econometrics*, Vol.3. Greenwich, CT: JAI Press, pp.215–251.

Foster, J.E. (1985): "Inequality Measurement," in Young, P.H., ed., *Fair Allocation*, *Providence*: American Mathematical Society, pp.31–68.

Foster, J.E., Greer, J. and E. Thorbecke (1984): "A Class of Decomposable Poverty Measures," *Econometrica*, Vol.52, pp.761–766.

Foster, J.E. and A.F. Shorrocks (1988a): "Poverty Orderings," *Econometrica*, Vol.56, pp.173–177.

Foster, J.E. and A.F. Shorrocks (1988b): "Inequality and Poverty Orderings," *European Economic Review*, Vol.32, pp.654–661.

Foster, J.E. and A.F. Shorrocks (1991): "Subgroup Consistent Poverty Indices," *Econometrica*, Vol.59, pp.687–709.

Freeman, S., ed. (1999): *John Rawls: Collected Papers*, Cambridge, Mass.: Harvard University Press.

Friedman, M. (1962): *Capitalism and Freedom*, Chicago: University of Chicago Press.

Gaertner, W. and P.K. Pattanaik (1988): "An Interview with Amartya Sen," *Social Choice and Welfare*, Vol.5, pp.69–79.

Gaertner, W., Pattanaik, P.K. and K. Suzumura (1992): "Individual Rights Revisited," *Economica*, Vol.59, pp.161–177.

Gädenfors, P. (1981): "Rights, Games and Social Choice," *Noûs*, Vol.15, pp.341–356.

Gibbard A. (1974): "A Pareto Consistent Libertarian Claim," *Journal of Economic Theory*, Vol.7, pp.388–410.

Gibbard, A. (1982): "Rights and the Theory of Social Choice," in Cohen, L.J., Los, J., Pfeifer, H. and K.-P. Podewski, eds., *Logic, Methodology and Philosophy of Science*, Amsterdam: North Holland, pp.595–605.

Gorman, W.M. (1980): "A Possible Procedure for Analysing Quality Differentials in the Egg Market," *Review of Economic Studies*, Vol.47, pp.843–856.

Gotoh, R. (2001) "The Capability Theory and Welfare Reform," *Pacific Economic Review*, Vol.6, pp.211–222.

Gotoh, R. and N. Yoshihara (1999): "A Game Form Approach to Theories of Distributive Justice —Formalizing Needs Principle", Harrie de Swart ed. *Logic, Game Theory and Social Choice, Proceedings of the International Conference, LGS '99, May 13–16, 1999*, Tilburg, Netherlands: Tilburg University Press.

Gotoh, R., Suzumura, K. and N. Yoshihara (2000): "On Procedurally Fair Allocation Rules in Economic Environments," Working Paper, The Institute of Economic Research, Hitotsubashi University.

Graaff, J. de V. (1957): *Theoretical Welfare Economics*, Cambridge: Cambridge University Press（南部鶴彦・前原金一訳『現代厚生経済学』創文社，1973 年）。

Gravel, N. (1994): "Can a Ranking of Opportunity Sets Attach an Intrinsic Importance to Freedom of Choice?" *American Economic Review: Papers and Proceedings*, Vol.84, pp.454–458.

Gravel, N. (1998): "Ranking Opportunity Sets on the Basis of Their Freedom of Choice and Their Ability to Satisfy Preferences: A Difficulty," *Social Choice and Welfare*, Vol.15, pp.371–382.

Hamada, K. (1973): "A Simple Majority Rule on the Distribution of Income," *Journal of Economic Theory*, Vol.6, pp.243–264.

Hammond, P.J. (1976): "Equity, Arrow's Conditions, and Rawls' Difference Principle," *Econometrica*, Vol.44, pp.793–804.

Hammond, P.J. (1979): "Equity in Two Person Situations: Some Consequences," *Econometrica*, Vol.47, pp.1127–1135.

Hammond, P.J. (1987): "Social Choice: the Science of the Impossible?" in Feiwel, G. R., ed., *Arrow and the Foundations of the Theory of Economic Policy*, London: Macmillan, pp.116–131.

Hansson, B. (1968): "Choice Structures and Preference Relations," *Synthese*, Vol.18, pp.443–458.

Hare, R.M. (1952): *The Language of Morals*, Oxford: Oxford University Press（小泉仰・大久保正健訳『道徳の言語』勁草書房，1982 年）．

Hare, R.M. (1963): *Freedom and Reason*, Oxford: Oxford University Press（山内友三郎訳『自由と理性』理想社，1982 年）．

Hare, R.M. (1981): *Moral Thinking*, Oxford: Oxford University Press（内井惣七・山内友三郎監訳『道徳的に考えること——レベル・方法・要点』勁草書房，1994 年）．

Harel, A. and S. Nitzan (1987): "The Libertarian Resolution of the Paretian Liberal Paradox," *Zeitschrift für Nationalökonomie*, Vol.47, pp.337–352.

Harsanyi, J.C. (1955): "Cardinal Welfare, Individualistic Ethics, and Interpersonal Comparisons of Utility," *Journal of Political Economy*, Vol.63, pp.309–321.

Harsanyi, J.C. (1976): *Essays in Ethics, Social Behaviour, and Scientific Explanation*, Dordrecht: Reidel.

Harsanyi, J.C. (1977): *Rational Behavior and Bargaining Equilibrium in Games and Social Situations*, New York: Cambridge University Press.

Hayek, F.A. von (1948): *Individualism and Economic Order*, Chicago: The University of Chicago Press.

Hayek, F.A. von (1960): *The Constitution of Liberty*, London: Routledge & Kegan Paul（気賀健三・古賀勝次郎訳『自由の条件 I——自由の価値』（ハイエク全集 5）春秋社，1987 年；同『自由の条件 II——自由と法』（ハイエク全集 6）春秋社，1987 年；同『自由の条件 III——福祉国家における自由』（ハイエク全集 7）春秋社，1988 年）．

Hayek, F.A. von (1973): *Rules and Order*, Vol.1 of *Law, Legislation and Liberty: A New Statement of the Liberal Principles of Justice and Political Economy*, Chicago: University of Chicago Press（矢島鈞次・水吉俊彦訳『法と立法と自由 I――ルールと秩序』（ハイエク全集8）春秋社，1987年）.

Hicks, J.R. (1939): "The Foundations of Welfare Economics," *Economic Journal*, Vol.49, pp.696–712.

Hicks, J.R. (1940): "The Valuation of the Social Income," *Economica*, Vol.7, pp.105–124.

Hicks, J.R. (1975): "The Scope and Status of Welfare Economics," *Oxford Economic Papers*, Vol.27, pp.307–326.

Hicks, J.R. (1981): *Wealth and Welfare*, Oxford: Basil Blackwell.

Hicks, J.R. and R.G.D. Allen (1934): "A Reconsideration of the Theory of Value," *Economica*, Vol.1, Part I, pp.52–76, Part II, pp.196–219.

Houthakker, H.S. (1950): "Revealed Preference and the Utility Function," *Economica*, N.S., Vol.17, pp.159–174.

Inada, K. (1964): "A Note on the Simple Majority Decision Rule," *Econometrica*, Vol.32, pp.525–531.

Inada, K. (1969): "The Simple Majority Decision Rule," *Econometrica*, Vol.37, pp.490–506.

Inada, K. (1970): "Majority Rule and Rationality," *Journal of Economic Theory*, Vol.2, pp.27–40.

Kalai, E. and D. Schmeidler (1977): "Aggregation Procedure for Cardinal Preferences: A Formulation and Proof of Samuelson's Conjecture," *Econometrica*, Vol.45, pp.1431–1438.

Kaldor, N. (1939): "Welfare Propositions in Economics and Interpersonal Comparisons of Utility," *Economic Journal*, Vol.49, pp.549–552.

Kelly, J.S. (1987): "An Interview with Kenneth J. Arrow," *Social Choice and Welfare*, Vol.4, pp.43–62.

Khan, H. (1993): "A Conversation with Amartya Sen," *The Voice of Bangladesh*, pp.19–24.

Klamer, A. (1989): "A Conversation with Amartya Sen," *Journal of Economic Literature*, Vol.3, Winter pp.135–150.

Knight, F.H. (1931): *The Ethics of Compoetition and Other Essays*, New York: Harper and Brothers.

Kolm, S.-Ch. (1969): "The Optimal Production of Social Justice," in Margolis, J. and H. Guitton, eds., *Public Ecoonomics*, London: Macmillan, pp.145–200.

Kolm, S.-Ch. (1971/1997): *Justice et Equité*, Paris: Editions du Centre National de la Recherche Scientifique. English Translation, *Justice and Equity*, Cambridge, Mass.: The MIT Press.

Kolm, S.-Ch. (1996): *Modern Theories of Justice*, Cambridge, Mass.: The MIT Press.

Kramer, G.H. (1973): "On a Class of Equilibrium Conditions for Majority Rule," *Econometrica*, Vol.41, pp.285–297.

Kramer, G.H. (1976): "A Note on Single Peakedness," *International Economic Review*, Vol.17, pp.498–502.

Lancaster, K. (1966): "A New Approach to Consumer Theory," *Journal of Political Economy*, Vol.74, pp.132–157.

Lancaster, K. (1971): *Consumer Demand: A New Approach*, New York: Columbia University Press.（桑原秀史訳,『消費者需要』千倉書房，1989 年）

Levin, J. and B. Nalebuff (1995): "An Introduction to Vote-Counting Schemes," *Journal of Economic Perspectives*, Vol.9, Winter, pp.3–26.

Lewis W. Arthur (1955), *The Theory of Economic Growth*, London: Allen & Unwin.

Little, I.M.D. (1952): "Social Choice and Individual Values," *Journal of Political Economy*, Vol.60, pp.422–32.

Little, I.M.D. (1950/1957): *A Critique of Welfare Economics*, Oxford: Clarendon Press, 1st ed., 1950; 2nd ed., 1957.

Little, I.M.D. (1999): *Collection and Recollections: Economic Papers and Their Provenance*, Oxford: Clarendon Press.

Majumdar, T. (1998): "Amartya Sen in Search of Impure Welfare Economics: Finding New Space," *Economic and Political Weekly*, November 7, pp.2860–2862.

Malinvaud, E., Millerson, J.-C., Nabli, M.K., Sen, A.K., Sengupta, A., Stern, N., Stiglitz, J. E. and K. Suzumura (1997): *Development Strategy and Management of the Market Economy*, Vol.I, Oxford: Clarendon Press.

May, K.O. (1952): "A Set of Independent Necessary and Sufficient Conditions for Simple Majority Decision," *Econometrica*, Vol.20, pp.680–684.

Mill, J.S. (1859): *On Liberty*, reprinted in M. Warnock, ed., *Utilitarianism*, London: Fontana, 1973（早坂忠訳『自由論』［関嘉彦責任編集『ベンサム，J.S. ミル』（世界の名著 38）］中央公論社，1967 年).

Mill, J.S. (1861): *Utilitarianism*, reprinted in M. Warnock, ed., *Utilitarianism*, London:

Fontana, 1973(伊原吉之助訳『功利主義論』[関嘉彦責任編集『ベンサム,J.S. ミル』(世界の名著 38)]中央公論社,1967 年).

Mishan, E.J. (1960): "A Survey of Welfare Economics, 1939-59," *Economic Journal*, Vol.70, pp.197–265.

Moulin, H. (1988): *Axioms of Cooperative Decision Making*, Cambridge: Cambridge University Press.

Mueller, D.C. (1989): *Public Choice II: A Revised Edition of Public Choice*, Cambridge, UK: Cambridge University Press.

Nagel, T. (1986): *The View From Nowhere*, Oxford: Clarendon Press.

Nozick, R. (1974): *Anarchy, State and Utopia*, Oxford: Basil Blackwell(嶋津格訳『アナーキー・国家・ユートピア:国家の正当性とその限界』木鐸社,1985–89 年).

Nozick, R. (1989): *The Examined Life*, New York: Simon and Schuster(井上章子訳『生のなかの螺旋』青土社,1993 年).

Nussbaum, M. (1988): "Nature, Function, and Capability: Aristotle on Political Distribution," *Oxford Studies in Ancient Philosophy*, Supplementary Volume, pp.145–184.

Nussbaum, M. (1990): "Aristotelian Social Democracy," in R. Bruce Douglas, Gerald M. Mara, and Henry S. Richardson, eds., *Liberalism and the Good*, London: Routledge, pp.203–252

Nussbaum, M.C. and A.K. Sen, eds. (1993): *The Quality of Life*, Oxford: Clarendon Press.

Pareto, V. (1909): *Manuel d'Ecoonomie Politique*. Paris: Girard & Briere. English translation, *Manual of Political Economy*. London: Macmillan, 1971.

Pattanaik, P.K. (1971): *Voting and Collective Choice*, Cambridge: Cambridge University Press.

Pattanaik, P.K. (1994): "Rights and Freedom in Welfare Economics," *European Economic Review*, Vol.38, pp.731–738.

Pattanaik, P.K. (1996): "On Modelling Individual Rights: Some Conceptual Issues," in Arrow, K.J., Sen, A.K. and K. Suzumura, eds., *Social Choice Re-examined*, London: Macmillan, pp.100–128.

Pattanaik, P.K. and K. Suzumura (1994): "Rights, Welfarism and Social Choice," *American Economic Review: Papers and Proceedings*, Vol.84, pp.435–439.

Pattanaik, P.K. and K. Suzumura (1996): "Individual Rights and Social Evaluation: A Conceptual Framework," *Oxford Economic Papers*, Vol.48, pp.194–212.

Pattanaik, P.K. and Y. Xu (1990): "On Ranking Opportunity Sets in Terms of Freedom of Choice," *Recherches Economiques de Louvain*, Vol.56, pp.383–390.

Pazner, E. and D. Schmeidler (1974): "A Difficulty in the Concept of Fairness," *Review of Economic Studies*, Vol.41, pp.441–443.

Pazner, E. and D. Schmeidler (1978): "Egalitarian Equivalent Allocations: A New Concept of Economic Equity," *Quarterly Journal of Economics*, Vol.92, pp.671–687.

Peleg, B. (1998): "Effectivity Functions, Game Forms, Games, and Rights," *Social Choice and Welfare*, Vol.15, pp.67–80.

Pigou, A.C. (1920): *The Economics of Welfare*, London: Macmillan. 4th ed., 1952（永田清・気賀健三訳『厚生経済学』全4巻，東洋経済新報社，1973–1975年）。

Plott, C.R. (1973): "Path Independence, Rationality, and Social Choice," *Econometrica*, Vol.41, pp.1075–1091.

Ravallion, M. (1987): *Markets and Famines*, Oxford: Clarendon Press.

Rawls, J. (1958): "Justice as Fairness," *Philosophical Review*, Vol.67, pp.164–194. Reprinted in Freeman (1999, pp.47–72).

Rawls, J. (1967): "Distributive Justice," in Laslett, P. and W. G. Runciman, eds., *Philosophy, Politics, and Society*, 3rd Series, Oxford: Blackwell, pp.58–82. Reprinted in Freeman (1999, pp.130–153).

Rawls, J. (1968): "Distributive Justice: Some Addenda," *Natural Law Forum*, Vol.13, pp.51–71. Reprinted in Freeman (1999, pp.154–175).

Rawls, J. (1971): *A Theory of Justice*, Cambridge, Mass.: Harvard University Press. （矢島鈞次監訳『正義論』紀伊國屋書店，1979年）．

Rawls, J. (1993): *Political Liberalism*, New York: Columbia University Press.

Raz, J. (1984a): "On the Nature of Rights," *Mind*, Vol.43, pp.194–214.

Raz, J. (1984b): "Legal Rights," *Oxford Journal of Legal Studies*, Vol.4, pp.1–21.

Raz, J. (1986): *The Morality of Freedom*, Oxford: Oxford University Press.

Raz, J. (1992): "Rights and Individual Well-Being," *Ratio Juris*, Vol.5, pp.127–142.

Richter, M.K. (1966): "Revealed Preference Theory," *Econometrica*, Vol.34, pp.635–645.

Richter, M.K. (1971): "Rational Choice," in Chipman, J.S., Hurwicz, L., Richter, M.K. and H.F. Sonnenschein, eds., *Preferences, Utility, and Demand*, New York: Harcourt Brace Jovanovich, pp.29–58.

Robbins, L. (1932): *An Essay on the Nature and Significance of Economic Science*,

London: Macmillan; 2nd ed., 1935

Robbins, L. (1935): *An Essay on the Nature and Significance of Economic Science*, 2nd ed., London: Macmillan（中山伊知郎監修，辻六兵衛訳『経済学の本質と意義』東洋経済新報社，1957 年）．

Robbins, L. (1938): "Interpersonal Comparisons of Utility," *Economic Journal*, Vol.48, No.192, pp.635–641.

Robbins, L. (1961): "Hayek on Liberty," *Economica*, Vol.28, pp.66–81.

Robbins, L. (1981): "Economics and Political Economy," *American Economic Review*, Vol.71, pp.1–10.

Roberts, K.W.S. (1980a): "Possibility Theorems with Interpersonally Comparable Welfare Levels," *Review of Economic Studies*, Vol.47, pp.409–420.

Roberts, K.W.S. (1980b): "Interpersonal Comparability and Social Choice Theory," *Review of Economic Studies*, Vol.47, pp.421–439.

Roemer, J.E. (1996): *Theories of Distributive Justice*, Cambridge, Mass.: Harvard University Press.（木谷忍・川本隆史訳『分配的正義の理論：経済学と倫理学の対話』，木鐸社，2001 年）．

Samuelson, P.A. (1938): "A Note on the Pure Theory of Consumer's Behaviour," *Economica*, N.S., Vol.26, pp.121–127.

Samuelson, P.A. (1947): *Foundations of Economic Analysis*, enlarged 2nd ed., Cambridge, Mass.: Harvard University Press, 1983（佐藤隆三［初版］訳『経済分析の基礎』勁草書房，1967 年）．

Samuelson, P.A. (1950a): "The Evaluation of Real National Income," *Oxford Economic Papers*, Vol.2, pp.1–29.

Samuelson, P.A. (1950b): "The Problem of Integrability in Utility Theory," *Economica*, N.S., Vol.17, pp.355–385.

Samuelson, P.A. (1967): "Arrow's Mathematical Politics," in Hook, S., ed., *Human Values and Economic Policy*, New York: New York University Press, pp.41–51.

Samuelson, P.A. (1974): "Complementality: An Essay on the 40th Anniversary of the Hicks–Allen Revolution in Demand Theory," *Journal of Economic Literature*, Vol.12, pp.1255-1289.

Samuelson, P.A. (1981): "Bergsonian Welfare Economics," in Rosefielde, S., ed., *Economic Welfare and the Economics of Soviet Socialism: Essays in Honor of Abram Bergson*, Cambridge, Mass.: Cambridge University Press, pp.223–266.

Scanlon, T.M. (1975): "Preference and Urgency," *Journal of Philosophy*, Vol.72, pp.655–669.

Scanlon, T.M. (1982): "Contractarianism and Utilitarianism," in Sen and Williams (1982).

Scanlon, T.M. (1998): *What We Owe to Each Other*, Cambridge, Mass.: The Belknap Press of Harvard University Press.

Schumpeter, J.A. (1942): *Capitalism, Socialism and Democracy*, New York: Harper & Brothers（中山伊知郎・東畑精一訳『資本主義・社会主義・民主主義』全3巻, 東洋経済新報社, 1951–1952年）.

Schumpeter, J.A. (1954): *History of Economic Analysis*, ed. from manuscript by Elizabeth Boody Schmpeter, New York: Oxford University Press（東畑精一訳『経済分析の歴史』全7巻, 岩波書店 1955-1962年）.

Scitovsky, T. (1941): "A Note on Welfare Propositions in Economics," *Review of Economic Studies*, Vol.9, pp.77–88.

Sen, A.K. (1962): *Choice of Techniques: an aspect of the theory of planned economic development*, Oxford: Basil Blackwell.

Sen, A.K. (1966): "A Possibility Theorem on Majority Decisions," *Econometrica*, Vol.34, pp.491–499.

Sen, A.K. (1967): "The Nature and Classes of Prescriptive Judgements," *Philosophical Quarterly*, Vol.17, pp.46–62.

Sen, A.K. (1969): "Quasi-Transitivity, Rational Choice and Collective Decisions," *Review of Economic Studies*, Vol.36, pp.381–393.

Sen, A.K. (1970a): *Collective Choice and Social Welfare*, San Francisco: Holden-Day. Republished, Amsterdam: North-Holland, 1979（志田基与師監訳『集合的選択と社会的厚生』勁草書房, 2000年）.

Sen, A.K. (1970b): "The Impossibility of a Paretian Liberal," *Journal of Political Economy*, Vol.78, pp.152–157.

Sen, A.K. (1970c): "Interpersonal Aggregation and Partial Comparability," *Econometrica*, Vol.38, pp.393–409. "A Correction," *Econometrica*, Vol.40, 1972, p.959.

Sen, A.K. (1971): "Choice Functions and Revealed Preference," *Review of Economic Studies*, Vol.38, pp.307–317.

Sen, A.K. (1973): "Behaviour and the Concept of Preference," *Economica*, N.S., Vol.40, pp.241–259.

Sen, A.K. (1976a): "Liberty, Unanimity and Rights," *Economica*, N.S., Vol.43, pp.217–245.

Sen, A.K. (1976b): "Poverty: An Ordinal Approach to Measurement," *Econometrica*, Vol.44, pp.219–231.

Sen, A.K. (1977a): "Social Choice Theory: A Re-Examination," *Econometrica*, Vol.45, pp.53–89.

Sen, A.K. (1977b): "On Weights and Measures: Informational Constraints in Social Welfare Analysis," *Econometrica*, Vol.45, pp.1539–1572.

Sen, A.K. (1977c): "Rational Fools: A Critique of the Behavioural Foundations of Economic Theory," *Philosophy and Public Affairs*, Vol.6, pp.317–344.

Sen, A.K. (1979a): "Utilitarianism and Welfarism," *Journal of Philosophy*, Vol.76, pp.463–489.

Sen, A.K. (1979b): "Personal Utilities and Public Judgements: Or What's Wrong with Welfare Economics?" *Economic Journal*, Vol.89, pp.537–558.

Sen, A.K. (1979c): "Interpersonal Comparisons of Welfare," in Boskin, M.J., ed., *Economics and Human Welfare: Essays in Honor of Tibor Scitovsky*, New York: Academic Press, pp.183–201.

Sen, A.K. (1980): "Equality of What?" in McMurrin, S., ed., *The Tanner Lecture on Human Values*, Vol.1, Salt Lake City: University of Utah Press, pp.194–220.

Sen, A.K. (1980-81): "Plural Utility," *Proceedings of the Aristotelian Society*, Vol.80, pp.193–215.

Sen, A.K. (1981a): *Poverty and Famine: An Essay on Entitlement and Deprivation*, Oxford: Clarendon Press（黒崎卓・山崎幸治訳『貧困と飢饉』岩波書店，2000 年）.

Sen, A.K. (1981b): "Public Action and the Quality of Life in Developing Countries," *Oxford Bulletin of Economics and Statistics*, Vol.43, pp.287–319.

Sen, A.K. (1981c): "Ethical Issues in Income Distribution: National and International," in Grassman, S. and E. Lundberg, eds., *The World Economic Order: Past and Prospects*, London: Macmillan, pp.464–494.

Sen, A.K. (1982): *Choice, Welfare and Measurement*, Oxford: Basil Blackwell（大庭健・川本隆史抄訳『合理的な愚か者――経済学＝倫理学的探求』勁草書房，1989 年）.

Sen, A.K. (1983a): "Liberty and Social Choice," *Journal of Philosophy*, Vol.80, pp.5–28.

Sen, A.K. (1983b): "The Profit Motive," *Lloyds Bank Review*, No.147, pp.1–20.

Sen, A.K. (1983c): "Poor, Relatively Speaking," *Oxford Economic Papers*, Vol.35, pp.153–169.

Sen, A.K. (1984): *Resources, Values and Development*, Oxford: Basil Blackwell.

Sen, A.K. (1985a): *Commodities and Capabilities*, Amsterdam: North-Holland（鈴村興

太郎訳『福祉の経済学——財と潜在能力』岩波書店，1988 年).

Sen, A.K. (1985b): "Well-being, Agency and Freedom: The Dewey Lectures 1984," *Journal of Philosophy*, Vol.82, pp.169–221.

Sen, A.K. (1985c): "Rights and Capabilities," in Honderrich, T., ed., *Morality and Objectivity: A Tribute to J. L. Mackie*, London: Routledge & Kegan Paul, pp.130–148.

Sen, A.K. (1985d): "Goals, Commitment, and Identity," *Journal of Law, Economics, and Organizations*, Vol.1, pp.341–355.

Sen, A.K. (1985e): "A Sociological Approach to the Measurement of Poverty: A Reply to Professor Peter Townsend," *Oxford Economic Papers*, Vol.37, pp.669-676.

Sen, A.K. (1986a): "Information and Invariance in Normative Choice," in Heller, W.P., Starr, R.M. and D.A. Starrett, eds., *Social Choice and Public Decision Making: Essays in Honor of Kenneth J. Arrow*, Vol.I, pp.29–55.

Sen, A.K. (1986b): "Welfare Economics and the Real World," *Acceptance Paper: The Frank E. Seidman Distinguished Award in Political Economy*, Memphis, Tennessee: P.K. Seidman Foundation.

Sen, A.K. (1986c): "Social Choice Theory," in Arrow, K.J. and M. Intrilligator, eds., *Handbook of Mathematical Economics*, Vol.III, Amsterdam: North-Holland, pp.1079–1181.

Sen, A.K. (1987): *On Ethics and Economics*, Oxford: Basil Blackwell.

Sen, A.K. (1988a): "Rights as Goals," in Guest, S. and A. Milne, eds., *Equality and Discrimination: Essays in Freedom and Justice*, Stuttgart: Franz Steiner, pp.11-25,

Sen, A.K. (1988b): "Property and Hunger," *Economics and Philosophy*, Vol.4, pp.57–68.

Sen, A.K. (1988c): "Freedom of Choice: Concept and Content," *European Economic Review*, Vol.32, pp.269–294.

Sen, A.K. (1988d): "The Concept of Development," in Chenery, H., Srinivasan, T. N. and P. Streeten, eds., *Handbook of Development Economics*, Vol.I, Amsterdam: North-Holland, pp.9–26.

Sen, A.K. (1989): "Economic Methodology: Heterogeneity and Relevance," *Social Research*, Vol.56, pp.299–329.

Sen, A.K. (1990a): "Individual Freedom as a Social Commitment," *The New York Review of Books*, June 14, pp.49–54（川本隆史訳「社会的コミットメントとしての個人の自由」『みすず』358 号（1991 年 1 月号），pp.68–87).

Sen, A.K. (1990b): "Justice: Means versus Freedoms," *Philosophy and Public Affairs*, Vol.19, pp.111–121.

Sen, A.K. (1991): "Welfare, Preference and Freedom," *Journal of Econometrics*, Vol.50, pp.15–29.

Sen, A.K. (1992a): *Inequality Reexamined*, Cambridge, Mass.: Harvard University Press.（池本幸生・野上裕生・佐藤仁訳『不平等の再検討：潜在能力と自由』岩波書店, 1999 年）.

Sen, A.K. (1992b): "Minimal Liberty," *Economica*, N.S., Vol.59, pp.139–159.

Sen, A.K. (1993a): "Positional Objectivity," *Philosophy and Public Affairs*, Vol.22, pp.126–145.

Sen, A.K. (1993b): "Sukhamoy Chakravarty: An Appreciation," in Basu, K., Majumdar, M. and T. Mitra, eds., *Capital, Investment and Development: Essays in Memory of Sukhamoy Chakravarty*, Oxford: Blackwell, pp.xi–xx.

Sen, A.K. (1993c): "Markets and Freedoms: Achievements and Limitations of the Market Mechanism in Promoting Individual Freedoms," *Oxford Economic Papers*, Vol.45, pp.519–541.

Sen, A.K. (1993d): "Capability and Well-Being," in Nussbaum, M. and A.K. Sen, eds., *The Quality of Life*, Oxford: Clarendon Press, pp.30–53.

Sen, A.K. (1994a): "Freedom and Needs," *The New Republic*, January 10 & 17, pp.31–38.

Sen, A.K. (1994b): "Markets and the Freedom to Choose," in Siebert, H., ed., *The Ethical Foundations of the Market Economy*, Tübingen: J.C.B. Mohr, pp.123–138.

Sen, A.K. (1995a): "Rationality and Social Choice," *American Economic Review*, Vol.85, pp.1–24.

Sen, A.K. (1995b): "Demography and Welfare Economics," *Empirica*, Vol.22, pp.1–21.

Sen, A.K. (1995c): "How to Judge Voting Schemes," *Journal of Economic Perspectives*, Vol.9, Winter, pp.91–98.

Sen, A.K. (1995d): "The Political Economy of Targeting," in van de Walle, D. and K. Nead, eds., *Public Spending and the Poor: Theory and Evidence*, Baltimore: The Johns Hopkins University Press, pp.11–24.

Sen, A.K. (1996a): "Our Culture, Their Culture," *The New Republic*, April 1, pp.27–34.

Sen, A.K. (1996b): "Legal Rights and Moral Rights: Old Questions and New Problems," *Ratio Juris*, Vol.9, pp.153–167.

Sen, A.K. (1997a): *On Economic Inequality*, expanded edition with a substantial annexe by James E. Foster and Amartya K. Sen, Oxford: Clarendon Press（鈴村興太郎・須賀晃一訳『不平等の経済学』東洋経済新報社，2000 年）．

Sen, A.K. (1997b): "Objectivity and Position," The Lindley Lecture, Department of Philosophy, University of Kansas.

Sen, A.K. (1997c): "Maximization and the Act of Choice," *Econometrica*, Vol.65, pp.745–779.

Sen, A.K. (1997d): "Tagore and His India," *The New York Review of Books*, Vol.XLIV, No.11, June 26, pp.55–63.

Sen, A.K. (1997e): "Individual Preference as the Basis of Social Choice," in Arrow, Sen and Suzumura (1997)

Sen, A.K. (1999a): *Reason Before Identity, The Romanes Lecture for 1998*, Oxford: Oxford University Press.

Sen, A.K. (1999b): *Development as Freedom*, New York: Alfred A. Knopf（石塚雅彦訳『自由と経済開発』日本経済新聞社，2000 年）．

Sen, A.K. (1999c): "The Possibility of Social Choice," *American Economic Review*, Vol.89, pp.349–378.

Sen, A.K. (2000): "Merit and Justice," in Arrow, K., Bowles, S. and S. Durlauf, eds., *Meritocracy and Economic Inequality*, Princeton: Princeton University Press, pp.5–16.

Sen, A.K. and P.K. Pattanaik (1969): "Necessary and Sufficient Conditions for Rational Choice under Majority Decision," *Journal of Economic Theory*, Vol.1, pp.178–202.

Sen, A.K. and B. Williams, eds. (1982): *Utilitarianism and Beyond*, Cambridge: Cambridge University Press.

Shorrocks, A.F. (1983): "Ranking Income Distributions," *Economica*, Vol.50, pp.3–17.

Shorrocks, A.F. and D.J. Slottje (1995): "Approximating Unanimity Orderings: An Application to Lorenz Dominance," Discussion Paper, University of Essex.

Smith, A. (1959): *The Theory of Moral Sentiments*, London: printed for A. Millar, in the Strand, and A. Kincaid and J. Bell, in Edinburgh. Reprinted 1969: New Rochelle, New York: Arlington House（水田洋訳『道徳感情論』筑摩書房，1973 年）．

Solow, R.M. (1987): "James Meade at Eighty," *Economic Journal*, Vol.97, pp.986–988.

Srinivasan, T.N. (1994): "Human Development: A New Paradigm or Reinvention of the Wheel?" *American Economic Review: Papers and Proceedings*, Vol.84, pp.238–243.

Sugden, R. (1985): "Liberty, Preference, and Choice," *Economics and Philosophy*, Vol.1, pp.213–229.

Sugden, R. (1986): *The Economics of Rights, Co-operation and Welfare*, Oxford: Basil Blackwell.

Sugden, R. (1989): "Spontaneous Order," *Journal of Economic Perspectives*, Vol.3, pp.85–97.

Sugden, R. (1993): "Welfare, Resources, and Capabilities: A Review of *Inequality Reexamined* by Amartya Sen," *Journal of Economic Literature*, Vol.31, pp.1947–1962.

Sugden, R. (1998): "The Metric of Opportunity," *Economics and Philosophy*, Vol.14, pp.307–337.

Suppes, P. (1966): "Some Formal Models of Grading Principle," *Synthese*, Vol.6, pp.284–306.

Suppes, P. (1977): "The Distributive Justice of Income Inequality," *Erkenntnis*, Vol.11, pp.233–250.

Suzumura, K. (1976): "Rational Choice and Revealed Preference," *Review of Economic Studies*, Vol.43, pp.149-158.

Suzumura, K. (1977): "Houthakker's Axiom in the Theory of Rational Choice," *Journal of Economic Theory*, Vol.14, pp.284–290.

Suzumura, K. (1978/1979): "On the Consistency of Libertarian Claims," *Review of Economic Studies*, Vol.45, pp.329–42. "A Correction," *Review of Economic Studies*, Vol.46, p.743.

Suzumura, K. (1980a): "On Distributional Value Judgements and Piecemeal Welfare Criteria", *Economica*, Vol.47, pp.125–139.

Suzumura, K. (1980b): "Liberal Paradox and the Voluntary Exchange of Rights Exercising," *Journal of Economic Theory*, Vol.22, pp.407–422.

Suzumura, K. (1981a): "On the Possibility of Fair Collective Choice Rule," *International Economic Review*, Vol.22, 1981, pp.307–320.

Suzumura, K. (1981b): "On Pareto–Efficiency and the No–Envy Concept of Equity," *Journal of Economic Theory*, Vol.25, 1981, pp.367–379.

Suzumura, K. (1982): "Equity, Efficiency and Rights in Social Choice," *Mathematical Social Sciences*, Vol.3, pp.131–55.

Suzumura, K. (1983): *Rational Choice, Collective Decisions and Social Welfare*, New York: Cambridge University Press.

Suzumura, K. (1987): "Social Welfare Function," in Eatwell, J., Milgate, M. and P. Newman, eds., *The New Palgrave: A Dictionary of Economics*, Vol.4, London: Macmillan, 1987, pp.418-420.

Suzumura, K. (1990): "Alternative Approaches to Libertarian Rights in the Theory of Social Choice," in Arrow, K. J., ed., *Markets and Welfare. Issues in Contemporary Economics*, Vol.1, London: Macmillan, pp.215–242.

Suzumura, K. (1991): "On the Voluntary Exchange of Libertarian Rights," *Social Choice and Welfare*, Vol.8, pp.199–206.

Suzumura, K. (1996a): "Welfare, Rights, and Social Choice Procedure: A Perspective," *Analyse & Kritik*, Vol.18, pp.20–37.

Suzumura, K. (1996b): "Interpersonal Comparisons of the Extended Sympathy Type and the Possibility of Social Choice," in Arrow, K.J., Sen, A.K. and K. Suzumura, eds., *Social Choice Re-examined*, Vol.2, London: Macmillan, pp.200–227.

Suzumura, K. (1999a): "Consequences, Opportunities, and Procedures," *Social Choice and Welfare*, Vol.16, pp.17–40.

Suzumura, K. (1999b): "Paretian Welfare Judgements and Bergsonian Social Choice," *Economic Journal*, Vol.109, pp.204–220.

Suzumura, K. (1999c): "Consequentialism and Procedural Evaluations in Social Welfare Judgements," in Sato, R., Ramachandran, R.V. and K. Mino, eds., *Global Competition and Integration*, Boston: Kluwer Academic Publishers, 1999, pp.65–81.

Suzumura, K. (1999d): "Welfare Economics and the Welfare State," *Review of Population and Social Policy*, Vol.8, pp.119–138.

Suzumura, K. (2000a): "Welfare Economics Beyond Welfarist-Consequentialism," *Japanese Economic Review*, Vol.51, pp.1–32.

Suzumura, K. (2000b): "On the Concept of Procedural Justice," Presidential Address delivered at the Fifth World Meeting of the Society for Social Choice and Welfare, Alicante, Spain. Forthcoming in *Social Choice and Welfare*.

Suzumura, K. and Y. Xu (2000a): "Characterizations of Consequentialism and Non-Consequentialism," Forthcoming in *Journal of Economic Theory*.

Suzumura, K. and Y. Xu (2000b): "Welfarist-Consequentialism, Similarity of Attitudes, and Arrow's General Impossibility Theorem," Forthcoming in *Social Choice and Welfare* (Special Issue on *Non-Welfaristic Issues in Normative Economics*).

Theil, H. (1967): *Economics and Information Theory*, Amsterdam; North-Holland.

Thomson, W. and H.R. Varian (1985): "Theories of Justice Based on Symmetry," in Hurwicz, L., Schmeidler, D. and H. Sonnenchein, eds., *Social Goals and Social Organization: Essays in Memory of Elisha Pazner*, Cambridge: Cambridge University Press, pp.107–129.

Townsend, P. (1985): "A Sociological Approach to the Measurement of Poverty: A Rejoinder to Professor Amartya Sen," *Oxford Economic Papers*, Vol.37, pp.659–668.

Van Hees, M. (1999): "Liberalism, Efficiency, and Stability: Some Possibility Results," *Journal of Economic Theory*, Vol.88, pp.294–309.

Varian, H.R. (1974): "Equity, Envy and Efficiency," *Journal of Economic Theory*, Vol.9, pp.61–91.

Varian, H.R. (1975): "Distributive Justice, Welfare Economics, and the Theory of Fairness," *Philosophy and Public Affairs*, Vol.4, pp.223–247.

Williams, B. (1985): *Ethics and Limits of Philosophy*, London: Fontana.

Wriglesworth, J. (1982): *Libertarian Conflicts in Social Choice*, Cambridge: Cambridge University Press.

石川文康 (1995):『カント入門』[ちくま新書] 筑摩書房.

奥野正寛・鈴村興太郎 (1985/1988):『ミクロ経済学』(全 2 巻) 岩波書店.

川本隆史 (1995):『現代倫理学の冒険――社会理論のネットワーキングへ』創文社.

川本隆史 (1997):『ロールズ――正義の原理』講談社.

菊池勇夫 (2000):『飢饉』[集英社新書] 集英社.

後藤玲子 (1994):「『常識的規則』のウェイト付けによるロールズ格差原理の定式化」『一橋論叢』第 112 巻第 6 号, pp.155–174.

後藤玲子 (1996):「ロールズ正義論における多元的民主主義の構想――センの 2 つの『自由』概念との比較分析」『一橋論叢』第 115 巻第 6 号, pp.86–102.

後藤玲子 (1999)「社会保障と潜在能力理論」『経済セミナー』, Vol.530, pp.25–30.

後藤玲子 (2000)「自由と必要――「必要に応ずる分配」の規範経済学的分析」『季刊社会保障研究』36.1, 38–55.

佐藤　仁 (1997):「開発援助における生活水準の評価――アマルティア・センの方法とその批判」『アジア研究』第 43 巻第 3 号, pp.1–31.

塩野谷祐一 (1984):『価値理念の構造――効用対権利』東洋経済新報社.

嶋津格 (1985):『自生的秩序――ハイエクの法理論とその基礎』木鐸社.

鈴村興太郎 (1982):『経済計画理論』筑摩書房.

鈴村興太郎 (1992):「厚生と権利――《社会的選択論》からのアプローチ」『経済研究』第 43 巻第 1 号, pp.39–55.

鈴村興太郎 (Winter 1993):「アマルティア・セン」社会保障研究所 (編)『社会保障理論とその周辺：海外の研究者たち』(『海外社会保障情報』第 105 号), pp.71–80. 社会保障研究所 (編)『社会保障論の新潮流』有斐閣, 1995 年, pp.197–211 に再録.

鈴村興太郎 (1996):「厚生・権利・社会的選択」『経済研究』第 47 巻第 1 号（1996 年 1 月号），pp.64–79.

鈴村興太郎 (1998a):「貿易政策・措置の《公平性》と GATT/WTO 整合性」『貿易と関税』1998 年 4 月号，pp.78–88.

鈴村興太郎 (1998b):「機能・福祉・潜在能力——センの規範的経済学の基礎概念」『経済研究』第 49 巻第 3 号（1998 年 7 月号），pp.193–203.

鈴村興太郎 (1998c):「ノーベル経済学賞のセン教授：経済学の倫理的側面に光」『日本経済新聞』1998 年 10 月 30 日号.

鈴村興太郎 (1998d):「アマーティア・センの人と業績」『日本経済研究センター会報』1998 年 11 月 15 号，pp.32–33.

鈴村興太郎 (1999):「厚生経済学と福祉国家」『季刊社会保障研究』第 35 巻，第 1 号，pp.24–37.

鈴村興太郎 (2000):「厚生主義的帰結主義・選択の内在的価値・手続き的衡平性」岡田章・神谷和也・黒田昌裕・伴金美（編）『現代経済学の潮流』東京経済新報社，pp.3–42.

鈴村興太郎・吉原直毅 (2000):「責任と補償：厚生経済学の新しいパラダイム」『経済研究』第 51 巻第 1 号（2000 年 4 月号），pp.162–184.

長谷川晃 (1991):『権利・価値・共同体』（法哲学叢書 2），弘文堂.

森村進 (2001):『自由はどこまで可能か——リバタリアニズム入門』［講談社 現代新書］講談社.

渡辺幹雄 (1996):『ハイエクと現代自由主義——「反合理主義的自由主義」の諸相』春秋社.

渡辺幹雄 (1998):『ロールズ正義論の行方——その全体系の批判的考察』春秋社.〈増補新装版〉2000 年.

事項索引

あ

アトキンソン測度　74, 83–85
アトキンソンの定理　90–92
在り方　175, 178, 179, 186–189, 218
R-最大集合　47, 64
アローの社会的厚生関数　41–43, 46, 47, 53
アローの選択公理　51
暗黙の結託　168

い

生き方　175, 178, 179, 186–189, 218
一般化された均等分配等価所得　84
一般化されたローレンツ曲線　92
一般不可能性定理　6, 15, 19–21, 27, 40, 41, 43, 45, 46, 54, 58, 60, 69, 86, 104
意図されざる帰結　243, 244
意図された変化　243

お

お節介な個人　117, 118
重み付け　73, 76, 95, 98, 100, 229, 241

か

確証型の支配的ランキング　95
拡大に関する整合性　52
拡張された選好順序　132
可測性　56, 146
価値制限性（条件）　66, 67
価値の擬似市場的な交換システム　154
価値判断　14
加法的分離性　84
カルドア補償原理　13
慣習　245
関心ある個人　65
完全競争　191
完全な自律　159
完全な手続き的正義　136

寛大　166
完備性　29, 34, 258

き

飢餓　203, 206–208
機会　183, 192, 271
機会集合　47, 49, 106, 114, 131, 132, 135
飢饉　203, 204, 206–208, 229, 274, 276
帰結　23, 71, 106, 124, 189
——関数　136
——主義　23, 24, 103, 106, 130–133, 151, 152, 170
——的観点　106, 254, 255, 261
——的特性　191
——道徳律　136, 137
記述的な不平等の測度　73
基数性　55, 107
——的可測性　55
——的な完全比較可能性　56, 58
——的な単位比較可能（性）　56, 94
——的な比較不可能性　56
期待効用最大化定理　160
機能　8, 24, 107, 174, 175, 177–180, 185–187, 189, 198, 199, 218, 219, 223, 225, 228
——空間　195
規範原理の情報的基礎　130
規範的アプローチ　10, 12
規範的経済学　181
規範的な不平等（の）測度　74, 82
規模に関する不変性　213, 215
基本的（価値）判断　97, 98
基本的必要　193
義務論　106, 122, 153
《旧》厚生経済学　11, 12, 14, 15, 20, 23, 28, 55, 107, 169, 181, 185
強移転性　213–215
境界線変動型の貧困順序　217, 218
狭義の選好関係　30
強制的（な）判断　93, 94, 96–98
競争市場　193

競争的市場メカニズム　190–192, 230, 231, 243, 245
共通善　247
共通部分アプローチ　77
共通部分準順序　77, 95
共同体　227, 232, 233, 246, 247, 249
——的自我　239, 247
共有された人間性　266
極端な帰結主義者　132
極端な非帰結主義者　132
極論制限性（条件）　66, 67
許容型の支配的ランキング　95
緊急性　150
均衡概念　253, 261
均等分配所得　81
均等分配等価所得　82

く

繰り返しゲーム　129

け

経済環境　256, 261
経済計画論争　191
経済的便益　225, 226
経済発展　25, 225
経路独立性　49, 50, 53
ケーキ分配の問題　62
結果　271
結果関数　124, 253, 254
決定的　43–45
ゲーム　124, 251, 252
——形式　123, 124, 136, 260–262, 264
——形式の権利論　105, 126
権原　25, 71, 192, 205, 206, 218, 219, 222, 224–226
——アプローチ　202, 203, 218, 219
——関係　205
——関係のネットワーク　206
——システム　206
——理論　94
顕示選好の弱公理　181

顕示選好理論　181
原初状態　138, 144, 149, 250, 276
限定的合意　66
限定的合意条件　67
権利基底性　153
権利の重み（付け）　153, 154, 157
権利の間接的行使　123
権利の私的交換　155, 156
原理対立的（な）批判　109, 116, 125

こ

行為主体性　222, 223, 225
行為主体的自由　25, 199, 222–225, 259
好意的処遇の譲許　275
交易　204
交換権原　204
——写像　204, 205
広義の社会状態　135
公共善　230, 236, 237, 239, 251
公共的討論　163, 227–229, 240, 241, 245, 255
公共的な価値　245, 246
公共的な観点　252
公共的な支持　240
公共的判断　143, 158, 255–258, 263, 277
貢献　72
公正　98, 99, 142, 145, 149, 254
——な手続き　158
——性　158
厚生　106, 180, 223
——経済学　8–10, 19–24, 145
——経済学の基本定理　12, 165, 191
——主義　23, 24, 93, 103, 130, 148, 150, 153
——主義的帰結主義　104–108, 110–112, 115, 125, 137, 138
——の機会の平等　265, 267
——の個人間比較　21
——の単調性　212
——の平等論　210
構成主義　239, 242
——的方法　144
広範性　32, 41, 53

幸福　269
衡平性　63
——の弱公理　83, 94, 101, 144
公平な観察者　166
効用　173–175, 177, 178, 180, 182, 185, 186, 188, 192
——に支援された道徳　151
公理　101
公理 α　51, 52
——主義　18, 100, 143, 202
合理化　48
功利主義　11, 81–83, 93, 101, 146–151, 159, 168, 169, 181, 237
——者　109
——順序　57, 58
——的道徳判断　98
合理主義的アプローチ　242, 243
合理性　21, 27, 31, 29, 50, 158
合理的選択関数　48, 50
合理的（な）愚か者　104, 127, 138, 144, 164, 167, 171
合理的な自律　158
個人間比較可能性　55, 56, 107, 146
個人間比較不可能性　103
個人主義的な社会的厚生関数　80, 81, 84
個人的基本財　182
個人的責任　265, 266
——と就労機会調停法　265
古典的な経済環境　191
コミットメント　24, 128, 129, 144, 165, 168, 280
コミュニタリアン　26, 239, 246, 247, 249, 276, 277, 280
コンドルセ・サイクル　18
コンドルセの逆理　18, 34

さ

最小限の自由尊重主義　112
——の原理　113–115
最大多数の最大幸福　11
サブ・グループ（に関する）整合性　79, 214, 215–217

し

識別　207–209, 217
——能力　30, 59
資源　107, 185

——の平等論　110
——配分メカニズム　190
自己決定権　256
事実解明的アプローチ　10
事実的選好　158
実質的自由　192, 232
市場の開放　233
市場メカニズム　141
辞書式順序　68, 69
自助　226
自生的生成・進化　242
自尊　142, 149, 195, 182, 186
実行可能性　135
実行可能な選択肢　28
事実判断　73
失業　226
私的情報　191, 230
私的な関心事　112
私的な自由　223
私的な選択肢　114
私的（な）ペア　112, 113, 117
シトフスキーの補償原理　13
ジニ係数　74, 78, 79, 88, 89, 212, 214
支配戦略　125
支配的　113
支配的な道徳判断　95
市民的・政治的権利　219
社会的機会　225, 232, 233
社会的基本財　94, 107, 142, 180, 182, 183, 194
社会の決定手続き（プロセス）　253, 255, 257, 263
社会的厚生関数　14, 15, 19, 48, 74, 80, 82–85, 91, 92, 163, 258, 263
社会的厚生汎関数　55, 57, 58
社会的合理性　19, 34, 48, 49, 116
社会的コミットメント　227, 266
社会的自我同一性　246, 247, 249
社会的集計関数　53, 54, 114, 115
社会的責任　265
社会的選択の可能性　235
社会的選択の理論　7–10, 15, 19, 21, 23, 26, 107, 142, 146, 169, 236, 238, 239, 246, 251, 254, 258, 263, 264
社会的選択ルール　31–34, 39, 60, 161

社会的選択メカニズム　49
社会的な合理性　47
社会的排除　226
社会的評価の情報的基礎　145
社会保障　26, 222
——プログラム　270, 272
弱移転性　213, 215
自由　219, 268, 269
——化　233
集計　207, 209, 217
——ギャップ　211
——主義　145
——主義的アプローチ　149
自由至上主義　152
——者　220
——（な）権利の社会的尊重　105, 112
自由尊重主義　113, 152, 267
——者　184
——的権利　152, 155
——的（な）権利へのゲーム形式アプローチ　124
自由と発展のパースペクティブ　202
自由の建設的役割　228, 229
自由の相互連撃的発展　226
囚人のディレンマ　126
集団的合理性　49
十分条件　65
主観的選好　127, 128, 158, 160, 164, 170
縮小に関する整合性　52
手段の価値　131
所得の貧困　209
需要関数　181
準順序（共通部分）アプローチ　217
順序拡張　68
準推移性　59, 60, 64
純粋な指令的判断　96
純粋に手続き的（な）正義論　137, 138
消極的自由　184, 187, 220, 221, 253, 259
焦点性　213, 215
情報の効率性　19, 116, 337
情報に精通した判断　242
序数主義　103, 145
——的革命　181
序数性　55, 107
序数的可測性　55

序数的効用理論　11
序数的な水準比較可能性　56
序数的な比較不可能性　56, 58
序数的ランクによる重み付け　211
所得　193
——ギャップ　211, 215, 216
——ギャップ比率　210, 212, 213
——空間　195
——水準に関する感応性条件　78, 79
——保障　226, 273
処方　209
所有形態　205
自律（性）　149, 223
自律的選択の直接的支配　122
事例含意的な批判　108–110
進化論的アプローチ　26, 242, 243
進化論的ゲーム理論　129
進化論的淘汰　245
《新》厚生経済学　11–15, 19, 20, 23, 28, 42, 107, 181
慎慮的評価　158
人的資本　269

す

推移性　13, 14, 16, 29, 34, 60, 64
数値指標　180
数値表現　68
数理政治学　19

せ

正　182, 199
生　222, 223, 228
生活の質　240
正義　28, 86, 280
——の感覚　245
——の基本原理　142, 158
——の二原理　144
——（の）理論　94, 138, 145, 149
制御可能な不運　267
制御不可能な不運　267
制限　115
生産　204
政治的構成主義　144, 157, 158
政治的参加の自由　224–229, 232, 233
整序的な目標＝権利システム　24, 153, 154

正の感応性　32, 33, 53
生命と幸福追求の自由の権利　253
制約基底的な義務論　152
責任　265, 268, 270
——尊重の補償　265, 267
——と補償　111
——の原理　111
責務　165, 270
積極的自由　220, 253
設計　244
——主義　239, 242
絶対均等線　87, 88
絶対性　207
絶対的な貧困水準　217
絶対的剝奪　196, 197, 207
絶対的貧困　195
善　173, 175–180, 182, 187, 198, 202, 236, 247, 250
セン＝鈴村の解決法　117
選好関係　29
選好順序　30
選好の序数的な強度　117
潜在能力　8, 24, 25, 107, 144, 176, 179, 183, 184, 187, 188, 190, 192–194, 198, 199, 207–209, 219, 220, 227, 258, 271, 272
——アプローチ　173–179, 185, 190, 197, 219, 240
——の平等化　261
——の保障　273
選択関数　48, 114
——形式のパレート原理　54
選択肢　28
選択機会の内在的価値　132
選択手続き　106, 134, 135
選択の機会　131, 170
選択の手続き　170
選択の範囲　232
選択メカニズム　106
セン（の貧困）測度　211–213
センの不平等測度　85
羨望　197
——のない状態としての衡平性　137
戦略集合　124 136, 251, 260, 261

そ

相対的窮乏　84

事項索引　305

相対的衡平性　211
《相対的》な不平等測度　89
相対的剥奪　196, 197, 207
相対的貧困　195
相対的不平等測度　90, 214, 216
相対平均格差　79
相対平均偏差　75
測定　209
測度変動型の貧困順序　217, 218

た

対称関数　85
対称性　213, 215
——条件　89
対数標準偏差　78, 79
タイル測度　89
タイルのエントロピー測度　78, 79
多元化　227, 233
——に対する鈍感性　148
ダスグプタ＝セン＝スターレットの定理　91, 92
正しい社会　278
立場の想像上の交換　160
達成　193
——の平等　194
単純多数決原理　15
単純多数決サイクル　17, 36, 39
単純多数決ルール　17, 18, 21, 27, 31, 33, 34, 64, 65, 67, 146
単調性　213, 215
単峰型選好　35–39
単谷型選好　37, 38

ち

知（性）　231, 232
中立性　32, 33, 42

て

適応的・内生的な選好形成　129
適宜性　166
手続き　72
——の観点　254, 255, 261
——的公平性　190
——的正義　173
——的正義論　136
——的特性　191
——的な形式　142

と

同感　24, 165, 166, 280

討議の民主主義　100
道具的価値　72
頭数比率　210, 212, 213, 215
道徳感情論　166
道徳（的）判断　73, 93–101
道徳判断の情報的基礎　93, 101
投票　142
——の逆理　15
——メカニズム　141
透明性の保証　225, 226
独裁者　19, 42
独裁的　17
特性　173–175, 185, 186
——アプローチ　174, 177, 185–187
匿名性　32, 33, 43, 61, 86
ドールトン測度　83, 85
ドールトンの不平等測度　81

な

内在的価値　72, 131
内生的な選好形成　128
なにが正義か　278
なにが不正義か　278

に

二重基準　13
ニーズ　228, 229, 230
認可条件　151, 154
人間開発指標　203
人間性と正義との適宜性　166
認識　249
認知　247, 248

ね

根深い不正義　278

は

場　190, 244
バーグソン＝サミュエルソン（の）社会的厚生関数　14, 34, 41, 45, 46, 68
バーグソン＝サミュエルソン（の）社会的厚生順序　42, 53, 68, 69
バーグソン＝サミュエルソンの社会的選好順序　41
剥奪　221
発見　248
発展　268
パレート拡張ルール　61, 86

パレート原理　13, 18, 41, 53, 61, 69, 112, 114, 115, 126, 237
パレート効率（的）　12, 191
パレート最適　12
パレート準順序　60, 68
パレート派自由尊重主義の不可能性　23
パレート派リベラルの不可能性　109
パレート派リベラルの不可能性定理　114
範囲　75
反射性　29, 34

ひ

非帰結主義　106, 111, 122, 131–133
非帰結的観点　106
非基本的（価値）判断　97–99
非強制的（な）判断　92, 96, 99
非協力ゲーム　
ビグー＝ドールトン条件　77–79, 89
非厚生主義　101
——的帰結主義　107, 111
非厚生情報　62
非循環性　64
非対称性　88
ヒックスアレン革命　180
ヒックス補償原理　13
必要　72, 198, 209
——条件　65
非独裁性　42, 53
評価　177–179, 185, 192, 199, 209, 271
——的判断　96, 99
描写　247, 248
平等　193, 269
——性　71, 72, 100, 101
——尊重主義　265, 267
貧困　201, 207–210, 219, 221, 225, 279
——者　210
——者階層内部のジニ係数　213
——者階層内部のジニ測度　214
——線　208, 210, 215, 216
——線所得　208, 211, 213, 214
——測度　208, 212
——値の標準化　212

ふ

フォスターグリアソーベック測度　216
フォスターの定理　90
福祉　7, 8, 22, 26, 101, 104, 150, 173, 177, 178, 186, 188, 198, 219, 222–224
――国家　26
――的自由　25, 26, 187, 188, 222, 223, 225, 254, 259–261
――の経済学　22
――のわな　272
複数のプロファイル間の整合性条件　116
複製に関する不変性　79, 213, 215
――条件　89
不足　193
――の平等　193
不平等測度　74
――への規範的アプローチ　92
不平等の一般的な規範的測度　84
不平等の規範的測度　81
普遍化可能性　159
不変性　56
不偏性　73
不偏的衡平性　160
普遍的指令主義　95
富裕　175, 177, 178, 223
プレーヤー　251
文化　249
分解可能性　213–215, 217

へ

平均からの独立性条件　79, 89
ベンガル大飢饉　5
ベンサム型の社会的厚生関数　81, 82
変動係数　74, 78, 79, 89

ほ

包括的発展の枠組み　233
包含集合公理　53
保険システム　267
保護的保障　225, 226
補償（の）原理　12–14, 19, 111

ま

マクシミン原理　121
マクシミン戦略　121

み

ミクロ経済学　9, 10, 12
民主主義　26, 113, 274
――的政治システム　231
――的な了解と受容
――な麻痺現象　49
無関連対象からの独立性　42, 46, 53, 116
無羨望状態としての衡平性　185
無差別関係　30
無知のヴェール　138, 142, 144, 145

め

メタ選好　143
免責　220, 222

も

目的論　153
目標基底性　153
目標別給付　273, 274
最も不遇な個人の境遇の最大限の改善　262

ゆ

誘因体系を備えたプログラム　243

よ

善き生　189
欲望　237
予算集合　192, 205

り

利害調整的ゲーム　254
利害調整的な問題　143
理解　150
理性　225, 239, 246, 278, 280
――的な意見の一致　241
――的な活動　241, 247, 249
――的な進歩　243
――的な推論　255
――的な反省　255
――的な判断　240
――的な評価　240
リベラルな個人　117, 118, 161, 170
リベラル・パラドックス　112, 144
――に対するセン＝鈴村による解消方法　161
良心の自由　150
倫理的作業　154
倫理的選好　127, 128, 158, 160, 161, 170
倫理的な社会的選択ルール　161

れ

歴史的権原理論　205
レキシミン原理　94
レキシミン順序　57, 58
連続性　213–215

ろ

ロールズ格差原理　194
ローレンツ曲線　74, 87–90, 92
ローレンツ弱優越関係　88–90
ローレンツ部分順序　87–89
――関係　90–93

わ

われわれの責任　265, 266

人名索引

あ

アトキンソン (A.B. Atkinson) 1, 81–84, 90
アナンド (S. Anand) 1
アリストテレス (Aristatelēs) 189
アレン (R.G.D Allen) 180, 181
アロー (K.J. Arrow) 1, ii, 6, 7, 15–21, 23, 27, 37, 38, 40, 41, 48, 49, 63, 65, 69, 73, 104, 107, 112, 116, 134, 135, 141–144, 146, 157, 167, 169, 181, 235–239, 251, 258, 263, 264

い

稲田献一 38, 43, 64

う

ヴァリアン (H.R. Varian) 137, 185
ヴァン・ヒーズ (M. Van Hees) 120
ウィリアムズ (B. Williams) 151, 170

え

エルスター (J. Elster) 104, 109

お

奥野正寛 10–14, 137, 165, 192

か

カライ (E. Kalai) 58
カルドア (N. Kaldor) 12
カーン (H. Khan) 3, 5
カント (I. Kant) 167, 168, 245, 269

き

ギバード (A. Gibbard) 119, 124, 130

キ

キャロル (L. Carroll) 15

く

クレーマー (A. Klamer) 3

け

ケリー (J.S. Kelly) 53, 54, 112
ゲルトナー (W. Gaertner) 3, 120, 122, 124

こ

コーエン (G.A. Cohen) 267
後藤玲子 134, 263
ゴーマン (W.M. Gorman) 173, 185–187
コルム (S.-Ch. Kolm) 90, 137, 185
コローニ (E. Coloni) 8
コンドルセ (M.J.A.N.C. Condorcet) 15, 18

さ

サグデン (R. Sugden) 124, 129
サミュエルソン (P.A. Samuelson) 12–16, 19, 23, 46, 146, 180, 181

し

塩野谷祐一 ii
シトフスキー (T. Scitovsky) 13, 14
シュマイドラー (D. Schmeidler) 58
シュンペーター (J.A. Schumpeter) 11, 134
徐 (Y. Xu) 131
ジョルゲンソン (D. Jorgenson) 1
ショロックス (A.F. Shorrocks) 92, 215, 216, 218

す

須賀晃一 ii
スキャンロン (T.M. Scanlon) 1, 150
鈴村興太郎 1, 3, 9–14, 43, 51, 53, 54, 69, 105, 111, 116, 118, 120, 122, 124, 126, 130–134, 137, 165, 181, 185, 192, 263
スターレット (D. Starrett) 90, 92
スプリモン (Y. Sprumant) ii
スミス (A. Smith) 166, 167, 169, 196, 243–245
スラッファ (P. Sraffa) 5

せ

セン (A.K. Sen) 2–9, 15, 20–22, 27, 33, 38, 43, 51–53, 58, 62, 64–67, 72, 77, 83–85, 89, 90, 92, 93, 96–101, 104, 105, 107, 110, 112, 114, 116, 118, 122, 123, 126, 128–131, 138, 142–145, 147, 149–153, 155, 157, 159, 160, 163, 164, 166–169, 173–175, 179, 181, 182, 186–190, 192, 193, 195, 201–204, 207–209, 211, 212, 219, 221–225, 227–229, 231–233, 235, 236, 238–241, 243–246, 248–254, 258, 259, 261–263, 265, 266, 268–270, 272–279

そ

ソロー (R. Solor) 1

た

タイル (H. Theil) 78
タウンゼント (P. Townsend) 196
タゴール (R. Tagore) 3, 4
ダスグプタ (P. Dasgupta) 90, 92
蓼沼宏一 ii
ダフ (R.A. Duff) 270

ち

チャックラヴァルティ (S. Chakravarty)　6
チィップマン (J.S. Chipman)　181

て

Deb　120
デブリュー (G. Debreu)　69

と

ドウォーキン (R. Dworkin)　104, 107, 110, 111, 267
ドゥレーズ (J. Dreze)　269
ドジソン (C.L. Dodgson)　15
ドッブ (M.H. Dobb)　5, 6
トムソン (W. Thomson)　137
ドールトン (H. Daltom)　81–84

な

ナイト (F.H. Knight)　142, 245

ぬ

ヌスバウム (M. Nussbaum)　189

の

ノージック (R. Nozick)　8, 94, 152, 205, 251, 252

は

ハイエク (F.A. Hayek)　191, 230, 231, 243
ハウタッカー (H.S. Houthakker)　181
バーグソン (A. Bergson)　14, 15, 19, 23
ハーサニー (J.C. Harsanyi)　127, 158, 159, 163
バス― (K. Basu)　ii, 3, 6, 9
パズナー (E. Pazner)　137
長谷川晃　ii, 154

パタナイック (P.K. Pattanaik)　ii, 3, 9, 27, 38, 64, 66, 67, 116, 120, 122, 124, 134, 263
バーダン (P. Bardhan)　3
パーフィット (D. Parfit)　8
バーベラ (S. Barbéra)　ii, 43
浜田宏一　84
ハモンド (P. Hammond)　ii
バーリン (I. Berlin)　184, 220
パレート (V. Pareto)　11
ハンソン (B. Hansson)　181

ひ

ピグー (A.C. Pigou)　11, 14, 15, 20, 21, 23, 55, 59, 146, 180, 185
ヒックス (J.R. Hicks)　11, 12, 23, 180, 181
ビンモア (K. Binmore)　129

ふ

フィッシュバーン (P.C. Fishburn)　43
フォスター (J.E. Foster)　1, 78, 89, 211, 215, 216, 218
フォーリー (J.E. Foley)　185
ブキャナン (J.M. Buchanan)　48, 155, 162, 245
ブラウ (J.H. Blau)　41
ブラック (D. Black)　27, 35, 36, 38, 65, 142
フリードマン (M. Friedman)　190
ブレアー (D. Blair)　53, 54
プロット (C.R. Plott)　49

へ

ヘア (R.M. Hare)　95, 159
Peleg　120
ベンサム (J. Bentham)　146, 169, 180

ほ

ボーエン (H. Bowen)　142
ボッサール (C.W. Bossert)　ii
堀元　ii
ボルダ (J.C. Borda)　15
ボルデス (G. Bordes)　53, 54

ま

マーシャル (A. Marshall)　11
マジュムダー (M. Majumdar)　6
マスキン (E. Maskin)　ii, 8

み

ミシャン (E.J. Mishan)　20
ミル (J.S. Mill)　98, 155, 180

め

メイ (K.O. May)　33

よ

吉原直毅　ii, 111, 134, 263

ら

ランカスター (K. Lancaster)　173, 174, 177, 185–187

り

リトル (I. Little)　12

ろ

ロスチャイルド (E. Rothschild)　8
ロバートソン (D. Robertson)　5
ロビンズ (L. Robbins)　11, 12, 14, 59, 73, 185
ロビンソン (J. Robinson)　5
ローマー (J.E. Roemer)　267
ロールズ (J. Rawls)　7, 8, 21, 94, 95, 107, 138, 142–144, 149, 150, 157, 158, 163, 167, 169, 170, 180, 182, 184, 196, 249, 250, 262, 277

著者略歴

鈴村興太郎（すずむらこうたろう）　1966年　一橋大学経済学部卒業
経済学博士（一橋大学）
現在　一橋大学経済研究所教授
著書
Rational Choice, Collective Decisions and Social Welfare, Cambridge University Press, 1983.
Competition, Commitment and Welfare, Oxford University Press, 1955.
Arrow, K.J., A.K. Sen, and K. Suzumura, eds., *Social Choice Re-examined*, Macmillan, 2 vols., 1996–1997.
Arrow, K.J., A.K. Sen, and K. Suzumura, eds., *Handbook of Social Choice and Welfare*, 2 vols., forthcoming.

後藤玲子（ごとうれいこ）　1981年　一橋大学法学部卒業
1990年　一橋大学経済学部卒業
経済学博士（一橋大学）
現在　国立社会保障・人口問題研究所室長

アマルティア・セン ——経済学と倫理学—— NDC 331

2001年9月26日　第1刷発行

著　者　鈴　村　興　太　郎
　　　　後　藤　玲　子
発行者　本　郷　　　充
印　刷　大日本法令印刷株式会社
製　本　大日本法令印刷株式会社

発行所　実教出版株式会社
〒102-8377
東京都千代田区五番町5番地
〈営　業〉（03）3238-7767
〈出　版〉（03）3238-7751
〈総　務〉（03）3238-7700

ⓒ K. SUZUMURA　R. GOTOH　2001

ISBN 4-407-02812-2 C 3033